Food Service One

MANUAL DE PROJETO E GERENCIAMENTO DE NEGÓCIOS EM ALIMENTAÇÃO.

2ª Edição

Copyright© 2023 by Literare Books International
Todos os direitos desta edição são reservados à Literare Books International.

Presidente:
Mauricio Sita

Vice-presidente:
Alessandra Ksenhuck

Chief Product Officer:
Julyana Rosa

Diretora de projetos:
Gleide Santos

Capa:
Paola Lopes

Diagramação e projeto gráfico:
Candido Ferreira Jr.

Revisão:
Rodrigo Rainho

Chief Sales Officer:
Claudia Pires

Impressão:
Impress

Dados Internacionais de Catalogação na Publicação (CIP)
(eDOC BRASIL, Belo Horizonte/MG)

P392f   Pelloso, Ivim.
     Food service one / Ivim Pelloso, Amauri Pelloso. – 2.ed. – São Paulo, SP: Literare Books International, 2023.
     16 x 23 cm

     ISBN 978-65-5922-520-0

     1. Administração de empresas. 2. Alimentos – Indústria. 3.Empreendedorismo. I. Pelloso, Amauri. II. Título.

CDD 338.1

Elaborado por Maurício Amormino Júnior – CRB6/2422

Literare Books International.
Alameda dos Guatás, 102 – Saúde– São Paulo, SP.
CEP 04053-040
Fone: +55 (0**11) 2659-0968
site: www.literarebooks.com.br
e-mail: literare@literarebooks.com.br

Sumário

1   Agradecimentos | p. 5

2   Prefácio | p. 9

3   Introdução | p. 13

4   Sobre os autores, FSone® e KITCHAIN | p. 15

5   Nomenclaturas | p. 21

6   Legislações: OMS, federais, estatuais e municipais | p. 25

7   Importância do planejamento para negócios de alimentação | p. 51

8   Ambientes de uma unidade de alimentação (*food service*) | p. 59

9   Dimensionamentos | p. 67

10 As etapas do projeto | p. 87

11 Projetos complementares | p. 93

12 Consultorias e assessorias complementares | p. 121

13 Técnicas e tecnologias | p. 135

14 Equipamentos | p. 147

15 Inteligência, gestão e controle | p. 207

16 *Marketing* e arquitetura | p. 217

17 *Neurobranding*, ciência, posicionamento de marca e negócio | p. 223

18 Tendências e o futuro | p. 233

19 Neuroarquitetura aplicada em restaurante | p. 261

20 Catálogos patrocinadores | p. 267

1

Agradecimentos

1. de Ivim Pelloso

uero agradecer primeiro a Deus, pelo milagre da vida, por tudo que sei, tenho e sou.

Agradecer ao meu mestre, mentor, professor, sócio, amigo e pai, Amauri Pelloso, que também me deu a vida, "paitrocinou" os meus estudos e me ensinou tudo que escrevi neste livro e muito mais.

Agradecer a minha mãe Sonia Pelloso. Uma pessoa incrível, delicada, sincera, inteligente, elegante e o que mais me encanta, sua inocência. Um coração enorme que não é deste mundo.

A minha família, que está sempre do meu lado; em especial: Igor, Elaine, Ivan, Ciça, Daniela, Wilhian e aos meus quatro sobrinhos lindos: Isa, Iris, Joaquim e Julia, todos com sobrenome Pelloso. Ao meu querido amigo Rodrigues, que me conhece de perto.

Capítulo 1

Aos queridos clientes, fornecedores e todos aqueles que me ajudaram direta ou indiretamente para que este livro acontecesse.

Quero agradecer àqueles que me encorajaram a fazer este livro. São as quatro primeiras pessoas a saber da existência dele: Rodrigo e Renata Pelloso, meus primos, e Valentino Saccardo e Ronaldo Portella, que são fornecedores da FSone®, mas, acima de tudo, amigos.

Ao meu marido Alexandre Brunelli, que me acompanha dia e noite nas minhas loucuras. Ele que me ajuda, apoia, respeita, dedica e ama. Te amo!

Aos parceiros da FSone®, que estão conosco diariamente e participam da concepção e desenvolvimento dos nossos projetos. São vocês que estão à frente: Reginaldo Grizoste, Matheus Yamamoto, Tais Tomaz Roque e Martha Simas.

Pelos consultores, nossa equipe multidisciplinar e de peso, extremo conhecimento que nos acompanham na vida e que nos auxiliaram em alguns temas específicos neste livro: Eng. Valter Stort, Arq. Paulo Lúcio de Brito, Eng. Isamar Magalhães, Eng. Dalmo Magalhães, Nutricionista Marli Brasiolli, André Cruz, Arq. Natalia Ferian e aos novos nomes que estão presentes nesta edição: Fernando Godoy, Tais Tomaz Roque, Vital Martins, Leonidas Fagundes, Eduardo Prates, Rafael Machado e Gustavo Correia.

2. de Amauri Pelloso

Agradecer à vida promovida por meus pais Matheus e Maria (*in memoriam*); à Sônia, minha tolerante esposa; aos meus pacientes filhos; aos meus mestres que, ao longo da vida, incentivaram para sempre manter acesa a chama da "curiosidade"; àqueles que, de uma forma ou outra, contribuíram para que não desistisse frente a qualquer dificuldade.

Agradecer efusivamente aos amigos e também aos "não amigos" do setor de alimentação que, de uma forma ou outra, ajudaram o setor a ser o que é, tendo a certeza de que continuarão a participar e contribuir com a evolução e, quem sabe, na melhoria técnica e de relacionamento.

Aos mestres: Sr. Raimundo, da Farmácia São Luiz; ao Edel Puppin, da Oficina mecânica, que me direcionou profissionalmente; aos Professores Ronaldo, Joel e o diretor Edilberto Pessa do Senai de Marília; ao compadre Nivaldo Pupato e Jiro Nishimura, quando da passagem pela Jacto; ao desafio, quando da passagem pela Volkswagen do Brasil; aos hoteleiros Michael Asmussen e Ragvinder Rekhi, que permitiram e abriram caminho para que pudesse atuar neste setor;

Food Service One

ao Dr. Henri Maksoud (*in memoriam*), de onde captei os ensinamentos para uma organização; à minha grande referência de vida e exemplo de profissionalismo, Arq. Paulo Lúcio de Brito, a quem agradeço eternamente a parceria e a amizade; ao Eng. Walter Stort Junior, com quem, em determinada fase da vida, decidimos, juntos, como profissionais, instigarmos mutuamente para o crescimento, vislumbrando a mudança.

Aos clientes e fornecedores, que, de alguma forma, contribuíram com meu aprendizado e permitiram aplicar inovações em seus equipamentos e negócios.

2

Prefácio

Num país em que muitos empreendedores gostam de pular etapas, aliados ao momento em que a gastronomia cresce e chama cada vez mais a atenção do público, muitos tentam se aventurar no mundo do *food service*, mas sem o conhecimento devido, principalmente em relação ao planejamento, à gestão e aos processos necessários para implementar as boas práticas.

Para planejar e escrever um livro tão rico em informações sobre o setor alimentício, é necessário ter muita experiência e talento. É o caso dos autores Ivim e Amauri Pelloso, referências no setor.

Eu sou empreendedor serial há mais de 20 anos, fundei várias *startups* e mentorei diversos empreendedores. Conheci a Ivim dando aula para ela em um MBA. No início, me chamou a atenção a sua vontade em transformar

Capítulo 2

uma ideia em uma *startup* e querer fazer algo incrível e de forma correta, sem pular etapas, planejando cada passo. Ficamos amigos e, ao longo do tempo, fui entendendo quem era a Ivim, nutricionista, arquiteta, apresentadora de TV, sócia da FS One, empresa fundada por seu pai, Amauri Pelloso, há 40 anos. Fui conhecendo também o seu lado empreendedor, quando ela montou a Kitchain do zero, a primeira plataforma *marketplace* para o setor. Um conhecimento impressionante sobre diversas áreas somado ao do seu pai, um dos consultores mais experientes e premiados do setor *food service*, me fez querer embarcar também nesta *startup*. Sempre me interessei por pessoas que aliam força de vontade, planejamento, conhecimento e disposição para empreender.

Se você está procurando apenas alguns bons conselhos para o seu negócio, então este livro não é para você. É dedicado para as pessoas que realmente querem empreender na área de *food service* de forma correta e sem atalhos, ainda mais em um país hostil aos negócios como o Brasil. Importante destacar sobre os autores a vontade de continuar aprendendo cada vez mais sobre o setor, buscando tecnologias inovadoras, unindo o conhecimento sobre arquitetura, indústria, gestão, gastronomia e resultando neste manual imprescindível.

Não importa se você está começando na área alimentícia ou já atua há alguns anos no setor, o livro *Food Service One* é um manual indispensável para melhorar a gestão e os processos do seu negócio; principalmente para quem pensa em iniciar o seu, é imprescindível a leitura desta obra, para começar de forma correta e não cometer os erros que a maioria dos empreendedores comete. Afinal, não é qualquer livro que consegue colocar 40 anos de conhecimento à disposição do mercado de forma prática, organizada e de fácil compreensão. Ivim e Amauri fazem isso com maestria.

Fernando Godoy

3

Introdução

Este livro é um compilado de informações presentes em toda a nossa jornada profissional. Tem como objetivo informar tecnicamente estudantes, pesquisadores, arquitetos, profissionais de *food service*, empresários, investidores do setor e criar informação técnica sobre dimensionamento de cozinhas industriais, visto que esse assunto é pouco difundido no Brasil. O objetivo também é qualificar as referências bibliográficas existentes e criar material de análise, conhecimento, estudo e discussões.

4

Sobre os autores, Fsone® e Kitchain

Ivim Pelloso

niciei minha carreira profissional aos 14 anos, na Placontec, no departamento de atendimento, relacionamento, organização de biblioteca e criação de memoriais descritivos.

Criei o departamento de marketing com atividades de elaboração de *newsletter*, criação do site da empresa, melhorias no site e no trabalho com o Google Adwords e SEO. Trabalhei no departamento de venda e representação de equipamentos para cozinhas industriais. Nesse período, visitei muitos fabricantes e pude vivenciar os métodos de fabricação e construção dos equipamentos. Passei a visitar feiras do setor e ter um amplo relacionamento com clientes e fornecedores.

Nesse período, iniciei minha faculdade no curso de nutrição e estagiei em outras empresas como a Roche Farmacêutica, com atividades operacionais dentro da cozinha industrial,

15

Capítulo 4

elaborando cardápios, fichas técnicas, compras de materiais, recebendo os materiais, acompanhando as preparações e distribuição dos alimentos.

Estagiei na Vigilância Sanitária do município de São Paulo, executando atividades de acompanhamento dos fiscais em visitas aos estabelecimentos denunciados, fazendo levantamento físico e operacional para aplicações corretivas, como orientações de melhorias, aplicação de cursos de manipulação de alimentos e até autuação e interdição no local, se necessário.

Após isso, trabalhei no Instituto de Infectologia Emílio Ribas na área clínica, desenvolvendo atividades de acompanhamento nutricional nos pacientes terminais, auxiliando na elaboração de cardápios e visitas acompanhadas pela equipe de medicina. No Emílio Ribas, fui contratada como profissional e trabalhei por alguns meses.

Assim que saí da área clínica, voltei para a Placontec e retomei meus estudos. Iniciei um curso técnico em Edificações e passei a trabalhar na área de projetos na Placontec.

Em paralelo, iniciei o curso de Arquitetura e Urbanismo para assumir o departamento de projetos na empresa.

Em 2008, fui convidada pelo SBT para trabalhar no programa *Construindo um Sonho*, apresentado pelo Gugu Liberato, elaborando projetos, acompanhando obras e, na sequência, também executava no programa *Extreme Makeover* — Record. Desenvolvi projetos em programas no SBT durante dois anos, com trabalhos de restaurante, padaria, pizzaria, empório, cozinha para caminhão e restaurante para pousada. Após isso, desenvolvi trabalhos para cozinhas industriais para creches na Rede Record.

Em 2010, fui apresentadora do programa *Arquitetura Gourmet*, com o objetivo de auxiliar na profissionalização do setor de *food service*. Ainda em 2010, fui convidada para ser editora de novos negócios na revista *Bom Gosto em Negócio*, da Editora Figueiroa.

Durante o ano de 2015, fui colunista da Revista Cozinha Profissional, da Editora Bannas, participando ativamente dos projetos e montagens de vários *stands* com restaurante e hotel modelo em funcionamento. Participei do projeto da Fispal Food Service por cinco anos seguidos, também da Equipotel por dois anos.

Em 2016, participei do Planejamento Estratégico da Placontec, que passou a se chamar FSone® (*Food Service One*). Agora, atuo com um novo modelo de negócios, multiplicando as atividades e o mix de produtos.

Em 2017, apresentei *Programa Papo com Tempero* no YouTube e, em 2019, apresentei o quadro "Arquitetura de cozinha" no *Programa Papo em dia*, na Rede Brasil de Televisão.

Food Service One

Em 2018, me formei em uma pós-graduação: MBA em Gestão de Empreendedorismo e Inovação e, durante o curso, fundei da plataforma KITCHAIN (@kitchain.app), um *marketplace* que faz intermediação de negócio e tem o objetivo de comunicação direta com restaurantes e prestadores de serviços.

Em 2019, fui convidada pela Vera Cegal para ser curadora do Manual da Vera Pizza Napolitana @manualdaverapizzanapolitana, publicado como *e-book* na Amazon. O objetivo do manual é incentivar a elaboração da verdadeira pizza napolitana. Aquela que trará a memória de uma viagem para Itália, ou para quem nunca esteve lá, a oportunidade de experimentar esse sabor tão característico. Manter o padrão, recuperar a memória afetiva, remeter ao passado de apreciar uma pizza da tradicional família italiana e manter a essência da "vera", ou seja, verdadeira pizza napolitana. E para você que quer tornar da pizza um negócio, terá informações da escalabilidade, informações técnicas de equipamentos e seus usos. Importante aqui destacar que toda a verba arrecadada de *e-books* vendidos é revertida para instituições carentes da comunidade católica.

Em 2021, apresentei o Programa *Cozinha Quatro Ponto Zero* (@ozinhaquatropontozero), um *reality show* concebido por mim em 2019 e que foi exibido na Rede Bandeirantes de TV em 12 episódios. Esses episódios são atemporais, estão presentes no YouTube, têm temas empreendedores e dão *insights* para o setor de alimentação.

Sou palestrante em algumas instituições, congressos, feiras e professora-coordenadora de alguns cursos da EGG, Escola de Negócios da Gastronomia.

Hoje, eu dirijo o departamento de *marketing* com conteúdo, vídeos, *blogs*, *e-books*, matérias de revistas do setor, plataformas de consultores, feiras nacionais e internacionais, palestras, cursos e aulas, com o objetivo de melhorar e divulgar conteúdo direcionado ao *food service*.

Sou sócia da FSone® e assumi a Direção Executiva de novos Negócios.

Amauri Pelloso

Exercendo a atividade profissional há 52 anos, dos quais 47 no segmento de alimentação, iniciou atividades em empresas industriais de máquinas agrícolas e automobilística e sempre no setor de projetos para instalações industriais e de máquinas. No setor de alimentação, participou inicialmente de projetos importantes como "LUBECA" (restaurantes para atender aos 15.000 usuários do Centro Empresarial de São Paulo) e Maksoud Plaza. Foram os dois principais empreendimentos nos anos 70 e 80. Estes com participação de importante empresa americana e internacional – Cini & Grisson –, onde foram implantados conceitos diferenciados para a produção de alimentos no setor e que contribuíram no início da profissionalização. Atuou também em dois importantes fabricantes de equipamentos

Capítulo 4

de cozinha. Em meados de 1986, abre a própria empresa de consultoria (Placontec) para o segmento de alimentação e desenvolve grandes projetos para cozinhas institucionais, hotéis, hospitais e restaurantes, sempre orientando os clientes para uma visão de futuro, com a possibilidade de crescimento e de acesso à tecnologia com equipamentos e processos. Passados 20 anos desenvolvendo projetos, inicia a oferta de serviços nas áreas de gestão e operacionais baseados na WEB (fsone_business intelligence), hoje chamada de FSone®, onde vem elaborando e implantando projetos a diversos clientes importantes como Petrobras, Vale, EDP, ETH, Birmann, Odebrecht, Sapore, GJP, Meliá, ClubMed, VW, Electrolux e Santa Massa. Atua fortemente na gestão e no controle de unidades de alimentação e na elaboração de Planos de Negócios e de Metas.

Técnico Industrial, com formação complementar em projetos de máquinas e ferramentas, cronoanálise; projeto de cozinhas industriais (Senac Ceatel — primeira turma ministrada pelos professores de Cornell Universit); Cursos PDD de estratégia organizacional; gestão de pessoas; marketing; planejamento; gestão de projetos e projetos pela Fundação Dom Cabral; Curso de Vendas pelo Corcesp.

FSone®

A empresa Placontec, dirigida por Amauri Pelloso e Ivim Pelloso, evolui seu modelo de negócio e agora é chamada de FSone®.

Atua no mercado de *food service* e lavanderias há 38 anos, com consultoria, projetos e assessorias com inteligência de dados e gestão para centrais de produção, hotéis, hospitais, indústrias, universidades, supermercados, empórios, presídios, restaurantes comerciais e corporativos.

A missão da empresa é entregar soluções customizadas em serviços e produtos que promovam a longevidade dos negócios de alimentação.

Com muita experiência no *food service*, ela se preocupa com a gestão e o resultado do seu negócio. Padroniza a operação para benefício da produtividade, qualidade e segurança e aplica nas atividades a tecnologia, adequando área construída, equipamentos, mão de obra, consumo de água, luz e gás.

KITCHAIN

O que é a KITCHAIN?

A KITCHAIN é uma plataforma de intermediação de serviços e produtos para cozinhas industriais e restaurantes.

Food Service One

O objetivo é facilitar e desburocratizar o acesso a serviços prestados por profissionais especializados no meio.

A KITCHAIN nasceu com o propósito de tornar acessível um portfólio de serviços de forma digital para empreendedores do ramo de *food service*, conseguindo unir experiência no ramo com a tecnologia para ampliar a abordagem de atendimento, inserindo várias frentes de suporte a cozinhas industriais.

Para quem é a KITCHAIN?

A KITCHAIN atende todos os estabelecimentos que produzem ou manipulam alimentos: cozinhas industriais, restaurantes corporativos, restaurantes comerciais, bares, cafeterias, supermercados, padarias, pizzarias, centrais de produção, indústrias de alimentos, cozinhas hospitalares, cozinhas de escolas e universidades, cozinhas de hotéis, presídios etc.

Na plataforma, você encontra PRODUTOS relacionados a cozinhas industriais como equipamentos para cozinhas industriais (fogões, fornos, chapas, *char broiler*, salamandras, estufas, refrigeradores, *freezers*, câmaras, mesas, prateleiras, estantes, carros, batedeiras, liquidificadores, trituradores e outros equipamentos e acessórios). Há outras categorias de produtos como utensílios, mobiliários, materiais de limpeza e alimentos.

OS SERVIÇOS são de manutenção de equipamentos, assistência técnica, obras e *retrofit*, limpeza e manutenção de coifas e sistemas de exaustão, dedetização, instalação de telas mosqueteiras, limpeza de caixa d'água, dentre outros serviços gerais.

KITCHAIN vem para complementar a "receita"

KITCHAIN vem para complementar a "receita" dos negócios em *food service* com a total integração entre fornecedores e consumidores de serviços, equipamentos, condimentos e alimentos. Nossa proposta é disponibilizar o maior número de ofertas para que venham atingir o maior número de usuários.

Agilidade é nossa proposta!

Atuamos no segmento há mais de 40 anos, sempre na busca de informações que pudessem enriquecer a proposta da evolução, para que a evolução tenha consequência natural e, não necessariamente, tenha que ser radical, pois o radicalismo se transforma sempre em algo traumático.

KITCHAIN é isso, estar à frente do seu tempo e na certeza de que mais e mais pessoas estarão se beneficiando com a disponibilização da informação e da oferta.

5

Nomenclaturas

xistem várias denominações de locais de produção e distribuição de alimentos e/ou refeições. A seguir são apresentadas algumas dessas.

Unidade de Alimentação e Nutrição: UAN

Quando falamos de uma unidade de produção de refeições coletivas, chamamos de Unidade de Alimentação e Nutrição (UAN), porém houve outras denominações. Segundo Proença (1999), estabelecimentos que trabalham com produção e distribuição de alimentação para grande número de refeições ao dia recebiam a denominação de Serviço de Alimentação e Nutrição (SAN). Quando ligados à coletividade hospitalar, temos Serviço de Nutrição e Dietética (SND) para coletividade sadia, e Unidade de Nutrição e Dietética (UND), para coletividades enfermas.

Capítulo 5

Uma UAN não é considerada apenas o local onde é feita a produção e distribuição de uma refeição para seus comensais. É também um local onde se prepara uma refeição nutricionalmente equilibrada. Deve apresentar um bom nível de sanidade e que seja de qualidade ao comensal.

Cozinha Industrial

O conceito básico de uma cozinha industrial é o fornecimento de refeições prontas para o consumo. Os clientes englobam desde pessoas físicas com atividades fora do lar, hospitais e empresas dos mais variados portes. Com bases nessas informações, podemos dizer que essas cozinhas funcionam como uma verdadeira indústria, cada setor exerce uma função específica.

Planejar uma cozinha industrial é sistematizar o trabalho com o fim específico de evitar erros e perdas durante o processo de produção; é explorar os equipamentos em toda a sua potencialidade, visando assegurar melhor desempenho e produtividade; é procurar a racionalização da mão de obra, evitando perdas de tempo e ociosidade; é estabelecer melhor relacionamento do sistema homem–máquina–espaço.

> **Planejar uma cozinha industrial é sistematizar o trabalho.**

Cozinha Profissional

Esta expressão vem sendo muito utilizada tanto para restaurantes comerciais como industriais. É denominada cozinha profissional toda instalação equipada com finalidade de manipular e comercializar alimentos.

A instalação pode estar localizada em um único compartimento ou em compartimentos adjacentes, situados no mesmo piso ou em pisos distintos. Abrange toda cozinha que não seja residencial unifamiliar.

Alimentos e Bebidas

Esta é a nomenclatura utilizada para o setor de alimentação na hotelaria. Alimentos e Bebidas ou A&B contempla todo serviço de alimentação para o hóspede ou para o visitante, como: *coffee break*, convenções, banquetes, eventos e exposições.

6

Legislações: OMS, federais, estaduais e municipais

Ao se pensar em um projeto de tamanha importância, como um local de produção e distribuição de alimentos e/ou refeições, é imperiosa a consciência sobre a segurança alimentar. Na prática, com a elaboração do planejamento, projeto e implantação, este requisito fica assegurado. Com base nesse princípio, tendo amplo conhecimento sobre as **legislações** a serem seguidas, o resultado é sempre positivo.

As legislações federais, estaduais e municipais devem ser observadas e aplicadas em detalhes como a configuração ideal de espaço, condições de equipamentos, higiene alimentar, segurança do trabalho, entre outras. No cotidiano, devemos seguir as leis e normas do país, estados e municípios, para que possamos ter uma boa convivência social.

Capítulo 6

Dentro de um estabelecimento comercial, industrial ou institucional que atua e/ou possui **Serviço de Alimentação**, também há leis e normas específicas, que visam a diferentes pontos como segurança do local, segurança operacional, segurança alimentar (Manual de Boas Práticas), cada uma delas com órgão criador e responsável.

Neste capítulo, estudaremos e entenderemos algumas legislações que devem ser seguidas dentro de uma unidade de **Serviço de Alimentação**.

As legislações são divididas entre 3 esferas: Federal, Estadual e Municipal, fundamentadas a partir do Codex Alimentarius.

Codex Alimentarius

Conforme a Anvisa (2007), "trata-se de um fórum internacional de normalização sobre alimentos, criado em 1962, e suas normas têm como finalidade proteger a saúde da população, assegurando práticas equitativas no comércio regional e internacional de alimentos".

Legislações Federais

Portaria nº 1428, de 26 de Novembro de 1993 — Foco em Inspeção Sanitária de Alimentos.

RDC 216 — Anvisa — Regulamento Técnico de Boas Práticas para Serviços de Alimentação.

- **RDC 216 —** Cartilha.
- **NR 8 —** Edificações.
- **NR 12 —** Segurança no Trabalho em Máquinas e Equipamentos.
- **NR 13 —** Caldeiras e Vasos de Pressão.
- **NR 15 —** Atividades e Operações Insalubres.
- **NR 24 —** Condições Sanitárias e de Conforto nos Locais de Trabalho.
- **NBR 5410 —** Instalações Elétricas.
- **NBR 5413 —** Iluminância de Interiores.
- **NBR 7198 —** Instalação Predial de Água Quente.
- **NBR 6401 —** Instalações de Ventilação e Ar-condicionado para Conforto.
- **NBR 14518 —** Sistema de Ventilação para Cozinhas Profissionais.
- **NBR 15033 Turismo —** Manipulador que atua em estabelecimento de serviço de alimentação no setor de turismo — Segurança de alimentos.

Food Service One

- **NBR 22000 —** Sistemas de Gestão da Segurança de Alimentos — Requisitos para Qualquer Organização na Cadeia Produtiva de Alimentos.

Legislações Estaduais — Estado de São Paulo

- **CVS 05/2013 —** Aprova o Regulamento Técnico sobre boas práticas para estabelecimentos comerciais de alimentos e para serviços de alimentação, e o roteiro de inspeção, em anexo.
- Código Sanitário do Estado de São Paulo.

Legislações Municipais — Município de São Paulo

- **Código de Obras e Edificações —** COE N° 11.228/92. (SP)
- **Portaria 1210/06 —** Manual de Boas Práticas. (Revogada)
- **Portaria 2619/2011 —** SMS.G — Publicada em 06/12/2011 — Regulamento de Boas Práticas e de Controle de condições sanitárias e técnicas das atividades relacionadas à importação, exportação, extração, produção, manipulação, beneficiamento, acondicionamento, transporte, armazenamento, distribuição, embalagem, reembalagem, fracionamento, comercialização e uso de alimentos, águas minerais e de fontes, bebidas, aditivos e embalagens para alimentos.

A seguir, apresentamos as principais legislações, características, aplicação e comparações de cada uma delas.

Edificações e Estruturas físicas

Ideal que a cozinha industrial seja instalada no andar térreo, a fim de facilitar muito a operação de recebimento de mercadorias, saída de lixo e melhor acesso aos funcionários e usuários.

A cozinha localizada no andar térreo dispensa a instalação de um monta-cargas ou elevador de cargas (menor investimento).

A LOCALIZAÇÃO

Codex Alimentarius

Os estabelecimentos devem ser distantes de:

Áreas com poluição ambiental e atividades industriais que constituam uma ameaça grave de contaminação dos alimentos; áreas sujeitas a enchentes,

Capítulo 6

a menos que haja suficientes salvaguardas; áreas expostas a infestações de pragas; áreas onde resíduos sólidos ou líquidos não possam ser removidos com eficácia (ANVISA, 2007).

RDC 216
Deve ser projetada de forma a possibilitar um fluxo ordenado e sem cruzamentos; O acesso às instalações deve ser controlado e independente. Não comum a outros usos; o dimensionamento deve ser compatível com todas as operações; deve existir separação entre as diferentes atividades por meios físicos ou por outros meios eficazes de forma a evitar a contaminação cruzada. (RDC 216, 2004)

NR 24
As cozinhas deverão ficar adjacentes aos refeitórios e com ligação para os mesmos, por meio de aberturas por onde serão servidas as refeições. (NR-24, 1993)

CVS 5/13
Área livre de focos de insalubridade; Ausência de lixo; Pragas; Acesso direto e independente. (PORTARIA CVS, 05, 2013)

Portaria 1210/2006 (REVOGADA)
As edificações bem como as instalações devem garantir conforto ambiental que compreendam a ventilação, a iluminação, a minimização da poluição no local de trabalho e o fluxo ordenado no processo de produção. (PORTARIA 1210, 2006)

Portaria 2619/2011
As edificações bem como as instalações devem garantir conforto ambiental que compreendam a ventilação, a iluminação, a minimização da poluição no local de trabalho e o fluxo ordenado no processo de produção. (PORTARIA 2619, 2011)

NOSSA INTERPRETAÇÃO E APLICAÇÃO DA LEGISLAÇÃO
Para a localização de uma unidade de serviço de alimentação, devemos sempre observar inicialmente nas áreas externas tudo aquilo que pode interferir no

Food Service One

bom andamento operacional, como: ruas de acesso; serviços públicos, oferta de energia, água, coleta de resíduos, insolação e ventos predominantes. Tudo isso se relaciona com custos, longevidade e rentabilidade da unidade.

A outra análise está no interior de uma unidade de serviço de alimentação, cada setor deve estar sempre relacionado com as atividades anteriores e posteriores. Redução de distâncias e organização do fluxo. A existência de circulação em áreas de produção é fortemente condenada, provoca o cruzamento do fluxo de forma generalizada.

O PISO

RDC 216

Deve possuir revestimento liso, impermeável e lavável; deve estar íntegro, conservado, livre de rachaduras, trincas, goteiras, vazamentos, infiltrações, bolores, descascamentos e não deve transmitir contaminantes aos alimentos. (RDC 216, 2004)

NR 8

Não deve apresentar saliência nem depressões; aberturas devem ser protegidas (ralos); os pisos devem oferecer resistência suficiente para suportar as cargas; deve ter material antiderrapante; os pisos dos locais de trabalho devem ser impermeabilizados e protegidos contra a umidade. (NR-8, 2001)

NR 24

Os pisos deverão ser impermeáveis, laváveis, de acabamento liso, inclinado para os ralos de escoamento providos de sifões hidráulicos; deverão também impedir a entrada de umidade e emanações no banheiro, e não apresentar ressaltos e saliências. (NR-24, 1993)

CVS 5/13

Liso; Resistente; Impermeável; Lavável; Antiderrapante; Inclinação para ralos. (PORTARIA CVS, 05, 2013)

Portaria 1210/06 (REVOGADA)

Segundo esta, o piso deve ser de material liso, resistente, impermeável, lavável, de cores claras e em bom estado de conservação, antiderrapante, resistente ao ataque de substâncias corrosivas e de

Capítulo 6

fácil higienização, não permitindo o acúmulo de alimentos ou sujidades; deve ter inclinação em direção aos ralos, o suficiente para não permitir que a água fique estagnada; em áreas que permitam existência de ralos e grelhas, estes materiais devem ser em número suficiente, sifonados, dotados de dispositivos que impeçam a entrada de vetores. (PORTARIA 1210, 2006)

Portaria 2619/2011

Devem ser revestidos com material liso, antiderrapante, impermeável, lavável, de fácil higienização e resistente ao uso e aos produtos de limpeza e desinfecção. Devem ter inclinação suficiente em direção aos ralos para não permitir que a água fique estagnada. Não é permitida a utilização de papelão, tapetes, carpetes ou outros materiais não sanitários para forração de pisos. (PORTARIA 2619, 2011)

NOSSA INTERPRETAÇÃO E APLICAÇÃO DA LEGISLAÇÃO

O piso de uma unidade de serviço de alimentação obrigatoriamente deve ser impermeável para garantir a obstrução da migração do exterior para o interior da cozinha. Deve também não absorver líquidos (água, óleo e químicos), ser resistente a impacto para evitar a formação de rachaduras e ser antiderrapante para evitar acidentes. Já o fator de aderência é algo extremamente difícil, para isso sempre recomendamos um conjunto de ações. Nunca utilizar piso vitrificado. Outra recomendação que se faz necessária é quanto à utilização de calçado adequado. Botas de borracha são as mais recomendadas.

Nos nossos projetos, recomendamos o piso monolítico da Miaki Revestimentos. O piso monolítico é um sistema de revestimento de alto desempenho e durabilidade. Um piso uniforme, sem rejunte. Com o piso monolítico, você consegue fazer os arremates perfeitos em ralos e rodapés que estão integrados ao piso, eliminando pontos de fragilidade e acúmulo de sujeiras, que podem levar a manutenções frequentes e proliferação de bactérias. Tem resistência química e mecânica. É resistente à abrasão. É impermeável e antiderrapante (tem segurança operacional mesmo em áreas com gordura). A Miaki é uma indústria brasileira com tecnologia alemã e conta com o único revestimento 100% à base de MMA (metil metacrilato), o Duraline Color Quartz, com total personalização de cores, com quartzo multicoloridos. Esteticamente muito agradável e pode ser personalizado, pode ser utilizado também nas áreas sociais dos restaurantes. A

Food Service One

aplicação é rápida (em apenas 12h, é possível renovar o piso de uma cozinha) e a liberação da área para uso normal também (2h após a aplicação), sem necessidade de remover o piso existente. Outra solução exclusiva da Miaki é o PU-CIM Autonivelante Grip, à base de uretano. A tecnologia Grip aumenta em até 300% o coeficiente de atrito do piso quando molhado, diminuindo riscos de acidentes em áreas constantemente molhadas e que precisam ser higienizadas com alta frequência.

AS PAREDES

NR 8

As paredes dos locais de trabalho devem ser, sempre que necessário, impermeabilizadas e protegidas contra a umidade. (NR-8, 2001)

NR 24

As paredes deverão ser construídas em alvenaria de tijolo comum ou de concreto e revestidas com material impermeável e lavável. (NR-24, 1993)

CVS 5/13

Liso; Resistente; Lavável e impermeável; isento de bolores; Bom estado de conservação. (PORTARIA CVS, 05, 2013)

Portaria 1210/06 (REVOGADA)

Acabamento liso, impermeável, lavável, de cores claras, em bom estado de conservação. Deve ter ângulo arredondado (canto arredondado) no contato com o piso. Livre de umidade, descascamentos, rachaduras. São vedadas as divisórias de vazio interno. (PORTARIA 1210, 2006)

Portaria 2619/2011

Devem possuir acabamento liso, impermeável, lavável, de cor clara e resistente aos impactos, à higienização e ao calor. Devem estar livres de umidade, bolores, rachaduras e outras imperfeições. São vedadas as divisórias de vazio interno. As aberturas para iluminação e instalação de equipamentos de exaustão, ventilação e climatização devem ser protegidas contra o acesso de animais sinantrópicos e sujidades. (PORTARIA 2619, 2011)

Capítulo 6

NOSSA INTERPRETAÇÃO E APLICAÇÃO DA LEGISLAÇÃO

As paredes de uma unidade de alimentação, além dos pontos contidos na legislação, devem garantir a estanqueidade e a limpeza, assim como todos os aspectos de segurança alimentar. Devem também ser consideradas como elemento estrutural para garantir a fixação de equipamentos e utensílios, ser isentas de orifícios para evitar a formação de criadouros de vetores e para evitar o acúmulo de gás em caso de vazamento na tubulação. Deve proporcionar a visibilidade entre os setores com a colocação de vidros fixos (laminados), caixilhos simples e de fácil higienização. A aplicação de laminado melamínico reduz muito as juntas, tornando as paredes mais uniformes.

OS FORROS E TETOS

RDC 216

As instalações físicas devem possuir revestimento liso, impermeável e lavável. Deve ser mantido íntegro, conservado, livre de rachaduras, trincas, goteiras, vazamentos, infiltrações, bolor, descascamentos, dentre outros, e não deve transmitir contaminantes aos alimentos. (RDC 216, 2004)

NR 24

Deverão ser colocadas telhas translúcidas, para melhorar a iluminação natural, e telhas de ventilação de 4 em 4 metros. (NR–24, 1993)

CVS 5/13

Liso; impermeável; lavável; cores claras; se houver ventilação, deve ter tela com espaçamento de 2 mm e removível para limpeza; o pé--direito no mínimo 3 metros no andar térreo e 2,7 metros em andares superiores. (PORTARIA CVS, 05, 2013)

Portaria 1210/06 (REVOGADA)

O teto deve ser de material liso, impermeável, lavável, de cores claras e em bom estado de conservação, livre de goteiras, umidades, trincas, rachaduras, bolores e descascamentos. Proibido o uso forro de madeira. Se houver necessidade de aberturas para ventilação, estas devem possuir tela com malha de 2 mm, de fácil limpeza. (PORTARIA 1210, 2006)

Food Service One

Portaria 2619/2011

Os tetos devem possuir acabamento liso, impermeável, lavável, de cor clara, sem frestas e resistente ao calor. Devem estar livres de goteiras, umidade, bolores, descascamentos e rachaduras. É proibido forro de madeira em ambientes que envolvam a geração de calor e umidade. Os vãos de telhado e as aberturas para ventilação, exaustão e entrada de luz devem possuir mecanismos de proteção contra a entrada de animais sinantrópicos e sujidades. (PORTARIA 2619, 2011)

NOSSA INTERPRETAÇÃO E APLICAÇÃO DA LEGISLAÇÃO

Forros e tetos fazem parte do conjunto do ambiente de uma unidade de alimentação. Devem garantir a estanqueidade do ambiente, não permitindo a migração do interior para exterior e do exterior para o interior. Aplicamos, em nossos projetos, forro de gesso acartonado, sem emendas e impermeável, em altura de 3,00 metros. Possibilita a higienização sem a necessidade de elementos específicos e obstrui a migração.

AS PORTAS E JANELAS

RDC 216

As portas e as janelas devem ser mantidas ajustadas aos batentes; as portas da área de preparação e armazenamento de alimentos devem ser dotadas de fechamento automático; as aberturas externas das áreas de armazenamento e preparação de alimentos, inclusive o sistema de exaustão, devem ser providas de telas milimetradas para impedir o acesso de vetores e pragas urbanas; as telas devem ser removíveis para facilitar a limpeza periódica. (RDC 216, 2004)

NR 8

As portas e as janelas devem ser mantidas ajustadas aos batentes; as portas da área de preparação e armazenamento de alimentos devem ser dotadas de fechamento automático; as aberturas externas das áreas de armazenamento e preparação de alimentos, inclusive o sistema de exaustão, devem ser providas de telas milimetradas para impedir o acesso de vetores e pragas urbanas. As telas utilizadas devem ser removíveis para se obter fácil higienização. (NR-8, 2001)

Capítulo 6

NR 24

As janelas das instalações sanitárias deverão ter caixilhos fixos, inclinados de 45°, com vidros incolores e translúcidos, totalizando uma área correspondente a 1/8 da área do piso; A parte inferior do caixilho deverá se situar, no mínimo, à altura de 1,50 metros a partir do piso. (NR-24, 1993)

CVS 5/13

Superfície lisa e de fácil limpeza; cores claras; ajustadas aos batentes; com malha de 2 mm, de fácil higienização; portas com mecanismo de fechamento automático. (PORTARIA CVS, 05, 2013)

Portaria 1210/06 (REVOGADA)

As portas devem ser de superfícies lisas, de cores claras, de fácil limpeza, ajustadas aos batentes, de material não absorvente, com fechamento automático e protetor no rodapé; as entradas principais e os acessos às câmaras devem ter mecanismos de proteção contra insetos e roedores; janelas com telas milimétricas limpas, sem falhas de revestimento e ajustadas aos batentes; telas devem ter malha de 2 mm, removível e de fácil limpeza, em bom estado de conservação; janelas devem estar protegidas de modo a não permitir que os raios solares incidam diretamente sobre os alimentos ou equipamentos mais sensíveis ao calor. (PORTARIA 1210, 2006)

Portaria 2619/2011

As portas devem possuir acabamento liso, resistente, impermeável, de fácil limpeza e de cor clara. Devem estar ajustadas aos batentes e possuir fechamento automático. As portas com acesso direto ao meio externo devem ter mecanismos de proteção contra entrada de sujidades e animais sinantrópicos; os estabelecimentos que, devido às características de suas atividades, não consigam manter o isolamento adequado do meio externo devem possuir, em todas as portas internas, mecanismos de proteção iguais àqueles exigidos para as portas com objetivo de impedir o acesso de sujidades e animais sinantrópicos; as janelas devem possuir acabamento liso, resistente, impermeável, de fácil limpeza. Devem possuir mecanismos de proteção adequados contra o acesso de animais sinantrópicos e outros contaminantes. As telas milimétricas, quando instaladas, devem possuir malha de 2

Food Service One

mm, ser construídas com material resistente e de fácil limpeza, ser mantidas íntegras e ajustadas aos batentes. As janelas devem estar protegidas de modo que os raios solares não incidam diretamente sobre os funcionários, alimentos e equipamentos sensíveis ao calor; a proteção adotada deve ser constituída de material de fácil limpeza. (PORTARIA 2619, 2011)

NOSSA INTERPRETAÇÃO E APLICAÇÃO DA LEGISLAÇÃO

Portas e janelas, fontes claras e entrada de vetores, as soluções e recomendações indicadas na legislação não garantem a obstrução. Recomendamos sempre um conjunto de aplicações. A primeira é que a unidade de alimentação tenha o menor número de portas possível, que as janelas sejam "fechadas/lacradas", sem possibilidade de abertura, que as portas tenham sempre bom acabamento e equipadas com molas para fechamento automático − objetivo é manter fechada a maior parte do tempo. A complementação das especificações são exigências da própria legislação no capítulo "ventilação". Recomendamos, então, a instalação de cortinas de ar e de sistema de insuflamento e exaustão do ar ambiente − renovação, garantindo pressão positiva, com complemento de instalação adequada para abatimento da temperatura do ar, que não pode exceder a 26,7°C. O detalhamento do projeto sempre causa grandes transtornos, pois para os clientes e projetistas não são claras estas exigências.

> **As janelas sejam "fechadas/lacradas", sem possibilidade de abertura.**

ILUMINAÇÃO

Codex Alimentarius

Deve dispor de iluminação natural ou artificial adequada para permitir a realização da operação de maneira higiênica; a iluminação não deve alterar as cores; as luminárias devem estar protegidas, evitando a contaminação dos alimentos em caso de quebras. (ANVISA, 2007)

RDC 216

A iluminação da área de preparação deve proporcionar a visualização de forma que as atividades sejam realizadas sem comprometer a higiene e as características sensoriais dos alimentos; as luminárias localizadas

Capítulo 6

sobre a área de preparação dos alimentos devem ser apropriadas e estar protegidas contra explosão e quedas acidentais. (RDC 216, 2004)

NR 8

A iluminação da área de preparação deve proporcionar a visualização de forma que as atividades sejam realizadas sem comprometer a higiene e as características sensoriais dos alimentos; as luminárias localizadas sobre a área de preparação dos alimentos devem ser apropriadas e estar protegidas contra explosão e quedas acidentais. (NR-8, 2001)

NR 24

Os locais destinados às instalações sanitárias serão providos de uma rede de iluminação cuja fiação deverá ser protegida por eletrodutos; deverão ser instaladas lâmpadas incandescentes de 150 w/6,00 m^2 de área com pé-direito de 3,00 metros máximo ou outro tipo de luminária que produza o mesmo efeito. (NR-24, 1993)

CVS 5/13

Deverão ser uniformes; sem ofuscamentos; sem contrates excessivos; sombras e cantos escuros; deverão ser limpas e protegidas contra explosão e quedas acidentais; não deverão alterar as características sensoriais dos alimentos. (PORTARIA CVS, 05, 2013)

Portaria 1210/06 (REVOGADA)

A iluminação deve ser uniforme, sem ofuscamentos, sem contrastes excessivos, sombras e cantos escuros; as lâmpadas e luminárias devem estar limpas, protegidas contra explosão e quedas acidentais e em bom estado de conservação, sendo que não devem alterar as características sensoriais dos alimentos; as instalações elétricas devem ser embutidas; as externas devem ser perfeitamente revestidas por tubulações isolantes, presas e distantes das paredes e tetos, para facilitar a limpeza. (PORTARIA 1210, 2006)

Portaria 2619/2011

A iluminação deve ser uniforme, sem ofuscamentos, contrastes excessivos, sombras e cantos escuros, e não deve alterar as características sensoriais de alimentos; as lâmpadas e as luminárias instaladas

Food Service One

em locais nos quais os alimentos não estejam embalados devem ser protegidas contra explosões e quedas acidentais; as fiações elétricas devem ser embutidas em eletrodutos, internas ou externas às paredes segundo legislação vigente. (PORTARIA 2619, 2011)

NOSSA INTERPRETAÇÃO E APLICAÇÃO DA LEGISLAÇÃO

Também na iluminação de uma unidade de alimentação, a legislação é conflitante e, muitas vezes, insuficiente. Adotamos sempre o critério que a iluminação artificial deve ser priorizada para garantir a operacionalidade e a segurança. Logicamente que observamos sempre a condição de iluminação natural. Como nas diversas normas não existe uma indicação para atividades específicas dentro de uma unidade de alimentação, recomendamos sempre índice de iluminância acima do referenciado pela norma.

O SISTEMA DE VENTILAÇÃO E CONFORTO
RDC 216

A ventilação deve garantir a renovação do ar e a manutenção do ambiente livre de fungos, gases, fumaça, pós, partículas em suspensão, condensação de vapores, dentre outros que possam comprometer a qualidade higiênico-sanitária do alimento; o fluxo de ar não deve incidir diretamente sobre os alimentos. (RDC 216, 2004)

NR 8

A ventilação deve garantir a renovação do ar e a manutenção do ambiente livre de fungos, gases, fumaça, condensação de vapores, dentre outros que possam comprometer a qualidade higiênico-sanitária do alimento; o fluxo de ar não deve incidir diretamente sobre os alimentos; os equipamentos e os filtros para climatização devem estar conservados; a higienização deve-se à troca de filtros e à manutenção programada e periódica destes equipamentos; devem ser registradas e realizadas conforme a legislação específica. (NR-8, 2001)

NR 15

A NR15 trata de atividades e operações insalubres, em que as cozinhas industriais estão classificadas como trabalho contínuo e moderado. Nesse caso, o ambiente de cozinha industrial deve operar em até 26.7 ^{0}C, conforme texto da Norma: "Entende-se por "Limite de Tolerância", para os fins desta Norma, a concentração ou intensidade máxima ou mínima,

Capítulo 6

relacionada com a natureza e o tempo de exposição ao agente, que não causará dano à saúde do trabalhador, durante a sua vida laboral. (NR-15, 1990)

CVS 5/13:

Deve garantir o conforto térmico; renovação do ar; ambiente livre de fungos; a circulação deve ser feita com o ar insuflado e controlado por meio de filtros ou exaustão com os equipamentos adequados. (PORTARIA CVS, 05, 2013)

O ambiente de cozinha industrial deve operar em até 26.7 ^{0}C

Portaria 1210/06 (REVOGADA):

Ventilação: deve garantir o conforto térmico e a renovação do ar, garantindo que o ambiente fique livre de fungos, gases, fumaça, gordura e condensação de vapores. O pé-direito deve ter altura mínima de 2,70 metros. (PORTARIA 1210, 2006)

Portaria 2619/2011

A ventilação deve proporcionar a renovação do ar e garantir que o ambiente fique livre de fungos, gases, pós, fumaça, gordura e condensação de vapores; o conforto térmico pode ser assegurado por aberturas que permitam a circulação natural do ar. A ventilação não deve ser assegurada com a simples abertura das portas; o pé-direito das instalações deve ser compatível com as atividades desenvolvidas no local. O pé-direito deve ter, no mínimo, 2.70 metros; em locais em que a boa qualidade do ar e o conforto térmico não possam ser assegurados por meio de aberturas na edificação devem ser instalados sistemas de climatização compatíveis com as dimensões das instalações, o número de ocupantes e as características do processo produtivo, de acordo com os parâmetros e os critérios estabelecidos na legislação específica. A direção do fluxo de ar deve ser da área limpa para a suja e não deve incidir sobre os alimentos expostos e os funcionários daquela área; é proibida a utilização de climatizadores com aspersão de neblina nas áreas de pré-preparo, preparo de embalagem e exposição de refeições prontas para o consumo; os componentes para captação do ar externo devem ser localizados em áreas livres de contaminantes e distantes dos pontos de exaustão de ar. (PORTARIA 2619, 2011)

Food Service One

NOSSA INTERPRETAÇÃO E APLICAÇÃO DA LEGISLAÇÃO

O ar é fator de "cruzamento de fluxo", deve sempre ventilar das áreas limpas para áreas sujas, por vezes áreas controladas individualmente. Toda unidade de serviço de alimentação deve ser equipada com sistema de ventilação que garanta a renovação do ar e a manutenção da pressão positiva dentro da Cozinha Industrial. A renovação do ar é diferente para cada área da unidade, deve-se observar criteriosamente cada uma delas. Outro fator é quanto à temperatura, pois cada área tem requisito específico, que não pode exceder 26,7°C. Unidades de alimentação que não atenderem a esses requisitos ficam expostas à fiscalização e penalizações. Nenhum negócio pode ser administrado levando-se em conta riscos de multas, logicamente não previstas na viabilidade econômica.

> **A renovação do ar é diferente para cada área da unidade.**

Não existe uma solução única, não se pode tratar de projetos como ensinado nas universidades.

Ex.: O almoxarifado de uma unidade de alimentação necessita de índice de renovação de ar que garanta a qualidade do alimento, não permitindo a criação de fungos, e que a temperatura tenha limite de 26,7°C, conforme a NR-15. A solução que recomendamos é que a renovação do ar seja a menor possível (dentro da lei) e que se instale sistema de ar-condicionado eficiente para manutenção da temperatura.

AS INSTALAÇÕES SANITÁRIAS

Codex Alimentarius

Deve haver instalações de higiene adequadas para o pessoal a fim de garantir a manutenção de um grau apropriado de higiene pessoal e evitar a contaminação dos alimentos. Para isso, deve conter: meios adequados para lavagem e secagem higiênicas das mãos, incluindo lavatórios e abastecimento de água quente e fria (ou de água com a temperatura devidamente controlada); lavatórios com projeto higiênico apropriado; vestiários adequados para o pessoal; tais instalações devem estar devidamente situadas e sinalizadas. (ANVISA, 2007)

NR 24

As áreas destinadas aos sanitários deverão atender as dimensões mínimas essenciais: sendo 1,00 m^2 para cada sanitário, para cada 20

Capítulo 6

colaboradores em atividade; as instalações devem ser separadas por gênero, sendo que, para cada 10 colaboradores, é necessário pelo menos um lavatório na área de insalubridades ou em locais de manipulação e exposição a produtos químicos e/ou substâncias que provoquem sujidade; o material de limpeza para secagem das mãos deve ser descartável; será exigido um chuveiro para cada 10 funcionários em atividade; nas indústrias de gêneros alimentícios, o isolamento das áreas privadas deverá ser o mais rigoroso possível, a fim de evitar poluição ou contaminação dos locais de trabalho. (NR–24, 1993)

CVS 5/13

Devem ser separados por gêneros; bom estado de conservação; deve conter vaso sanitário, pia, mictório, para cada 20 funcionários em atividade; lixeira com pedal; boa iluminação; paredes e piso lisos. (PORTARIA CVS, 05, 2013)

Portaria 1210/2006 (REVOGADA)

Instalações sanitárias para os empregados, separadas por sexo, em bom estado de conservação, na proporção de um vaso sanitário para cada 20 funcionários, vedada a privada turca ou similar. As instalações sanitárias não devem se comunicar diretamente com as áreas destinadas ao processo de produção ou manipulação e de armazenamento de alimentos. (PORTARIA 1210, 2006)

Portaria 2916/2011

É obrigatória a instalação de pias exclusivas para higienização das mãos em: sanitários, vestiários e em pontos estratégicos em relação ao fluxo de produção, de forma a garantir o fácil acesso a todos os funcionários e evitar a contaminação cruzada, considerando-se as áreas de guarda de resíduos, recebimento, armazenamento, pré-preparo, preparo, porcionamento, fracionamento, embalagem, expedição e consumo dos alimentos; é obrigatória a instalação de pias exclusivas para higienização das mãos no setor de venda de frutas e legumes nas lojas dos supermercados e hipermercados; as instalações sanitárias para funcionários devem ser específicas para cada sexo. Os vasos sanitários e os chuveiros devem ser instalados na proporção de um para cada vinte funcionários. É vedado o vaso sanitário do tipo privada turca ou similar. (PORTARIA 2619, 2011)

Food Service One

NOSSA INTERPRETAÇÃO E APLICAÇÃO DA LEGISLAÇÃO

Toda unidade de serviço de alimentação deve ser equipada com instalações sanitárias separadas por sexo e por tipo de atividade (público e servidores do serviço de alimentação). Não se permite o cruzamento entre os dois tipos de usuários, pois é entendido como "cruzamento de fluxo". A localização das instalações sanitárias é determinada para que esteja próxima ao local de uso/trabalho, porém absolutamente separada desses locais. Portanto, a separação física é determinante. O dimensionamento é determinado pelos seguintes aspectos:

Restaurante: considerado como local de curta permanência, necessário um vaso sanitário (mictório) para cada 40 pessoas;

Cozinha Industrial: considerado como local de longa permanência, necessário um vaso sanitário para cada 20 pessoas, por turno de trabalho e/ou a somatória, caso exista o encavalamento dos turnos.

VENTILAÇÃO ARTIFICIAL

Codex Alimentarius

De acordo com o Codex, os meios adequados de ventilação natural ou mecânica são: minimizar a contaminação de alimentos pelo ar a exemplo de aerossóis e gotículas de condensação; controlar a temperatura ambiente; controlar odores que possam afetar a adequação dos alimentos; controlar a umidade, para garantir a segurança e a adequação dos alimentos; os sistemas de ventilação devem ser projetados e construídos de tal forma que o ar não circule de áreas contaminadas; trabalho intermitente com períodos de descanso no próprio local de prestação de serviço. (ANVISA, 2007)

NBR 14518

Devem atender os requisitos operacionais do sistema de ventilação na condição real das instalações; o tipo de centrifugo deve ser metálica, de simples aspiração, e o rotor de pás inclinadas para trás ou radiais; não deve ter a exposição de motores elétricos, caixa de ligação elétrica ou elementos de transmissão ao fluxo do ar de exaustão; o compartimento onde for instalado o ventilador deve ser facilmente acessível e ter dimensões suficientes para permitir os serviços de manutenção, limpeza e eventual remoção, incluindo plataforma nivelada para execução dos serviços. Se o ventilador estiver conectado a um duto en-

Capítulo 6

clausurado, este compartimento deve ter a mesma classe de resistência ao fogo que a do enclausuramento. (NBR-14518, 2000)

Portaria 1210/06 (REVOGADA)

A circulação de ar poderá ser feita por meio de ar insuflado, com equipamentos devidamente dimensionados e higienizados periodicamente. A direção do fluxo de ar nas áreas de preparo dos alimentos deve ser da área limpa para a suja. Não devem ser utilizados ventiladores e equipamento de ar-condicionado doméstico na área de manipulação; o conforto térmico pode ser assegurado por aberturas que permitam a circulação natural do ar, com área equivalente a 1/8 da área do piso. A ventilação não deve ser assegurada com a simples. (PORTARIA 1210, 2006)

Portaria 2619/2011

É proibida a utilização de climatizadores com aspersão de neblina nas áreas de pré-preparo, preparo de embalagem e exposição de refeições prontas para o consumo; os componentes para captação do ar externo devem ser localizados em áreas livres de contaminantes e distantes dos pontos de exaustão de ar. (PORTARIA 2619, 2011)

CVS-5

Deve garantir o conforto térmico, a renovação do ar e que o ambiente fique livre de fungos, gases, fumaça, gordura e condensação de vapores. A circulação de ar na cozinha deve ser feita com ar insuflado e controlado por meio de filtros ou de exaustão com equipamentos devidamente dimensionados. O fluxo de ar nas áreas de preparo dos alimentos deve ser direcionado da área limpa para a suja. Não devem ser utilizados ventiladores nem aparelhos de ar-condicionado nas áreas de manipulação; o conforto térmico pode ser assegurado por aberturas de paredes que permitam a circulação natural do ar, com área equivalente a 1/10 da área do piso; área para manipulação (pré--preparo) de carnes, aves e pescados, sem cruzamento de atividades. Deve ter bancadas, equipamentos e utensílios de acordo com as preparações. Quando for climatizado, deve manter temperatura entre 12°C e 18°C. Para as áreas de pré-preparo e preparação: etapa onde os alimentos sofrem tratamento ou modificações por meio de higienização, tempero, corte, porcionamento, seleção, escolha, moagem e/ou adição de outros ingredientes. Lavar em água corrente

Food Service One

as embalagens impermeáveis antes de abri-las. O tempo de manipulação de produtos perecíveis em temperatura ambiente não deve exceder a 30 minutos por lote e a 2 horas em área climatizada entre 12°C e 18°C. (PORTARIA CVS, 05, 2013)

EQUIPAMENTOS E SEGURANÇA

NR 12

Têm como objetivo definir referências técnicas, princípios fundamentais e medidas de proteção para garantir a saúde e a integridade física dos trabalhadores e estabelece requisitos mínimos para a prevenção de acidentes e doenças do trabalho nas fases de projeto e de utilização de máquinas e equipamentos de todos os tipos; o empregador deve adotar medidas de proteção para o trabalho em máquinas e equipamentos, capazes de garantir a saúde e a integridade física dos trabalhadores, e medidas apropriadas sempre que houver pessoas com deficiência envolvidas direta ou indiretamente no trabalho; os espaços ao redor das máquinas e equipamentos devem ser adequados ao seu tipo e ao tipo de operação, de forma a prevenir a ocorrência de acidentes e doenças relacionados ao trabalho. (NR-12, 2011)

Equipamentos: amaciador de bifes, amassadeira, batedeira, fatiador de frios, fatiadora de pães, modeladora, moedor de carne, picador de carne, serra-fita.

NR 13

Diz a respeito do uso e manutenção de Caldeiras e Vasos de Pressões, utilizados em cozinhas que fornecem uma grande quantidade de refeições ao dia (NR-13, 2011). Atualizada em julho de 2022, essa norma regride e desenquadra os caldeirões (Panelas de Cocção) utilizados nas cozinhas industriais da Norma. (NR-13, 2022)

Portaria 2619/2011

Todas as máquinas e equipamentos utilizados em atividades relacionadas com a produção de alimentos e embalagens devem possuir dispositivos de proteção e segurança, de modo a minimizar ruídos e prevenir acidentes; as zonas de perigo das máquinas e equipamentos, tais como: partes móveis, zonas entrantes, de cisalhamento, de corte, áreas de ci-

Capítulo 6

lindro, serras e transmissões de força, devem possuir dispositivos de proteção que impeçam o acesso involuntário e acidental ou que possibilitem o acesso voluntário dos trabalhadores; as máquinas e equipamentos devem ter dispositivos de acionamento e parada, de modo que sejam acionados ou desligados pelo operador na sua posição de trabalho; não se localizem na zona perigosa da máquina ou equipamento; possam ser acionados ou desligados em caso de emergência, por outra pessoa que não seja o operador; não possam ser acionados ou desligados, involuntariamente, pelo operador, ou de qualquer outra forma acidental; não acarretem riscos adicionais; os motores e a casa de máquinas devem possuir sistemas de isolamento que garantam a segurança dos funcionários e operadores. (PORTARIA 2619, 2011)

CVS 05/13

Segundo a CVS 5/13, a dimensão dos equipamentos deve ter relação direta com o volume de produção, tipos de produtos ou padrão de cardápio e sistema de distribuição/venda; devem ser de superfície lisa, de fácil limpeza e desinfecção, bem conservada, com pinturas claras, sem gotejamento de graxa, acúmulo de gelo e com manutenção constante. (PORTARIA CVS, 05, 2013)

NOSSA INTERPRETAÇÃO E APLICAÇÃO DA LEGISLAÇÃO

Segundo Valter Stort Jr., as caldeiras a vapor são equipamentos destinados a produzir e acumular vapor sob pressão superior à atmosférica, utilizando qualquer fonte de energia.

Esta NR deve ser aplicada aos seguintes equipamentos:

a) qualquer vaso cujo produto "PV" seja superior a 8, onde "P" é a máxima pressão de operação em kPa e "V" o seu volume geométrico interno em m^3, incluindo:

- permutadores de calor, evaporadores e similares;
- vasos de pressão ou partes sujeitas à chama direta que não estejam dentro do escopo de outras NR, nem do item 13.1 desta NR;
- vasos de pressão encamisados, incluindo refervedores e reatores;
- autoclaves e caldeiras de fluido térmico que não o vaporizem;

Food Service One

b) vasos que contenham fluido da classe "A", especificados no Anexo IV, independente das dimensões e do produto "PV".

- Como a pressão de uso do vapor em caldeirões é de 0,5 kgf/cm², o que equivale a 49 kPa ou 0,049 MPa, e o produto PV tem que ser superior a 8, podemos então fazer a seguinte conta para saber qual volume deveria ter um caldeirão na parte do tanque de pressão, para ser considerado um vaso de pressão segundo a NR 13:

- 49 x V = 8 onde, V = 8/49 que é 0,163 m³, ou seja, 163 litros de volume de tanque de vapor. Ou seja, para caldeirões cujo volume de câmara de vapor for superior a 163 litros, vale a NR 13. Lembramos que este cálculo leva em consideração a pressão indicada de 0,5 kgf/cm² ou 49 kPa.

Este raciocínio é válido para caldeirões abertos.

Os chamados caldeirões autoclavados ou fechados com presilhas e com válvula de alívio de pressão na tampa, ou seja, aqueles que funcionam não como caldeirões de aquecimento, mas como "panelas de pressão ", devem levar em consideração o volume interno do caldeirão.

Cada caso é um caso e precisa ter cuidado no cálculo do volume interno.

A HIGIENE, CONSERVAÇÃO E MANIPULAÇÃO DE ALIMENTOS

RDC 216

Esta resolução norteia os proprietários dos estabelecimentos a procederem de maneira adequada e segura na manipulação, preparo, acondicionamento, armazenamento, transporte, exposição e venda dos alimentos. Tem como objetivo a melhoria das condições higiênico-sanitárias dos alimentos preparados em padarias, cantinas, lanchonetes, bufês, confeitarias, restaurantes, comissárias, cozinhas industriais e institucionais; aplica-se aos serviços de alimentação que realizam algumas das seguintes atividades: manipulação, preparação, fracionamento, armazenamento, distribuição, transporte, exposição, venda e entrega de alimentos preparados para o consumo, tais como cantinas, bufês, comissárias, confeitarias, cozinhas industriais, cozinhas institucionais, delicatéssens, lanchonetes, padarias, pastelarias, restaurantes, rotisserias e congêneres; produtos perecíveis: produtos alimentícios, alimentos *"in*

Capítulo 6

natura", produtos semipreparados ou produtos preparados para o consumo que, pela sua natureza ou composição, necessitam de condições especiais de temperatura para a conservação; as matérias-primas e os ingredientes caracterizados como produtos perecíveis devem ser expostos à temperatura ambiente somente pelo tempo mínimo necessário para a preparação do alimento, a fim de não comprometer a qualidade higiênico-sanitária do alimento preparado. (RDC 216, 2004)

CVS 05/13

Armazenamento sob congelamento: é a etapa na qual os alimentos armazenados à temperatura de 0°C ou menos, de acordo com as recomendações dos fabricantes constantes na rotulagem ou dos critérios de uso. Exemplo: menor que - 18°C por 90 dias, entre 0 e - 5°C por 10 dias etc.; armazenamento sob refrigeração: é a etapa em que os alimentos armazenados em temperatura de 2°C a 10°C, de acordo com as recomendações dos fabricantes constantes na rotulagem ou dos critérios de uso. Exemplo: pescados crus no máximo a 2°C por 3 dias, ovos no máximo a 10°C por 7 dias etc.; estoque seco: é a etapa em que os alimentos são armazenados à temperatura ambiente, segundo especificações no próprio produto e recomendações dos fabricantes constantes na rotulagem. (PORTARIA CVS, 05, 2013)

Portaria 1210/06 (REVOGADA)

De acordo com esta portaria, na área de produção, é preciso que tenha um fluxo linear, sem cruzamento de atividades entre as várias categorias e níveis de preparo de alimentos; na área de preparo, devem existir lavatórios exclusivos para higiene das mãos, em posição estratégica em relação ao fluxo do processo e de fácil acesso. As torneiras dos lavatórios devem ser preferencialmente acionadas sem contato manual; todo equipamento ou utensílio que entrar em contato com material potencialmente contaminado deve ser higienizado antes de entrar em contato com as matérias-primas limpas ou com o produto acabado; o tempo de manipulação de produtos perecíveis em temperatura ambiente não deve exceder a 30 minutos por lote e a 2 horas em área climatizada entre 12°C e 18°C; é proibida a colocação de caixas de madeira e de papelão dentro da área de preparo; quando a matéria-prima e o alimento pré-preparado ou pronto não forem utilizados imediatamente, devem ser acondicionados adequadamente e

Food Service One

identificados com nome do produto, data de manipulação e validade; o tratamento térmico deve garantir que todas as partes dos alimentos atinjam a temperatura de, no mínimo, 70°C. Temperaturas inferiores podem ser utilizadas no tratamento térmico, desde que as combinações de tempo e temperatura sejam suficientes para assegurar a qualidade higiênico-sanitária dos alimentos; os alimentos submetidos à cocção e destinados ao processo de congelamento devem ser encaminhados imediatamente para o resfriamento forçado, seguindo-se para o congelamento, até atingir a temperatura de –18°C. Quando impossível o resfriamento rápido, o alimento deverá ser conservado à temperatura acima de 60°C. O resfriamento de alimento preparado deverá ser realizado de forma a minimizar o risco de contaminação cruzada e a permanência do mesmo em temperaturas que favoreçam a multiplicação microbiana. A temperatura do alimento preparado deverá ser reduzida de 60°C a 10°C em até duas horas. Em seguida, deverá ser submetido a temperaturas inferiores a 5°C ou congelado à temperatura igual ou inferior a –18°C; na etapa de reaquecimento, os alimentos que já sofreram cocção inicial devem atingir novamente a temperatura de segurança de 70°C. (PORTARIA 1210, 2006)

Portaria 2619/2011

Esta nova Portaria menciona que a configuração das áreas de pré-preparo, preparo, porcionamento e acondicionamento dos alimentos deve possuir fluxo linear, sem cruzamento de atividades entre as várias categorias e níveis de preparo dos alimentos, de forma a evitar a contaminação cruzada; as áreas destinadas à seleção e lavagem de vegetais, manipulação de ovos, pescados, carnes e seus derivados crus devem ser separadas das demais por meios físicos ou por outros meios eficazes de forma a evitar a contaminação cruzada; todos os equipamentos e utensílios que entrarem em contato com material potencialmente contaminado devem ser higienizados antes do contato com matérias-primas ou com o produto acabado; os produtos utilizados na lavagem e desinfecção de vegetais devem apresentar, na rotulagem, indicação de uso para este fim, estarem devidamente regularizados na Agência Nacional de Vigilância Sanitária — ANVISA e serem utilizados até a data de validade. As diluições dos produtos, o tempo de contato e as demais instruções para uso devem atender às orientações dos fabricantes; o tempo de manipulação de produtos perecíveis em temperatura ambiente não deve exceder a 30 minutos por lote; a temperatura das áreas climatizadas deve ser mantida entre 12°C e 18°C e a manipulação nestas

Capítulo 6

áreas não deve ultrapassar 2 horas por lote; o descongelamento de alimentos deve ser efetuado segundo a recomendação do fabricante. Na ausência desta informação, o descongelamento deve ser realizado em temperatura inferior a 5°C ou em forno micro-ondas ou de convecção, quando o alimento for submetido imediatamente à cocção. O procedimento deve ser realizado de forma a garantir que todas as partes do alimento sejam completamente descongeladas; o tratamento térmico deve garantir que todas as partes dos alimentos atinjam a temperatura mínima de 74°C; temperaturas inferiores podem ser utilizadas no tratamento térmico, desde que as combinações de temperatura e tempo sejam suficientes para assegurar a qualidade higiênico-sanitária de 74°C por 2 minutos ou 65°C por 15 minutos; o resfriamento de alimento preparado deve ser realizado de forma a minimizar os riscos de contaminação cruzada e de multiplicação microbiana. A temperatura do alimento preparado deve ser mantida em equipamentos de refrigeração, ficando resfriado ou congelado; na etapa de reaquecimento, todas as partes dos alimentos devem atingir, no mínimo, a temperatura de 74°C; é proibida a entrada de caixas de madeira nas áreas destinadas ao preparo de alimentos. (PORTARIA 2619, 2011)

Referências

ANVISA, Agência Nacional de Vigilância Sanitária. Codex Alimentarius, 2016. Disponível em: <http://portal.anvisa.gov.br/documents/33916/388701/Codex+Alimentarius/10d276cf-99d0-47c-1-80a5-14de564aa6d3>. Acesso em: 06 jul. 2019.

RESOLUÇÃO - RDC N° 216, 2004. Disponível em: <http://www.crmvgo.org.br/legislacao/Nova%20pasta/resolucao216.pdf>. Acesso em: 06 jul. 2019.

NR 24 - Condições Sanitárias e de Conforto nos Locais de Trabalho. Disponível em: <http://trabalho.gov.br/images/Documentos/SST/NR/NR24.pdf>. Acesso em: 06 jul. 2019.

PORTARIA 1210, 2006. Disponível em: <http://www.sinhores-sp.com.br/portaria_1210_06_sms.htm>. Acesso em: 06 jul. 2019.

PORTARIA 2619, 2001. Disponível em: <https://www.prefeitura.sp.gov.br/cidade/secretarias/upload/chamadas/portaria_2619_1323696514.pdf>. Acesso em: 06 jul. 2019.

NR-8, 2001. Disponível em: <http://www.guiatrabalhista.com.br/legislacao/nr/nr8.htm>. Acesso em: 06 jul. 2019.

(PORTARIA CVS, 05, 2013). Disponível em: <http://www.cvs.saude.sp.gov.br/up/PORTARIA%20CVS-5_090413.pdf>. Acesso em: 06 jul. 2019.

NR-15, 1990. Disponível em: <http://www.guiatrabalhista.com.br/legislacao/nr/nr15.htm>. Acesso em: 06 júl. 2019.

Food Service One

(NBR-14518, 2000). Disponível em: <https://www.ebah.com.br/content/ABAAAfrUYAG/nbr-14518-sistema-ventilacao-cozinhas-industriais>. Acesso em: 06 jul. 2019.

NR-12, 2011. Disponível em: <http://www.guiatrabalhista.com.br/legislacao/nr/nr12.htm>. Acesso em: 06 jul. 2019.

NR-12, 2011. Disponível em: <http://www.guiatrabalhista.com.br/legislacao/nr/nr13.htm>. Acesso em: 06 jul. 2019.

7

Importância do planejamento para negócios de alimentação

Plano de negócios

O Plano de Negócios ou Estudo de Viabilidade visa implantar de forma planejada e segura ou corrigir erros não dimensionados em um empreendimento.

No estudo, deve-se identificar o produto a ser oferecido, o cliente em potencial, a expectativa de valor médio de venda, a expectativa de faturamento, a expectativa de ganho e crescimento, a localização (definida ou a definir), a expectativa de investimento, a constituição do negócio e sócios envolvidos, o investimento (próprio e ou financiado) e o gerenciamento (sócios ou contratados).

O produto deve ser consolidado, assim como o cliente em potencial. Devem ser feitos o registro e influência da concorrência, a definição de valor médio de venda (mercado), a proje-

Capítulo 7

25% de impostos, 25% de custos fixos e variáveis, 25% de matéria-prima e 25% de lucro.

ção de faturamento (mínimo e máximo), a projeção de ganho (custo matéria-prima versus valor de venda), o investimento com projetos, obras, equipamentos e outros custos operacionais indiretos, estimativa de mão de obra e impostos incidentes;

A viabilidade de um negócio em *food service* se dá quando há equilíbrio de 25% de impostos, 25% de custos fixos e variáveis, 25% de matéria-prima e 25% de lucro.

Existem vários pontos bem importantes a serem citados para descrever a importância de se ter um projeto para sua cozinha industrial. Os mais importantes são os ganhos de eficiência que refletem na lucratividade do empreendimento.

Existem conceitos básicos em cozinhas industriais que possibilitam a diminuição do uso de energéticos como energia elétrica, uso do gás, área física, equipamentos e funcionários. Esses conceitos funcionam para qualquer segmento de cozinha industrial, sendo restaurantes comerciais e industriais, bares, cafés, mercados, hospitais, hotéis, escolas, *fastfoods* etc.

A seguir, descrevemos cada área e/ou operação e forma de ganho de eficiência de cada uma delas.

Sustentabilidade

Aplicamos em nossos projetos, equipamentos e técnicas de redução de desperdício gerais como redução no consumo de água, preocupação com o volume e tratamento de lixo, redução no consumo de energia elétrica e outros energéticos, redução de espaço físico etc.

Além disso, o conceito de sustentabilidade aplica-se ao uso da aceitação do alimento orgânico, que ocorre sem prejudicar a saúde do homem, água e solo.

Circulação linear

"Uma reta é a menor distância entre dois pontos". Toda atividade em uma cozinha industrial deve ter sentido da reta, nunca com interferências que aumentem a distância entre os pontos. A circulação linear diminui o risco de contaminação cruzada, interliga os ambientes da cozinha, diminui a movimentação operacional e, consequentemente, da área da cozinha.

Food Service One

Carros de transporte

Devemos utilizar o carro de transporte, multiplicando a capacidade de transporte de carga em qualquer operação: recebimento, almoxarifados, preparação, cocção e distribuição. O carro multiplica a capacidade de transporte e há redução de mão de obra.

Almoxarifado

Um almoxarifado de produtos secos e perecíveis bem dimensionados também permite um ganho de eficiência energética.

Uso do Refrigerador vertical ou câmaras frigoríficas: o refrigerador vertical possui mais flexibilidade operacional com várias temperaturas e mantém melhor eficiência do que um conjunto de câmaras frigoríficas no sentido da unidade de kg estocado.

Preparo

Cada área de preparo (carnes/ hortifrúti / massas) deve ser flexível e dimensionada para atender a demanda e, se possível, em vários turnos de operação, utilizando-as sem que fiquem ociosas.

Equipamentos com prateleiras superiores instaladas nas bancadas e carros aumentam a eficiência da operação no preparo e o operador trabalha com os equipamentos próximos da sua bancada de trabalho.

Cocção

Dimensionada por meio dos cardápios e serviços, conforme falamos anteriormente, os equipamentos utilizados devem ser usados em sua carga máxima para atender a operação. Equipamentos menores são mais eficientes, pois seu uso será contínuo, terá várias operações seguidas, usando toda sua capacidade e melhor aproveitamento.

Forno combinado/resfriador rápido/chapa/*broiler* são equipamentos menores e que, com maiores ciclos de operação, garantem uma instalação da energia mais eficiente.

Equipamentos menores são mais eficientes, pois seu uso será contínuo.

Capítulo 7

Eficiência na fabricação dos equipamentos, comparando o caldeirão com câmara aberta ou fechada: o caldeirão com câmara aberta, onde a fonte de energia funciona sem modulação alto ou baixo, consome toda a energia durante toda a operação e joga energia por meio da válvula de segurança. No equipamento com válvula fechada, o calor é modulado e a fonte de energia é modulada com pressão e temperatura na medida da necessidade de uso. Reduz tempo de cocção e consumo de energia.

Supply Chain e o *Food service*

A eficiência do processo de compras, orientando o cliente na melhor compra, pode trazer melhor custo-benefício, amortizando seu investimento em melhor tempo. Além disso, evita compra de equipamentos desnecessários.

Estamos fazendo a compra corretamente? Esta é uma pergunta que, geralmente, os empresários, diretores, empreendedores devem se fazer. Como ter segurança de que as compras estão sendo feitas da forma mais competitiva para o nosso negócio em alimentação?

Na análise dos possíveis fornecedores, deveremos levar em consideração muitos fatores e não apenas os preços oferecidos, pois o preço é apenas um pequeno ponto do *iceberg* que compõe os custos de qualquer compra ou projeto.

Os responsáveis pelas compras (compradores, gerentes, diretores) devem sempre analisar e pesquisar muito sobre os possíveis fornecedores procurando identificar clientes desses fornecedores, pesquisar sobre a satisfação deles com relação ao atendimento e sucesso no atendimento, não só dos custos e entrega dos produtos e/ou serviços, mas principalmente o pós-venda.

Tendo também como fonte de análise o Total Cost Ownership (TCO) — Custo de Propriedade. Resumidamente, podemos defini-lo como uma ferramenta analítica que avalia os itens que impactam ou geram custos. Modelamento adequado para definir não somente os custos usuais, mas os custos chamados de "invisíveis", tais como: manutenção, obsolescência, custos de processos de produtividade, treinamento, acompanhamento do projeto, análise dos materiais/equipamentos etc. (vide *iceberg*).

Outro cuidado que o empreendedor/empresa deve ter é que suas políticas e procedimentos de compras assegure *compliance*, ou seja, que se-

55

Food Service One

jam minimizadas atitudes antiéticas, o ideal é que a decisão final da compra/escolha do fornecedor não seja decidida apenas por um profissional, mas por um time ou equipe responsável por todo o projeto.

Nunca se esquecer de não decidir a compra final apenas baseada nos preços oferecidos, mas sim na análise de todos os custos que envolvem um projeto para assim assegurar SUCESSO ao final do mesmo e dentro do orçamento (*budget*) planejado anteriormente.

Como em qualquer outra atividade de negócio, também no *food service*, o "*suplay chain*" precisa ser incorporado no dia a dia do negócio, integrando as necessidades com a compra de equipamentos, serviços e materiais com vistas ao bom atendimento dos clientes. Percorrer o caminho inverso da "satisfação do cliente" é praticar efetivamente na integração das ações que nascem de um "bom planejamento" e com ele seja permitido executar as tarefas com segurança e assertividade. Conhecer e estreitar o relacionamento com fornecedores de toda a cadeia é ter maior segurança para o sucesso.

Na criação de um novo negócio, muitas são as necessidades para conseguir atingir a "data da inauguração". Contratar profissionais com conhecimento real das regras e da legislação, elaborar um bom Plano de Negócios, ter realmente domínio do investimento estabelecido, não se deixar levar por "promessas" milagrosas, que poderão ultrapassar o montante de investimento e não possibilitar um bom retorno do investimento.

No dia a dia, todo cuidado é pouco e especial atenção deve ser dispensada na avaliação do Custos Diretos, Custos Fixo e Custos Variáveis. Nestes últimos, recaem novamente a importância do "*Supply Chain*", cada centavo pode gerar uma redução ou aumento da rentabilidade.

Mão de obra e treinamentos

Os treinamentos dos funcionários da cozinha tornam-se bem mais simples: treinar ou reciclar novos ou antigos. Em uma unidade industrial definida com seus setores e áreas, fica evidente a funcionalidade e, consequentemente, fácil capacitar as pessoas que nela estão trabalhando.

Vital Martins Filho | 7 — Importância do Planejamento para Negócios de Alimentação, *Supply Chain* e o *Food service*.

Autor do livro *Compras, Compliance & Fraudes*, edição 2021, Editora Dialética. Consultor na área de Compras/Suprimentos, com mais de 30 anos de experiência, tendo trabalhado com Gerente de Suprimentos

Capítulo 7

para a América Latina e África do Sul, nas empresas Dow Química e Union Carbide e como consultor nas empresas Solving Efeso, Inesup entre outras. Palestrante na área de Compras, Suprimentos e Logística (IIR/IBC, Mission, Catho, Trevisan, Ebusiness, Internews, IQPC, WBR, Reed Exhibitions Alcantara Machado/Multiplus, PUC/SP, FIPECAFI); participou do Gesup–Abiquim; fundador e diretor do INESUP - Instituto Nacional dos Executivos de Suprimentos. Formado em Economia e Contabilidade, com cursos na New York University, USP e FGV. Atuou como Gerente de Auditoria e auditor por 19 anos. Atuou na centralização de compras de empresas com diversas plantas no Brasil e, posteriormente, na centralização de compras entre 9 países da América do Sul e África do Sul. Trabalhos realizados em empresas tais como: Unibanco, Comind, Frigorífico Anglo, Firestone, Union Carbide, Dow Química, Buckmann, ArcelorMittal, Prysmian entre outras. Experiência internacional em mais de 20 países.

8

Ambientes de uma unidade de alimentação (*food service*)

Ambientes externos

Doca e plataforma

É o ambiente onde inicia toda a operação. É necessário cobertura para estacionamento de veículos de carga, para recebimento das mercadorias. Paredes, piso e teto devem ser de fácil higienização, de cores claras e com piso antiderrapante.

Triagem de recebimento

A triagem e recebimento devem ser em um ambiente segregado fisicamente das outras áreas e de áreas de circulação. Têm como objetivo o controle quantitativo e qualitativo da entrada dos materiais na cozinha, bem como na conferência dos materiais entregues. Deve haver aferição da temperatura e peso, a primeira higienização dos alimentos,

Capítulo 8

a troca de caixas e a identificação dos prazos de validade. Nesta etapa, os materiais são identificados e encaminhados aos respectivos almoxarifados. O uso de carros facilita o manuseio, o transporte e a acomodação. Deve ser equipada com mesas, pias, carros, balanças etc.

Sanitários e vestiários

Atendendo à legislação vigente com a determinação do número de vasos sanitários, chuveiros, lavatórios, mictórios e armários, formam adequados espaços dos sanitários e vestiários, incluindo dependências para os supervisores e chefia. (NR-24 — Condições Sanitárias e de conforto nos locais de trabalho)

Abrigos do lixo

Deve ser construído abrigo para acondicionamento de lixo seco e lixo úmido, com temperatura controlada entre 0 a 2°C, quando não há retirada diária do lixo (RDC 216-4.1.2 e CVS 6-9.10). Os recipientes de lixo devem ser devidamente limpos, forrados e tampados. O cálculo do volume de lixo para dimensionamento dos abrigos pode ser calculado em torno de 50g por refeição.

Abrigo de gás

Para empreendimentos que utilizarem o gás liquefeito de petróleo (GLP), deve ser construído um abrigo coberto e protegido para os botijões, em local aberto e com ventilação natural em local seguro e em distância mínima de 3 metros, dependendo do volume do gás.

Reservatório de água

Previsão de área para instalação de caldeira para água quente, dimensionada dentro da demanda do projeto. Para água quente, são recomendados 7,5 litros/refeição e, para água fria, são recomendados 25 litros/refeição, podendo ter 12,5 litro/atendimento nas instalações de restaurantes *fastfoods* e ou lanchonetes.

> **Para água quente, são recomendados 7,5 litros/refeição e, para água fria, são recomendados 25 litros/refeição.**

Food Service One

Instalações mecânicas

Devem seguir a NBR-14.518 — para exaustão, insuflamento e ar-condicionado, manter a pressão positiva nos ambientes "limpos" e a circulação dos ambientes limpos para os demais. Todos os demais ambientes devem ter pressão negativa.

Ambientes internos

Almoxarifado de produtos secos

Posicionado próximo à área de Triagem e Recebimento, equipado com estantes e *pallets*. As estantes devem ser construídas em aço tratado e ou termoplástico resistente e devem estar localizadas com distância mínima dos pisos e paredes. Não são permitidos os usos de estantes em madeira. Os *pallets* são mais utilizados para acondicionar bebidas ou embalagens com maior volume e peso. O almoxarifado deve ter temperatura do ambiente controlada para a conservação e vida de prateleira (*shelf-life*) dos alimentos.

Almoxarifado de farinhas

Vale lembrar que o depósito de farinha para cozinhas industriais que têm alto consumo de produção de massas e pães, deve estar em um almoxarifado separado dos outros itens, com temperatura controlada, com o objetivo de manter o ar seco no ambiente e manter a vida de prateleira do produto.

A farinha deverá ser acondicionada em *pallets* monobloco e nunca em contato com o piso.

Almoxarifado de bebidas e adega

O almoxarifado de bebidas, assim como os outros locais para acondicionamento de alimentos, deve ser um local reservado, com temperatura controlada e com controle na entrada e saída de materiais também. O ideal é que se utilize um método de controle diário com requisições dos materiais do dia para controle de todos os produtos. O dimensionamento aproximado para esse almoxarifado é de $1m^2/1.000$ garrafas ou 1.200 latas.

Almoxarifado de produtos perecíveis

Caracterizado como ambiente frigorificado deve atender a demanda das três temperaturas exigidas pela legislação. Basicamente são elas: $-18°C$ para con-

Capítulo 8

-18°C para congelados, entre 0 a 4°C e 4 a 6°C para resfriados de diferentes gêneros.

gelados, entre 0 a 4°C e 4 a 6°C para resfriados de diferentes gêneros. Essas três temperaturas obrigatoriamente devem existir para alimentos *in natura*. Para alimentos já manipulados ou estoque de produtos prontos, o local de armazenamento deve ser fisicamente separado.

Depósito de materiais de limpeza (DML)

Os materiais de limpeza e dosadores são elementos com alto índice de contaminantes e devem ser localizados em ambiente segregado da cozinha e posicionado estrategicamente para atender aos horários de limpeza da cozinha e dos equipamentos.

Preparos de carnes, hortifrúti, sobremesas, massas e bebidas

Os preparos devem ser feitos em áreas separadas para a operação e manipulação de cada gênero alimentício, para não haver contaminação dos alimentos e para manutenção de cada ambiente. As áreas de preparo, de forma geral, devem ser equipadas com refrigeradores, mesas, cubas, pias, prateleiras e todos os acessórios importantes para a preparação dos alimentos, como processadores, *mixers*, balanças etc. Deve haver também áreas para higienização de mãos em todas as áreas de manipulação dos alimentos.

Em caso de operações menores e mais simples, as áreas de preparo podem ser flexíveis, com uso múltiplo, ou seja, após a finalização da manipulação de um gênero alimentício, deve haver higienização de 100% da área para a manipulação de um novo gênero alimentício e essa operação deve estar descrita detalhadamente no manual de boas práticas.

Todas as áreas são isoladas entre si e equipadas com sistema de climatização controladas individualmente. Esta característica permite preparações das mais variadas e também o efetivo controle higiênico-sanitário ao longo do dia de trabalho. Devem-se

Todas as áreas são isoladas entre si e equipadas com sistema de climatização controladas individualmente.

Food Service One

garantir o conforto térmico, a renovação do ar e que o ambiente fique livre de fungos, gases, fumaça, gordura e condensação de vapores. A circulação de ar na cozinha deve ser feita com ar insuflado e controlado por meio de filtros ou de exaustão, com equipamentos devidamente dimensionados. A direção do fluxo de ar nas áreas de preparo dos alimentos deve ser da área limpa para a suja. Não devem ser utilizados ventiladores nem aparelhos de ar-condicionado nas áreas de manipulação.

O dimensionamento deve atender a números de dias desejados para estoque e à dificuldade logística para entrega/recebimento.

Cocção

É o ambiente onde acontece a finalização quente dos alimentos, único com equipamentos específicos e de fácil operação e o mais simples possível para manutenção. Os equipamentos especificados de características próprias são de certa forma um dos pontos mais importantes do processo. A qualidade final do alimento dependerá fundamentalmente do padrão dos equipamentos a serem adquiridos.

A cocção deve ter temperatura controlada, bem como todos os outros ambientes da cozinha, mas também deve contar com a coifa (convencional ou lavadora de gases), com sistema de exaustão bem dimensionados.

Distribuição

Buffets

Os *buffets* são utilizados para refeições rápidas com várias opções de pratos, geralmente mais utilizados no horário do almoço em restaurantes comerciais.

A linha de distribuição poderá ter balcões aquecidos, refrigerados, bebidas, bandejas, pratos, talheres e pães, equipados com protetor salivar e capacidade térmica para manutenção da temperatura dos alimentos quentes e dos alimentos frios. O conceito adotado para elaboração do projeto para distribuição é de proporcionar ao usuário uma visão na busca dos pratos. Pontos quentes, refrigerados, de finalização, de carnes e guarnições e de bebidas perfazem o conjunto dinâmico.

Segundo a CVS 5: os alimentos quentes devem permanecer à temperatura mínima de 60°C ao máximo de 6 horas e abaixo de 60°C por no máximo 1h.

E alimentos frios até 10°C por no máximo 4h e entre 10 e 21°C por no máximo 2h.

Capítulo 8

Estufas e vitrines

Estufas e vitrines são utilizadas para expor alimentos prontos, geralmente em estabelecimento com consumo imediato do produto.

Vitrines e estufas também podem ser autosserviço para o serviço Grab&Go. Leia mais no capítulo 18 — Tendências e o futuro.

Higienização

Posicionada estrategicamente, recebe os utensílios de mesa dos usuários do salão e os utensílios para preparo dos alimentos, vindos das áreas da cozinha. A higienização deve ser dimensionada de acordo com a quantidade de refeições servidas, mesas com pias, lavadora de louças e utensílios. Deve ter saída do lixo orgânico diretamente para áreas específicas.

Ambientes sociais

Restaurante

O leiaute do restaurante pode variar de acordo com o tipo de serviços de cada estabelecimento. Pode contar com mesas e cadeiras soltas, recomendáveis para facilitar a limpeza e a multiplicidade de uso do local. As circulações são amplas para facilitar o fluxo e evitar cruzamentos indesejáveis. Geralmente utilizamos os fatores de $1.2m^2$/pessoa, para restaurantes comerciais, até $1,4m^2$/pessoa para restaurantes mais confortáveis, geralmente utilizado na hotelaria.

Hall de entrada

Equipado com antecâmara para controle da temperatura e ventilação do local. Pode ser dotado de lavatórios e catracas para controle de acesso ao restaurante. Em restaurantes industriais, com nível de contaminantes alto dos uniformes dos usuários, implanta-se o lava-botas.

Sanitários (restaurante)

Para o restaurante, os sanitários devem ser separados por sexo. Devem ser dimensionados um lavatório para cada 50 lugares e um vaso sanitário para cada 20 lugares (Código de obras e edificações-SP). Deve ser dimensionado sanitário para PNE (Pessoas com Necessidades Especiais), de acordo com a legislação.

9

Dimensionamento

Para iniciar o conceito de um projeto de uma cozinha industrial, precisamos levantar com o cliente, já desde o primeiro atendimento, detalhes relevantes da sua operação para dimensionamento correto de cada uma das áreas. Cada atendimento deve ser feito de forma individualizada, particular e que poderá acontecer em conversa telefônica ou presencial.

Os projetos são individualizados e executados dentro das legislações Federais, Estaduais e Municipais como, por exemplo, a NR 8, que trata das edificações; a NR 24, que trata das condições sanitárias e de conforto nos locais de trabalho; e a RDC 216 da Anvisa, que prevê o regulamento técnico de boas práticas para serviços de alimentação, entre outras.

O levantamento de dados é imprescindível, inclusive para a elaboração de uma proposta comercial correta. Muitas vezes, o cliente precisará de consultoria para levantar esses

Capítulo 9

dados, pois, em casos de estabelecimentos novos, os dados ainda não foram aplicados em um estudo de viabilidade ou plano de negócios. Acontece muitas vezes, também, de o cliente ter o estabelecimento já em operação, porém, sem controle dos dados necessários para a consultoria e início dos trabalhos.

Nos casos onde a venda é consultiva e o cliente não tem nenhum tipo de informação inicial do seu empreendimento, por ser um empreendimento novo, será necessário um levantamento de dados no qual entenderemos o perfil dele, profissão, necessidades, disponibilidade de tempo para operação, valor do investimento total disponível ou lucratividade estimada e onde ele gostaria de montar o seu novo negócio. Essas informações serão os dados necessários para o início da consultoria e orientação para o melhor tipo de empreendimento.

Dados básicos

Os dados básicos são os relacionados ao funcionamento e operação do seu estabelecimento, como o tipo de restaurante (comercial, industrial, centrais de produção, hoteleiro, hospital, escolar, mercados, *fastfood* etc.). Para cada um desses segmentos, é necessário um atendimento personalizado e consultivo.

Os números médios de atendimento, número de lugares, tipo de serviço (*buffet*, à la carte), tipologia do cardápio e tíquete médio são os pontos de partida para iniciar a triagem de forma mais expressiva e detalhada. Esses pontos citados anteriormente nos orientarão a forma da continuidade do atendimento.

Entender se a obra é nova e se já tem algum estudo de demanda e viabilidade, ou se estamos tratando de uma reforma, de um estabelecimento já em andamento poderá alterar os conceitos dos projetos, já seguindo a edificação predial existente.

O cliente, já no primeiro contato, deverá informar as áreas (m^2) reservadas para a cozinha industrial e para o salão. Com essa informação, será feito o cálculo correto de áreas, orientando o melhor dimensionamento para atender as normas e legislações vigentes, além de melhoria da operação de forma geral. Isso, certamente, é o ponto mais importante do levantamento de dados, tanto para a elaboração de proposta como para o início de um projeto.

Importância do levantamento de dados

O levantamento de dados antecede a conceituação e a elaboração do projeto. Um projeto bem conceituado possibilita economias significativas de homem/horas ao longo de toda a vida útil de um empreendimento. Se bem

Food Service One

desenvolvido, visa à utilização correta de mão de obra, elimina funcionários ociosos e atividades ou operações ineficientes, objetivando a máxima redução no custo operacional, um melhor fluxo de trabalho e a eficiência no atendimento da demanda.

Adequar todas as necessidades físicas e operacionais no desenvolvimento dos projetos visa, ainda, estabelecer harmonia nos gastos com o investimento em equipamentos e custos operacionais. Listamos aqui outros benefícios quando iniciamos o projeto com as informações bem detalhadas: diminuição de custos na obra e de tempo de obra; diminuição de erros na obra; planejamento de um trabalho realmente de acordo com as normas técnicas; redução de custos na operação, com menor número de funcionários e melhores equipamentos; uso de um especialista na área de equipamentos, que auxiliará na compra dos produtos necessários.

Dados específicos

Para início da conceituação de um projeto, os dados específicos de cada estabelecimento são:

Restaurante comercial/ industrial/ corporativo

Tipo de serviços oferecidos como desjejum, almoço e jantar;

Número de refeições por serviço e no horário de pico de atendimento;

Tipo de clientela atendida (diretoria, administrativo, industrial);

Verificação se o restaurante atenderá eventos, convenções;

Delivery.

Exemplo de projeto de restaurante industrial (restaurante dos funcionários) Electrolux

Distribuição e Restaurante.

Fev/ 2002 — Curitiba — PR.

Projeto executivo funcional e implantação física de equipamentos

Cozinha projetada para produzir 1.200 refeições no pico do almoço, atendendo colaboradores da fábrica, administrativo e diretoria. Projeto conceituado sem fogão, sem panela, sem local para higienizar e estocar panelas. Foram empregadas as tecnologias como: frigideiras basculantes, fornos combinados e acessórios de cocção que facilitam a operação e tornam a cozinha mais compacta e funcional.

Capítulo 9

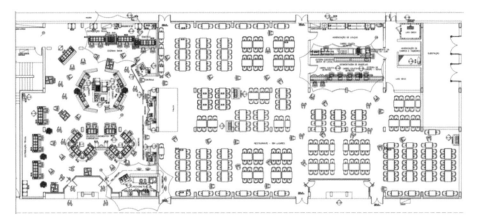

Trecho leiaute executivo funcional da distribuição e restaurante.

Pagrisa – Pará Pastoril e Agrícola S/A

A PAGRISA é o único empreendimento da agroindústria paraense no setor sucroalcooleiro, ou seja, na produção de açúcar cristal e de etanol (álcool anidro, utilizado na mistura com a gasolina e álcool hidratado, usado diretamente nos veículos flex). Está instalada na zona rural do município de Ulianópolis, onde possui aproximadamente 15 mil hectares com plantio de cana-de-açúcar e uma planta industrial com capacidade instalada para produção diária de 300 mil litros de etanol e oito mil sacas de 50 kg de açúcar. A PAGRISA dispõe de vila industrial com toda a infraestrutura necessária para os 1.000 colaboradores contratados durante a safra, que vai de junho a dezembro. Na área agrícola, a PAGRISA possui maquinário de última geração. São tratores que trabalham por georreferenciamento e piloto automático tanto no plantio quanto na colheita. A utilização de tecnologia de ponta reflete diretamente na colheita, gerando de 400 a 600 toneladas de cana colhida por colhedora por dia. A mecanização reflete também positivamente na qualidade de vida do colaborador, uma das grandes preocupações da PAGRISA. Além disso, o colaborador da empresa recebe benefícios e incentivos à educação e à saúde, assim como para seus familiares. Responsabilidade social e ambiental também faz parte da realidade da PAGRISA, com a execução e apoio a diversas atividades de preservação do meio ambiente e programas e projetos junto à comunidade local de Ulianópolis. (Texto retirado do site Pagrisa).

Em fevereiro de 2009, fomos contratados para execução do Projeto Executivo Funcional e os complementares: Projeto Básico de Arquitetura, Elétrica, Hidráulica, Mecânica, Implantação Física e Operacional. Aplicamos o

Food Service One

Sistema de Gestão com contratação de 2 anos, em que aplicamos controles, melhorias operacionais e Auditorias. Foram projetos para Cozinha Central, Distribuição, Restaurante Central e Restaurantes Satélites da Pagrisa.

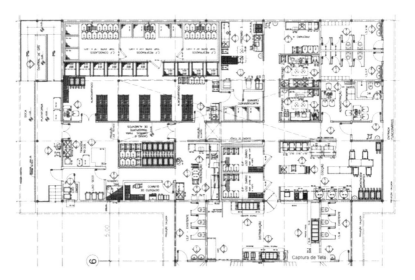

Trecho leiaute executivo funcional da cozinha e distribuição.

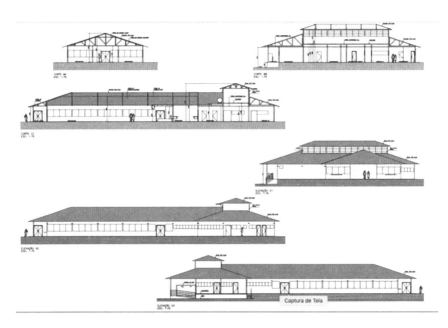

Projeto Básico de arquitetura, cortes e fachadas.

Capítulo 9

A unidade de preparação de alimentos está capacitada a atender a demanda nos períodos de safra e entressafra, aos vários níveis socioeconômicos, suas características nutricionais, conforme o PAT e gastronômicas. Cozinha central para atender aproximadamente 3.000 refeições por dia e 1.000 no horário de pico.

Restaurante em hotéis/ eventos

Número de apartamentos;

Número de hóspedes por apartamento;

Número de salas de reunião e capacidade de cada;

Número de salas de convenção e capacidade de cada;

Verificação se a cozinha deverá atender ao *room service*;

Verificação se o restaurante atende público externo;

Verificação se a cozinha deverá preparar refeições para funcionários do hotel e número de funcionários.

Restaurantes em hotéis

Conceito

Com o desenvolvimento da hotelaria e inserção da gastronomia, a alimentação passa a ser cartão de visita do hotel, que ganhou serviços cada vez mais especializados e estruturados para atendimento da demanda. Os cardápios ganharam o modelo exigido pelos hóspedes. Com isso, cozinhas bem planejadas e dimensionadas, com equipamentos modernos, passaram a ser requisitos imprescindíveis para um processo de produção adequado.

> A alimentação passa a ser cartão de visita do hotel.

Equipamentos com sistemas de alta tecnologia, encontrados no mercado, aumentaram a oferta de produtos a serem servidos. Atualmente, alimentos com qualidade garantida, nutricionalmente saudáveis, atendem a uma infinidade de hábitos dos consumidores. Alguns pratos são produzidos antecipadamente em cozinhas centrais, que abastecem as cozinhas distribuídas pelo hotel.

A mão de obra, o tempo de preparo e as áreas físicas da cozinha diminuem consideravelmente com a introdução de sistemas tecnológicos de ponta. É in-

Food Service One

teressante utilizar equipamentos que dispensam o uso de panelas. O conjunto de cocção (frigideira basculante, forno combinado, *char broiler* e chapa) promove qualidade e facilidade na operação. Em exemplos gerais, as áreas projetadas serão: recebimento, armazenamento de secos e de perecíveis, produtos químicos, administração e controle, sanitários externos para funcionários da cozinha, áreas de preparo (carnes, vegetais e massas), cocção, higienização e distribuição aos bares e restaurantes.

As áreas de triagem e recebimento de mercadorias são as receptoras das variedades de consumo destinadas aos hóspedes. Todos os bens, alimentos e bebidas, produtos químicos e de higiene precisam passar por um controle na triagem bem dimensionada e equipada para recebimento. Áreas protegidas com coberturas e projetadas para a entrada de veículos de entrega são fundamentais.

É aconselhável que a armazenagem esteja separada em câmaras frigoríficas com diferenciação nas temperaturas de acordo com o produto estocado. Essa área é projetada de acordo com a demanda da cozinha. Já a armazenagem de produtos secos tem de ser projetada para haver controle de entrada e saída de produtos e equipada com estantes de aço inox.

Os preparos dos alimentos na cozinha precisam estar distribuídos corretamente em setores, evitando contaminação de produtos. Cada uma dessas áreas proporcionará temperaturas adequadas para cada tipo de alimento. Elas exigem um sistema de instalação de acordo com cada equipamento (sistema de água quente e fria, esgoto, gás e eletricidade). Além disso, é indicada a projeção de sistema de exaustão e ventilação com manutenção de temperaturas para evitar contaminação das áreas e a entrada de insetos.

As alvenarias têm de ser de superfície lisa, material claro e resistente, com piso antiderrapante, também em cor clara e resistente, a fim de promover a limpeza e manutenção. As grelhas de piso são especificadas e localizadas, construídas em aço inox, chumbadas no piso, para controle de áreas molhadas e entrada de insetos.

É interessante que as instalações dos serviços da cozinha (área de retaguarda) dos restaurantes e bares estejam situadas em posições estratégicas para atender à demanda. Precisam estar bem dimensionadas e equipadas com monta-cargas, quando localizadas em pavimentos diferentes do restaurante. Essa cozinha é denominada central, onde todos os alimentos são recebidos, armazenados, preparados e distribuídos a partir da necessidade de cada área.

A cozinha central exerce a função de preparação inicial dos alimentos, que serão encaminhados para a cozinha de finalização localizada próxima dos restaurantes. Essa cozinha será dimensionada para atender a montagem

Capítulo 9

de pratos e distribuição dos alimentos. Cada uma delas conta com seu próprio setor de higienização. Outro fator importante é o posicionamento estratégico das áreas de alimentos e bebidas no segmento hoteleiro. É necessário que elas se encontrem em locais de fácil acesso aos hóspedes ou aos visitantes externos. Sendo assim, é preciso projetá-las a partir do *lobby*, estimulando a entrada do cliente externo ou hóspede.

O restaurante hoteleiro, além de todos esses fatores mencionados, precisa de um bom tratamento de interiores, acabamentos, posicionamento de mesas, dimensionamento dos espaços de circulação, iluminação, acústica, ventilação e exaustão para criar um ambiente confortável.

O serviço de alimentos e bebidas no setor hoteleiro não termina por aí. Além de bares e restaurantes, também atende a banquetes, salões, piscina, bangalôs, academia etc. Atualmente, os restaurantes são elementos fundamentais e demonstram o padrão de qualidade do hotel. Eles se tornam mais rentáveis quando têm qualidade suficiente para manter o hóspede dentro do estabelecimento. E, claro, preço justo.

Analisando a cozinha do seu restaurante

É importante frisar a necessidade de análises técnicas nas cozinhas hoteleiras, pois isso aumenta a lucratividade, a produção, a racionalização, a oferta de cardápio e, consequentemente, melhora a acessibilidade e evita a contaminação dos alimentos.

Essas análises são indicadas, principalmente, no ambiente físico da cozinha. É fácil visualizar equipamentos que não estão regulados adequadamente, fragilizados por mau uso ou mesmo mal dimensionados, como refrigeradores que não trabalham na temperatura ideal, balcões de distribuição que não fazem manutenção da temperatura etc.

Alguns hotéis e *resorts* precisam respeitar as legislações com mais critério. Os hóspedes há muito exigem redes hoteleiras que apresentem garantia na segurança alimentar e qualidade nos cardápios. O primeiro passo para essa garantia é, sem dúvida, a adequação correta das áreas por meio de fluxogramas e equipamentos que tenham capacidade para atender à demanda projetada.

Exemplo de projeto de cozinha em hotéis

Bourbon Atibaia Convention & Spa Resort

O Bourbon tem 400 mil m², possui 550 apartamentos, 3 restaurantes, salas de convenção com ocupação de 1.200 pessoas, salas de exposição com 5.000 pessoas e banquetes para 1.700 pessoas.

Food Service One

O Projeto Executivo Funcional e Implantação Física de Equipamentos foi contratado em duas fases: implantação do hotel em maio/2001 e *retrofit* em fevereiro/2018. O projeto abrange todas as áreas de alimentos e bebidas do hotel: Cozinha Central, *Food Court*, Restaurante, Exposições e Convenções.

A cozinha industrial foi implantada em diversos pavimentos: Térreo/Convenções e Exposições e tem funcionamento vertical, fazendo a comunicação entre as áreas. O restaurante e o *Food Court* estão localizados no térreo.

Trecho leiaute executivo funcional, Food court 1, Pavimento térreo.

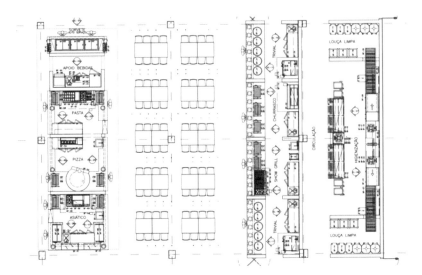

Trecho leiaute executivo funcional, Food court 2, Pavimento térreo.

Capítulo 9

Todos os processos operacionais são baseados em fichas técnicas e ordem de serviço para controle de todo o setor de A&B. O administrador pode visualizar on-line todas as tarefas e interferir pontualmente nas ações.

Club med — Club Med Lake Paradise — Mogi das Cruzes

Projeto Executivo Funcional e Implantação Física de Equipamentos, contratados em dezembro de 2016 para desenvolvimento das áreas de cozinha central, restaurantes e convenções.

O Club Med Lake Paradise tem 700 apartamentos e capacidade para 1.200 hóspedes. Desenvolvemos o programa completo das áreas de Alimentos e bebidas, como: cozinha central para pré-preparar 4.000 serviços/dia; cozinha de apoio ao salão de convenções para 350 lugares; cozinha de apoio para atender o salão de eventos para 1.000 lugares (junto à cozinha central); refeitório de funcionários para 150 lugares; quiosques de apoio ao setor de lazer; equipamentos de logística (alimentos e lixo); restaurante tipo *buffet* para 500 lugares (3 ambientes); restaurante *buffet/à la carte* para 300 lugares; bar (junto ao restaurante) com capacidade para 80 lugares; bar (junto à piscina) com capacidade para 200 lugares.

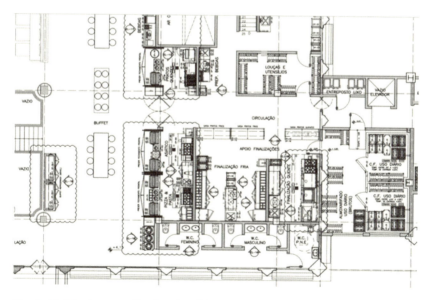

Trecho do leiaute executivo funcional: Cozinha de finalização e *buffets* do restaurante central, segundo pavimento.

77

Food Service One

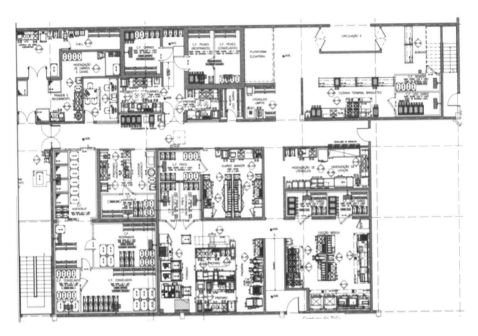

Leiaute executivo funcional da cozinha central e convenções, localizada no pavimento térreo.

Central de produção e indústria:

Tipo de produto/alimento a ser produzido;

Capacidade produtiva;

Distância (raio) que a central de produção deverá atingir;

Localização da central de produção/indústria.

Exemplo de cozinha para indústria

Panelinhas do Brasil

Elaboramos o Projeto Executivo Funcional e Implantação Física de Equipamentos da cozinha central da Panelinhas do Brasil, localizada em Brasília/DF, em setembro/2015.

A cozinha central de produção tem área de 440 m², projetada para produção de 1.500 pratos no almoço no horário de pico. A cozinha central atende as lojas dos franqueados da rede com pratos tipicamente brasileiros, porcionados e finalizados em cada loja.

Capítulo 9

	ATENDIMENTOS POR DIA				CARDÁPIO				CONCLUSÃO		
CRITÉRIOS PROJETO	CAFÉ DA MANHÃ	00	CEIA	00	ARROZ BRANCO, COLOR MORENO E INTEGRAL	01	ESTROGONOFE DE CARNE E FRANGO	01	HORAS DE PRODUÇÃO	06 HORAS	ÁREA TOTAL XXX m²
	COFFEE BREAK M.	00	LANCHE, MADRUGADA	00	FEIJOADA	01	SARADO	01	VALIDADE	02 DIAS	ÁREA SALÃO XXX m²
	ALMOÇO	2500			BAIÃO	01	TEM DE TUDO	01	N° LUGARES	XX	ÁREA DISTRIBUIÇÃO XXX m²
	COFFEE BREAK T.	00			FRANGO LINDO E FRANGO SALADA	01	PICADINHO	01	TEMPO NA FILA	XX MN.	ÁREA RETAGUARDA XXX m²
	LANCHE DA TARDE	00			RECHEIO DE FRANGO E RECHEIO DE CHARQUE	01	DA ROÇA	01	ESTOQUE SECO	15 DIAS	
	JANTAR	2500			RABADA	01	BOBÓ	01	ESTOQUE PERECÍVEL	07 DIAS	
	COFFEE BREAK N.	00			GALINHADA E GALINHADA C/ PEQUI	01	MIX DE LINGUIÇA	01			
	LANCHE DA NOITE	00			FAROFA DE BANANA, BACON E DENDÊ	01					

Tabela de critérios de projeto.

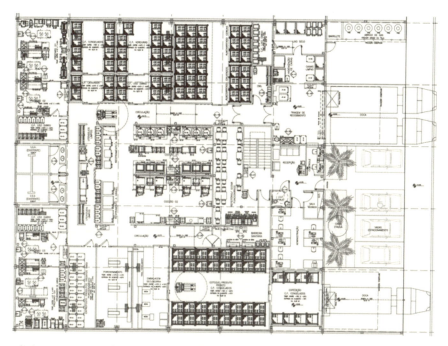

Leiaute executivo funcional da cozinha central, localizada no pavimento térreo.

Food Service One

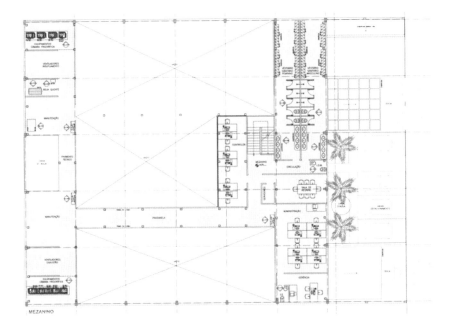

Leiaute executivo funcional da cozinha central, localizada no Mezanino.

Cozinhas para panificação/confeitaria/massas

Levantar se existe loja ou se será apenas a central de produção;

Os produtos (massas) são produzidos na cozinha (pães, bolos, itens de confeitaria)?

Quantidade de massa (produtos com uso de farinha) será produzida por dia? Resposta deve ser em quilo (kg) de farinha;

Levantar quantidade de pães vendidos por dia;

Levantar se terão itens de empório para venda (enlatados, vinhos, sorvetes);

Levantar se terá lanchonete na padaria com cafés, sucos, lanches, exposição de doces e salgados);

Caso haja o serviço de almoço e jantar, levantar número de refeições no pico e o número de lugares;

Verificar se terá o serviço de *delivery*.

Capítulo 9

Casa de massas Malandrino

A Casa de Massas Malandrino, localizada na Rua Capitão Macedo, 170/176 — Vila Mariana — São Paulo, foi fundada em 1940 pelo Sr. Antonio Malandrino. É atualmente dirigida por Martino Malandrino (filho de ANTONIO) e por ANALICE MALANDRINO GOMES CORRÊA (neta de ANTONIO). Conta com assessoria de Celso Gomes Corrêa Jr. (Marido de Analice) e de JOÃO ROMEU MALANDRINO GOMES CORRÊA (bisneto de ANTONIO).

Desde a sua fundação, tem, como missão, produzir massas de alta qualidade com preços justos. Fundada e gerenciada pela família Malandrino, mantém a tradição e o atendimento aos clientes como membros de sua família. Seleciona para seus produtos ingredientes da melhor qualidade e zela para que seus funcionários empreguem as melhores técnicas de preparo.

Atualmente, mantém uma grande variedade de massas, molhos, antepastos, assados, pães, doces, queijos, vinhos, produtos oriundos da Itália e outros adaptados ao paladar brasileiro.

Visando ao futuro, criou a Minutela, desenvolvida e patenteada no INPI. Trata-se de uma porção individual de alimento estratificado, embalado a vácuo e congelado, que mantém as características originais de frescor, sabor, qualidade e durabilidade. Produto inovador e único no mercado, alia praticidade no armazenamento e rapidez na finalização, com baixo custo para o cliente.

Fundada em 1940, a casa se prepara para inaugurar mais uma unidade, na mesma Rua Capitão Macedo, no número 205. Foi implantado um conceito diferenciado para a Casa de Massas Malandrino.

A contratação da FSone® visa à atualização de conceitos para aplicação na loja atual e preparação da nova loja para o futuro da alimentação de nossa clientela.

Existia uma necessidade de produção das massas e da Minutela (como um produto inovador). E essas deveriam ser acompanhadas dos mais modernos conceitos em cozinhas.

Food Service One

Elaboramos, então, o Projeto Executivo Funcional, Projeto Básico de Arquitetura e Implantação Física dos Equipamentos em março de 2015. O projeto foi executado em área total de 353 m², sendo o térreo (área social) com 185 m² e o piso superior (áreas técnicas e retaguarda) com 168 m².

A Cozinha Industrial, panificação, confeitaria e gastronomia é um dos mais modernos espaços e conta com equipamentos para o preparo dos nossos produtos, comentam os clientes. A área social tem aumento na disponibilidade de lugares para acomodar nossa clientela confortavelmente.

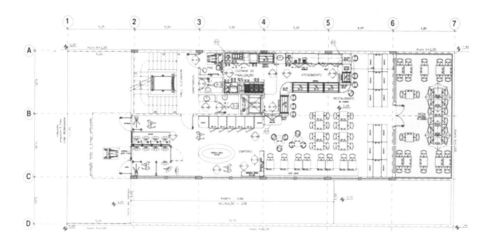

Leiaute executivo funcional, pavimento térreo.

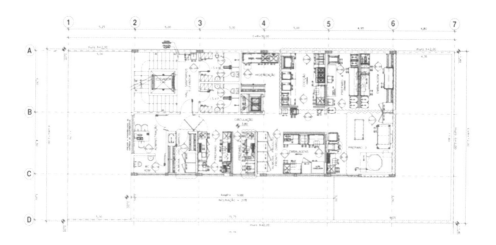

Leiaute executivo funcional, pavimento superior.

Capítulo 9

Batizada de "Malandrino's", esta unidade será um Restaurante para até 105 lugares, com ambiente climatizado, setor de autosserviço para a Minutela, Adega, Cafeteria e Espaço para eventos.

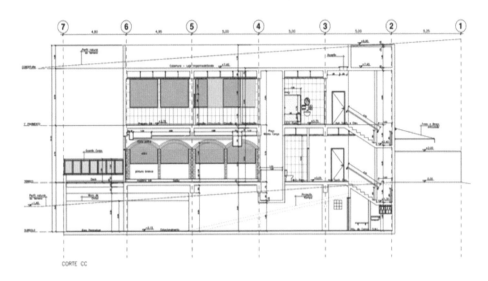

Projeto básico de arquitetura, corte CC.

A nova unidade, que será conhecida como "Malandrino's", representará a continuidade de aplicação dos nossos tradicionais conceitos, adaptados às inovações na área de alimentação.

A Casa de Massas Malandrino permanecerá nas mesmas instalações desde sua fundação, onde já ganhou vários prêmios "Top of Mind" e publicações em jornais, nas colunas "Paladar" e "São Paulo honesta", por sua comida de qualidade e com preço justo.

Ainda não há previsão para inauguração. Celso e Alice acompanham de perto a finalização dos acabamentos.

Cozinhas em hospitais:

    Número de leitos;

    Número de pacientes em média;

    Número/tipos de serviço (desjejum, almoço e jantar, lanches);

    Levantar se o serviço de alimentação atenderá visitantes e acompanhantes;

Food Service One

Levantar se o serviço de alimentação atenderá funcionários do hospital e o número de funcionários;

Verificar se o serviço de alimentação será responsável pelo lactário.

Universidades, Escolas, creches:

Levantar se a escola é pública ou particular;

Levantar os serviços oferecidos (desjejum, almoço e jantar);

Número de refeições por serviço;

Tipo de serviço: à la carte, *buffet*, cantina;

Tipo de clientela existente (idade dos alunos/escolaridade);

Qual o número de lugares no restaurante?;

Verificar se a cozinha atenderá funcionários da escola e número de funcionários.

Exemplo de cozinha em escola

Colégio Renascença

O Colégio Renascença é uma instituição de ensino particular fundada na década de 1920.

Inicialmente, localizava-se no Bom Retiro, mudou-se para Santa Cecília e a nova sede localiza-se no bairro Barra Funda, SP.

O Projeto Executivo Funcional foi desenvolvido em janeiro/2017 para o novo endereço do Colégio Renascença. O projeto foi desenvolvido para todas as áreas de alimentos e bebidas da escola: cozinha central, distribuição e *buffet*, restaurante dos alunos, restaurante de funcionários e copa para eventos.

A cozinha é Judaica Casher, atendendo alunos da educação infantil até o final do ensino médio, professores, diretoria e eventos; os alimentos com base de leite e carne não podem ser preparados em um único ambiente nem consumidos na mesma refeição. Nesse projeto, os preparos, finalização e higienização dos alimentos acontecem em áreas e equipamentos isolados.

A cozinha central tem 201m^2 e o salão 139m^2 e 170 lugares. Atende os serviços de lanche da manhã, almoço e lanche da tarde, em um total de aproximadamente 2.000 serviços por dia.

Capítulo 9

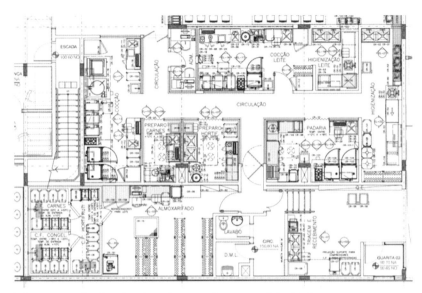

Leiaute executivo funcional, pavimento térreo — cozinha Casher.

Como visto anteriormente, os dados levantados são diferentes para cada tipo de negócio em alimentos e bebidas. Para um dimensionamento correto das áreas, operação e equipamentos, é necessário o levantamento de dados detalhados. O levantamento do conceito inicial e a clareza do perfil do cliente garantem um plano de negócios em um projeto detalhado, com orientação de tipologia, localização, público-alvo, estimativa de investimento, receita, custos, lucratividade, taxa de retorno e orientação de risco.

Resultados do dimensionamento

O dimensionamento da cozinha deve seguir adequadamente, em primeiro lugar, o público-alvo a ser atingido, o padrão e linguagem da arquitetura das áreas sociais, bem como a localização do estabelecimento e tíquete médio do local, determinado pelo tipo de serviço a ser executado. Quanto mais alto o tíquete e mais bem elaborado o cardápio ou o prato a ser servido, mais cuidado se deve ter com o dimensionamento correto dos equipamentos, que alterarão a qualidade, a eficiência da operação e o atendimento. Isso acarretará, também, nos valores totais da obra e dos equipamentos a serem escolhidos.

Depois de levantados todos os dados e características do negócio a ser projetado, iniciamos o leiaute preliminar conceitual com as áreas e equipamentos da cozinha.

Food Service One

É de grande importância que se tenham feito todos os levantamentos iniciais, físicos e operacionais, de detalhes específicos como tipo de estabelecimento, localização, tipo de atendimento, público-alvo, cardápio básico, tíquete médio, etc. Todas essas características são utilizadas para melhor desenvolvimento do projeto em relação às áreas e equipamentos a serem especificados.

Com todos os dados em mãos, damos início ao leiaute. Existem duas características importantes que levamos em consideração ao iniciar um projeto. A primeira característica importante de um projeto FSone® é ter sempre circulações lineares, tornando os ambientes da cozinha organizados de maneira lógica. Também tem por objetivo interligar as áreas operacionais da cozinha, que são divididas em ambientes diferentes com alvenarias baixas para melhor iluminação, ventilação mecânica e controle visual de todas as operações. A segunda são as normas e legislações vigentes, que já nos orientam e limitam em uma série de detalhes.

Todas as áreas e equipamentos da cozinha são conceituados basicamente pela demanda, cardápios e área física disponível em caso de uma edificação existente que passará por reforma. Em casos de área nova, fazemos todos os dimensionamentos exatos para início do projeto, limitando as áreas conforme a necessidade.

10

As etapas do projeto

Um projeto é sempre dividido em duas fases: preliminar e executiva.

Fase preliminar
Conceituação operacional

pós ser levantado todo o conceito do novo projeto, preparamos um documento denominado Conceituação Operacional. Esse documento descreverá de forma detalhada todas as áreas e operações que serão também entregues em forma de desenho. É o Leiaute Preliminar.

Na Conceituação Operacional, damos detalhes de como deverá ser a operação em cada área da cozinha. São demonstrados cálculos de volume de almoxarifados dos produtos secos e perecíveis, cálculo de volume do alimento em preparação e pronto para assim determinar os equipamentos que serão utilizados para refrigeração e cocção.

Capítulo 10

Com os ambientes já dimensionados em m² conforme a necessidade da operação, é também descrito o fluxo operacional de cada atividade: entrada do funcionário, entrada da matéria-prima, fluxo do alimento cru, alimento preparado, alimento pronto, bem como o fluxo de produtos químicos e a saída de lixo. Todos esses fluxos são estudados detalhadamente para que não haja cruzamento e contaminação dos alimentos.

Na área social (restaurante/refeitório), estudamos o sistema de distribuição dos alimentos. É descrita a quantidade de balcões necessários, no caso do serviço *buffet*. Nesse estudo, já determinamos o tempo esperado na fila, bem com o sistema de bebidas que será utilizado (*post mix*, refresqueiras ou refrigeradores de bebidas).

Assim como na distribuição dos alimentos, no salão também é determinado o conforto para cada assento e circulação, podendo ser calculado a mínimo de 1m²/pessoa até o mais confortável 1,4m²/pessoa.

Nesse documento, entregamos uma base prévia de um organograma funcional, ou seja, quantificamos e qualificamos as atividades, cargos e salários, com base no leiaute que será produzido na sequência.

Leiaute conceitual

O leiaute conceitual é o segundo documento entregue ao cliente na fase preliminar do projeto. Esse documento é entregue em conjunto com a Conceituação do Projeto e detalha graficamente tudo o que foi entregue de forma descrita no documento anterior. Áreas e equipamentos são locados e desenhados em projeto e detalhados por meio de uma lista de equipamentos, em formato de legenda para cada código de cada equipamento. Nessa lista preliminar de equipamentos disponibilizamos a descrição do equipamento, quantidade no projeto e dimensões (PxLxH).

Após apresentados esses dois documentos ao cliente em forma de relatório gráfico, são feitos ajustes, se necessário, complementando a particularidade de cada projeto. Após a aprovação, iniciamos a fase executiva.

Caso necessário, a fase preliminar é complementada com estudos estimativos de valores de obras e equipamentos.

Fase Executiva

Leiaute Executivo

Inicia-se a fase executiva, gerando o leiaute executivo com informações mais detalhadas e, a partir disso, iniciamos os desenhos das elevações.

Food Service One

Elevações

As elevações são desenhos dos equipamentos em vista frontal com detalhamento das necessidades energéticas e dimensionamento dos prontos de instalação, sempre com referência de um elemento fixo, alvenaria fixa ou pilares e piso. Todos os pontos de instalação dos equipamentos são desenhados nas elevações, com informações básicas que vão gerar os projetos complementares de elétrica e hidráulica.

Nas elevações são descritas as voltagens, consumo de elétrica (watts/kW), consumo de gás (natural ou GLP), dimensionamentos dos pontos de entrada de água quente e fria e esgoto para cada equipamento.

Marcação civil

A marcação civil é o terceiro documento gerado na fase executiva. Ela complementa as elevações de cada equipamento, com os pontos e necessidades energéticas presentes no piso. É entregue uma legenda com desenho de cada ponto, podendo ser:

> **Hidráulica (água quente/fria, esgoto ou ralo sifonado):** as grelhas de piso ou seca piso estão presentes em cada área de operação para facilitar a higienização e escoamento de água de cada área.
>
> **Elétrica:** ponto de força, lógica, passagem ou painel de comando.
>
> **Mecânica:** Ar comprimido, condensado, combustível, refrigerante, inerte, vácuo, vapor, xarope/água carbonatada, etc.
>
> **Ventilação:** Grelhas de ventilação e exaustão, ar-condicionado e indicação de pressão positiva e negativa de cada ambiente.

Os pontos são cotados em projeto também com referência em estruturas fixas, como alvenarias e pilares.

Na marcação civil, ainda são entregues detalhe e especificação dos acabamentos técnicos que devem ser usados na cozinha como forro, luminárias, piso, acabamentos, parede, rebaixos e impermeabilização das câmaras frigoríficas.

Especificação de equipamentos

A especificação técnica ou memorial descritivo dos equipamentos detalha a forma de construção e detalhes técnicos de fornecimento de cada equi-

Capítulo 10

pamento. São descritos material e acabamento, códigos e normas e detalhamento da instalação.

Implantação física de equipamentos

A implantação física é a consultoria para aquisição dos equipamentos. Deve ser feita a montagem de grupos de equipamentos com fornecedores de mercado, atendendo as necessidades do projeto. Os fornecedores de equipamentos entregam seus orçamentos e fazemos a análise técnica das propostas apresentadas, equacionando-as para orientação comercial de compra. O objetivo de equalizar é que o cliente receba as propostas com equipamentos e suas formas construtivas equivalentes (tipo de aço, espessura do aço, sistema de isolamento, dimensões, etc.).

Após a escolha e compra de cada fornecedor, os desenhos de fabricação dos vários equipamentos são analisados e é feita a inspeção e liberação dos equipamentos em fábrica, para que possam ser entregues sem erros em obras.

11

Projetos complementares

Conceituação e diretrizes básicas

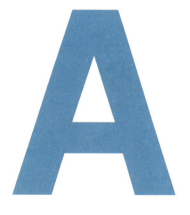

A conceituação e as diretrizes básicas de um restaurante, normalmente, são definidas pelo cliente juntamente com a empresa especializada, contratada para desenvolver todas as fases que envolvem a sua implantação, desde a pesquisa de mercado, a definição do público-alvo, a tematização, elaboração das estimativas de custos (custos de pessoal, encargos, impostos e taxas, insumos, energéticos, construção civil e instalações, equipamentos, utensílios, acabamentos, decoração, mobiliário, divulgação e marketing, etc.), a viabilidade econômico-financeira, etc., até se chegar ao programa de todas as áreas de A&B (Alimentos e Bebidas) necessárias a um determinado tipo e padrão de restaurante.

Capítulo 11

As áreas de A&B compreendem, além do restaurante propriamente dito, também a cozinha central, as áreas de recebimento, estocagem e pré--preparo dos alimentos, vestiário e sanitários dos funcionários, salas do chefe e da nutricionista, etc.

Ainda nesta fase são definidos o cardápio, o tipo de serviço do restaurante (à la carte, mesa *Buffet*, ilhas de distribuição, *self-service*, etc.) e a previsão da quantidade de refeições a serem servidas nos determinados turnos.

Dimensionamento

Com base nos estudos de mercado onde foram estabelecidas as características, tipo e o programa de áreas, será possível relacionar cada uma das áreas que irão compor o empreendimento comercial, inclusive as áreas destinadas ao salão do restaurante.

> **Área destinada ao salão poderá variar de 1,00 m² a 2,00 m² por pessoa.**

Dependendo da tipologia definida para o empreendimento (restaurante com serviço à la carte, serviço de *buffet*, bistrô, restaurantes coletivos, lanchonete, cafeteria, etc.), a área destinada ao salão poderá variar de 1,00 m² a 2,00 m² por pessoa.

Nas ilustrações a seguir, são apresentados diferentes leiautes, em função das características e tipos de serviço de alguns restaurantes.

Aspectos funcionais

Na elaboração do leiaute de um determinado tipo de restaurante deverão ser considerados os seguintes aspectos operacionais:

Definir adequadamente o fluxo dos garçons como, por exemplo, entrada e saída da cozinha, espaço entre as mesas, pontos de apoio de serviços, etc.;

Posicionamento correto da mesa *buffet* de modo a facilitar a rápida reposição dos alimentos pela equipe da cozinha e facilitar o espaço para a circulação dos clientes em torno da(s) mesa(s) ou dos balcões de distribuição dos alimentos;

> **Posicionamento correto da mesa buffet de modo a facilitar a rápida reposição dos alimentos.**

Food Service One

Nos restaurantes de maior capacidade, procurar distribuir as ilhas de distribuição dos alimentos (pratos frios, pratos quentes, bebidas e sobremesas) de modo a garantir um fluxo livre de circulação dos clientes;

Também, nos restaurantes de maior capacidade, posicionar corretamente o local de devolução das bandejas e as catracas de controle de entrada e saída dos clientes.

Projeto de arquitetura

O projeto de arquitetura de um determinado tipo de restaurante deverá ser elaborado, nas suas diferentes fases de desenvolvimento, juntamente com a empresa especializada responsável por todas as etapas da sua implantação, como mencionado no item 1 anterior.

O projeto de arquitetura deverá atender adequadamente o dimensionamento estabelecido para um determinado tipo de restaurante, como também atender aos aspectos operacionais mencionados no item 3 anterior.

O posicionamento da área do restaurante, no contexto do projeto, deverá priorizar sempre as melhores vistas da paisagem, tanto urbana, como campo, rio ou praia.

No caso dos restaurantes localizados em áreas urbanas, o projeto de arquitetura deverá facilitar, ao máximo, o acesso dos usuários, possibilitando uma fácil identificação com uma entrada franca e convidativa, evitando-se qualquer tipo de obstáculo.

Em função da capacidade do restaurante, os sanitários deverão ser corretamente dimensionados, de acordo com o código sanitário, inclusive atendendo às normas específicas para pessoas portadoras de necessidades especiais – PNE.

Deverão ser atendidas corretamente as normas de segurança que estabelecem o dimensionamento das escadas, saídas de emergência e emprego de materiais incombustíveis ou retardantes a chamas.

Ambientação

A ambientação do espaço é determinada em função do tipo, padrão e das características estabelecidas para o restaurante, como, por exemplo:

Restaurantes de alto e médio padrão com capacidade entre 60 e 140 pessoas com serviço à la carte:

Capítulo 11

Hall de entrada com atendimento por meio de *hostess* e área de espera com poltronas e sofás e serviço de bar;

Ambientação intimista com a distribuição das mesas, de diferentes tamanhos, criando ambientes separados por nichos para 4, 6 e 8 pessoas;

Utilização de materiais de revestimento de piso, paredes e forro que facilitem a manutenção e limpeza e que tenham propriedades de isolamento acústico;

Utilização de tecidos para o revestimento das paredes, cadeiras e poltronas, com material retardante a chamas e que também contribuem para a absorção dos ruídos do ambiente;

As mesas deverão ter estrutura firme e as cadeiras deverão ser resistentes e leves e ter, de preferência, braços e espaldar reto com ligeira inclinação;

Utilização adequada de luminárias e controle do nível de iluminação por meio de *dimmers*;

Utilização de cores, objetos de decoração, obras de arte, etc., compatíveis com a tematização do restaurante e, de preferência, valorizando o artesanato e elementos mais característicos da região;

É desejável criar uma separação com painéis de vidro, isolados acusticamente, entre o ambiente da cozinha e o salão para permitir aos clientes uma visão, parcial ou total, da área de preparação dos alimentos;

A aplicação de todos os elementos, já mencionados, deverá resultar em uma ambientação extremamente acolhedora, intimista e agradável que deverão ser as características imprescindíveis para este tipo de restaurante.

Restaurantes tipo "Bistrô" com capacidade entre 20 e 40 pessoas com serviço exclusivo à la carte:

Ambientação aconchegante e acolhedora, composta por mesas de 2, 4 e 6 lugares, criando um espaço intimista e, ao mesmo tempo, descontraído e de convívio entre os frequentadores, amantes da gastronomia;

O cardápio é especial, com maior ou menor grau de sofisticação, com comida tradicional ou contemporânea, com toque da culinária francesa e, normalmente, assinado por um *chef* renomado;

Os cuidados e as características da ambientação são praticamente os mesmos de um restaurante de alto e médio padrão.

Food Service One

Restaurantes coletivos

Nesta categoria, se enquadram os restaurantes coletivos com capacidades que poderão variar de 200 até 1.500 pessoas, como, por exemplo:

Restaurantes com comidas típicas: brasileira, italiana, japonesa, chinesa, árabe, alemã, frutos do mar etc.;

- Churrascarias;
- Pizzarias;
- Restaurantes de indústrias.

Para esses tipos de restaurante, normalmente são utilizados, para os acabamentos de piso, paredes e forro, materiais de alta resistência, fácil manutenção e limpeza. Esses materiais, por sua vez, formam superfícies planas e lisas que refletem o ruído provocado pelo burburinho das pessoas, louças e talheres, som ambiente inadequado, etc., resultando em um ambiente extremamente ruidoso e caótico que prejudica o convívio e o bem-estar dos frequentadores.

Para garantir aos frequentadores um adequado nível de conforto acústico, será necessário elaborar o projeto de ambientação de modo a reduzir, significativamente, os níveis de ruído, por meio da criação de vários agrupamentos de mesas, isolados por barreiras acústicas como painéis baixos revestidos com materiais que absorvem o ruído, forros com características de absorção acústica, pinturas com algumas propriedades de absorção acústica, etc.

O mobiliário, principalmente as mesas e cadeiras, deverão ser resistentes e de fácil limpeza e manutenção. As dimensões das mesas deverão permitir que sejam agrupadas para a formação de grupos de 4, 6, 8, 10 ou até um maior número de pessoas.

Lanchonetes e cafeterias

Nas lanchonetes e cafeterias, normalmente, os clientes são atendidos parte no balcão de atendimento e exposição dos alimentos e parte nas mesas dispostas no salão.

Nesse caso, é fundamental que a ergonomia do balcão, em relação à banqueta ou cadeira utilizada pelos clientes, seja corretamente projetada para garantir o máximo conforto aos clientes.

Capítulo 11

Com relação aos materiais de acabamentos valem as mesmas considerações mencionadas no item C anterior.

O projeto de ambientação deverá propor soluções para atenuar os ruídos extremamente perturbadores, provenientes dos aparelhos eletrodomésticos (liquidificadores, espremedores de laranja, máquinas de café, etc.) que ficam expostos diretamente na área do balcão de atendimento.

Conforto térmico e acústico:

O nível de ruído dos restaurantes, recomendado pela Associação Brasileira de Normas Técnicas — ABNT, é de 55 decibéis.

Infelizmente no Brasil, para a maioria dos restaurantes localizados nos centros urbanos, o nível de ruído varia de 70 a 90 decibéis e, em alguns casos, chegam ultrapassar 100 decibéis.

Podemos, portanto, concluir que na maioria dos projetos e nas implantações dos restaurantes, em quase todas as modalidades, não se dá a devida importância aos aspectos do conforto acústico.

Conforme já mencionamos no item 5 anterior, existem inúmeras soluções e utilização de materiais que contribuem, significativamente, para o conforto acústico dos vários tipos de restaurante, tais como:

Utilização de barreiras sonoras (painéis, biombos, armários vazados, etc.) revestidos com materiais atenuadores de ruídos, separando agrupamentos de mesas;

Utilização de bancos e cadeiras estofadas, criando nichos de separação entre as mesas;

Utilização de forros com material que garantam a absorção de ruídos e rebaixamento de forros com absorção acústica, em determinados ambientes do restaurante;

Isolamento do ruído, proveniente da cozinha, por meio da utilização de uma barreira acústica (túnel acústico) formada pelas portas duplas, tipo vaivém, da entrada e saída da cozinha, e pelas paredes e forro com o emprego de material atenuadores de ruídos.

Escolha de música ambiente, adequada para um determinado tipo de restaurante, em nível sonoro que contribua para o conforto acústico.

Com relação ao conforto térmico, recomendamos, sempre que for possível, a utilização de ventilação natural, por meio de aberturas controladas nos caixilhos e nas coberturas;

Food Service One

Recomenda-se a utilização, nas paredes externas, de materiais que garantam o isolamento térmico, como também o emprego de elementos construtivos que bloqueiam a incidência dos raios solares, tais como *brises*, beirais, vidros refletivos, etc.

No caso da utilização de ar-condicionado nos restaurantes, a ABNT recomenda que o ambiente tenha uma temperatura por volta de 24°C e umidade relativa do ar da ordem de 55%;

O sistema de ar-condicionado do restaurante deverá ser projetado de forma a garantir e manter a pressão positiva em relação ao ambiente da cozinha, para evitar a entrada de odores no interior do restaurante;

Sempre que for possível, é recomendável a utilização de espelhos d'água com água em movimento no interior do Restaurante e também a utilização de vegetação adequada para tornar o ambiente mais agradável e convidativo.

Iluminação

A iluminação correta é um elemento fundamental para tornar o ambiente mais agradável e acolhedor de um determinado tipo de restaurante.

Aproveitar ao máximo a luz natural, como importante fator de economia de energia elétrica.

A NBR-5413 — Atualizada, estabelece os seguintes níveis de iluminação para diferentes tipos de Restaurante:

Restaurantes de menor capacidade e com ambientação mais intimista: 100 a 200 Lux;

Restaurantes coletivos de maior capacidade e Lanchonetes: 150 a 300 Lux;

Evitar qualquer tipo de ofuscamento;

Utilizar lâmpadas de baixo consumo de energia (*Leds*, compacta fria etc.) e que garantam uma boa reprodução e aparência das cores.

Projetos de hidráulica e elétrica

INSTALAÇÕES ELÉTRICAS

As instalações elétricas em um empreendimento de *food service* devem ser analisadas com bastante cuidado desde o início dos projetos, pois podem se tornar um grande problema à conclusão da obra.

É fundamental que desde o início sejam verificadas as condições do fornecimento de energia no imóvel escolhido para a implantação do empreendimento,

Capítulo 11

É fundamental que desde o início sejam verificadas as condições do fornecimento de energia no imóvel.

pois um empreendimento desse tipo requer uma quantidade de energia e características que podem não estar disponíveis.

Após a aprovação do leiaute e projeto de iluminação, deverá ser elaborada uma estimativa da carga elétrica instalada do projeto, sem se esquecer da potência do sistema de exaustão e ventilação e dos equipamentos de ar-condicionado se estes vierem a ser instalados. Aplicando-se um fator de demanda, no qual são analisados os equipamentos que deverão estar em funcionamento durante o horário de pico da operação, obtém-se a carga necessária que a instalação deverá estar apta a fornecer. Na prática, isso quer dizer que será que o medidor de energia do imóvel e consequentemente seus cabos alimentadores estão prontos a fornecer a energia necessária. Não estamos ainda falando dos quadros de força e luz, e sim da ligação fornecida pela concessionária de energia.

Esse ponto pode se tornar um problema à conclusão da obra, pois, para se obter um aumento de carga na concessionária de energia, o processo não pode ser concluído de imediato. Exige um procedimento com apresentação de projeto específico à concessionária, sendo que o retorno ocorre em 30 dias, com base nas obtenções de protocolos de liberação de ligação da Enel, concessionária de energia da cidade de São Paulo. Existindo a necessidade de ampliação da rede externa, esse prazo de obtenção da ligação pode se estender por meses e com custos que podem ser significativos para o empreendimento.

A Concessionária local definirá a tensão de fornecimento de energia que poderá ser 220/127V bifásica (normalmente disponibilizada para instalações residenciais), 220/127V trifásica ou 380/220V trifásica. É muito comum se ouvir que uma ligação trifásica consome menos energia, mas isto não acontece. Em uma ligação trifásica, a potência para alimentar um equipamento será distribuída em três fases, sendo, portanto, necessária uma corrente menor por fase comparando-se a

É muito comum se ouvir que uma ligação trifásica consome menos energia, mas isto não acontece.

Food Service One

um equipamento alimentado por uma ligação bifásica. O que temos, nesse caso, é a diminuição da bitola do cabo de alimentação do circuito e, consequentemente, o respectivo disjuntor, ou seja, poderá haver uma redução no custo de implantação, mas nunca uma diminuição de consumo, visto que a potência do equipamento é a mesma. Em uma ligação 380/220V não é possível a utilização de equipamentos em 127V, exceto com a utilização de transformadores. Após a verificação das necessidades de alimentação, um projeto de instalações internas deverá ser elaborado.

Após a verificação das necessidades de alimentação, um projeto de instalações internas deverá ser elaborado.

Esse projeto tem como base as informações fornecidas pelo projeto funcional, como a indicação dos pontos e tomadas elétricas, suas potências e tensão de alimentação. É necessário também as informações dos projetos de iluminação, exaustão, ventilação, ar-condicionado, câmaras frigoríficas etc.

Nesse projeto são dimensionados os circuitos, cabeamentos e especificação do quadro elétrico de força e luz. As instalações elétricas devem seguir as especificações da norma brasileira NBR-5410:2008 — Instalações Elétricas de Baixa Tensão, e as condições de instalações definidas na NR-10 — Segurança em Instalações e Serviços em Eletricidade.

Dentre todas as especificações descritas nas normas, serão destacados dois pontos, que na maioria das vezes são motivos de dúvidas e impasses durante a obra:

1. **DR — Dispositivo Diferencial Residual** dispositivo que detecta fugas de corrente elétrica, ou seja, consegue perceber se existe energia escapando dos condutores, o que poderá provocar choque elétrico nos operadores dos equipamentos. Quando o dispositivo detecta esta fuga de corrente, ele é imediatamente desarmado. O DR tem capacidade de detecção de corrente da ordem de centésimos de amperes que um disjuntor comum não consegue detectar. Essas pequenas fugas de corrente não danificam as instalações ou equipamentos, mas podem ser cruciais ao operador. Sendo este um dispositivo de segurança, qual seria então o impasse na sua instalação nas cozinhas industriais? Esses dispositivos detectam qualquer fuga de corrente e estas podem estar ocorrendo em equipamentos instalados na cozinha e que aparentemente estão em perfeito funcionamento. Nesses casos, muitas vezes,

Capítulo 11

os instaladores decidem pela eliminação do DR por tratar-se de uma solução mais rápida, mas que pode provocar danos futuros. Em equipamentos que seguem todas as normas de fabricação pertinentes, esse problema não ocorre. Portanto, a procedência dos equipamentos a serem instalados também afeta a segurança dos operadores. Observar também que o contato da água com as instalações elétricas também processa uma fuga de corrente, consequentemente provocando o desarme do DR. Esse contato com água, muitas vezes, ocorre com a higienização dos ambientes, sendo recomendada a utilização de tomadas destinadas à utilização em ambientes úmidos, conforme será descrito a seguir, para amenizar o problema.

2. **DPS — Dispositivo de Proteção contra Surtos —** que protege a instalação contra picos de tensão. Esses picos de tensão são causados por eventos como descargas atmosféricas (os raios), liga e desliga de aparelhos nas redondezas (principalmente em áreas que tenham indústrias) e grandes oscilações vindas da rede de distribuição de energia em geral.

A especificação correta do quadro elétrico, em caso da necessidade de aumento de carga, depende, além das normas citadas, do tipo de alimentação que será fornecida pela concessionária, sendo esse ponto fundamental para liberação da execução das instalações elétricas.

Tipos de tomadas

As tomadas especificadas para cozinhas industriais devem ser próprias para instalação em áreas molhadas com grau de proteção IP44 para correntes de até 20A. Para correntes superiores, deverão ser previstas tomadas industriais blindadas com grau de proteção IP65. Para esses equipamentos, é ideal que o construtor ofereça *plug* e tomada à obra para evitar problemas de compatibilidade.

Equipamentos que não necessitam ser desconectados de sua ligação elétrica podem ser instalados diretamente a um ponto de força. Essa situação pode ser verificada em equipamentos de maior porte, como fritadeiras elétricas, por exemplo, nunca em equipamentos de preparo que podem ser utilizados em diferentes áreas de operação.

Food Service One

Luminárias

Luminárias com lâmpadas do tipo LED com foco na eficiência energética e com grau de proteção IP65 são as indicadas para ser instaladas em cozinhas industriais de acordo com as especificações da ANVISA, pois são herméticas e contra explosões.

Geradores

Em cozinhas industriais, é recomendada a especificação de geradores que possam atuar em caso de interrupção da alimentação da concessionária de energia, evitando-se perda de alimentos perecíveis estocados em câmaras frigoríficas e/ou equipamentos de refrigeração, como também, dependendo da instalação, de equipamentos essenciais à operação. Essa informação deve ser analisada e o projetista elétrico da instalação deverá ser informado de modo que possa preparar a instalação para o recebimento do gerador. A instalação deverá ser separada em quadros ou barramentos diferentes, separando-se os equipamentos essenciais dos que terão a alimentação padrão. O projeto de arquitetura deverá prever uma área para a instalação do gerador.

Eficiência energética

O conceito de eficiência energética pode ser entendido como a obtenção de um resultado padrão, porém com a utilização de tecnologias que proporcionem um menor consumo de energia. Esse conceito é fácil de ser entendido, comparando-se as antigas lâmpadas incandescentes com as atuais de LED que podem proporcionar a mesma luminosidade, porém com menor consumo de energia.

A eficiência energética também pode ser obtida por soluções passivas, como o estudo dos materiais e acabamentos das alvenarias externas, tipos de vidro das esquadrias, estudo da ventilação natural, técnicas estas que podem diminuir a absorção de calor para dentro dos ambientes, reduzindo a necessidade de climatização por meio de condicionadores de ar.

Um dos equipamentos instalados em cozinhas industriais que mais consome energia é a lavadora de louças, já que a temperatura da água utilizada varia entre 50 a 60°C para lavagem e 90°C para enxágue. Mas não é necessário que a lavadora seja alimentada por água fria, o projeto hidráulico pode prever a alimentação de água quente na temperatura necessária para a lavagem,

Capítulo 11

sendo o aquecimento elétrico interno somente para a temperatura de enxágue. A água quente pode ser gerada por uma fonte de energia sustentável como a solar ou a biomassa. Outro equipamento que pode ser alimentado por água quente são os caldeirões.

Mas, além dessas soluções, é de extrema importância a aquisição de equipamentos de boa performance. Nos casos de equipamentos de refrigeração, os que possuem um alto EER (em inglês, *Energy Efficiency Ratio* ou Índice de Eficiência de Energia), que geram mais refrigeração com menor quantidade de energia.

Para os equipamentos específicos de *food service*, deve ser observado o isolamento das paredes dos mesmos (estufas, refrigeradores, câmaras frigoríficas), pois a perda do calor/frio interno ampliará o consumo de energia.

Geração de energia local

Dependendo do porte da cozinha que está sendo projetada, diversas soluções de geração de energia no local podem ser utilizadas. A utilização da energia solar é a primeira que será analisada, sendo que poderá ser utilizada tanto para aquecimento quanto para geração de energia elétrica.

A utilização de energia solar para geração de água quente é a mais conhecida e com uso difundido no Brasil. Nesse sistema, a água quente é gerada por meio da instalação de painéis solares compostos por tubulações que captam o calor do sol e o transferem para água que está circulando pelo sistema. A água quente é armazenada em reservatórios térmicos de onde partem as tubulações para os pontos de consumo. A água estará em circulação pelo sistema até atingir temperatura de aquecimento predefinida. Essa solução necessita de um sistema de aquecimento de suporte que pode ser elétrico, por meio de resistências instaladas internamente ao reservatório térmico, ou aquecedores de passagem a gás por exemplo.

As placas fotovoltaicas também são placas solares, porém com dispositivos que são capazes de transformar a luz proveniente do sol em energia elétrica. A energia gerada é devolvida à rede elétrica da concessionária instantaneamente, podendo ser utilizada por outros consumidores. No final de período predeterminado, um balanço é feito, sendo que se a instalação gerou mais energia do que consumiu, a concessionária lhe reembolsará financeiramente.

A concessionária lhe reembolsará financeiramente.

Food Service One

Para instalações de grande porte, a utilização de aquecedor com geração por biomassa pode ser indicada. Biomassa é um combustível de origem vegetal renovável e sustentável. Podem ser utilizados briquetes, *pellets* e lenha de reflorestamento.

INSTALAÇÕES HIDRÁULICAS

Os projetos de instalações hidráulicas podem ser divididos em quatro partes: esgoto, água fria, água quente e gás combustível, sendo o esgoto na maioria das vezes o de maior complexidade, principalmente nos casos de reforma nos imóveis para a implantação de cozinhas industriais. Não falaremos do esgoto pluvial, sendo este de captação externa às áreas de *food service*.

Esgoto

As instalações de esgoto devem ser dimensionadas de acordo com a NBR 8160:1999 — Sistemas prediais de esgoto sanitário — Projeto e execução. O sistema na maioria das vezes funciona por gravidade, devendo ser respeitados os caimentos mínimos solicitados em norma: 2% para tubos até 75 mm e 1% acima deste diâmetro.

As tubulações de esgoto da cozinha devem ser direcionadas a uma caixa de gordura, a qual recebe exclusivamente águas servidas desta ordem. As caixas de gordura têm como objetivo reter a gordura para que não seja levada às redes de esgoto. Nessas não podem ser despejados esgotos de outro tipo, como sanitários ou pluviais. As caixas de gordura não devem estar posicionadas em locais internos à cozinha onde ocorrem a manipulação de alimentos. Devem ser locadas preferencialmente em área externa aos edifícios. Porém, em empreendimentos de alimentação instalados em Shopping Centers, por exemplo, ou quando não existe a possibilidade de instalá-las externamente as caixas de gordura, são instaladas muitas vezes sob as pias. Essas caixas de menor capacidade são fabricadas em aço inox, com cestos internos removíveis que facilitam a limpeza e retenção dos resíduos.

Caixas de gordura não devem estar posicionadas em locais internos à cozinha.

Segundo a NBR 8160:1999, as caixas de gordura externas devem ter seu volume determinado de acordo com o número de refeições que serão servidas no empreendimento. Para

Capítulo 11

locais em que não existe uma rede de esgoto próxima para a conexão, podem ser instaladas estações de evacuação de águas residuais com capacidade de descarga horizontal de até 100 metros e descarga vertical de 10 metros.

A tubulação de esgoto deverá ser do tipo reforçado, sendo que, para equipamentos que drenam água quente, como máquinas de café, caldeirões, fornos combinados e lavadoras de louças, deverão ser especificadas tubulações que suportem água a elevadas temperaturas como o ferro fundido, cobre ou Polipropileno – PP.

Água fria

As instalações de água fria deverão seguir as especificações contidas na NBR 5626:2020 – Instalações Prediais de Água Fria e Água Quente.

O volume de água a ser reservada para o funcionamento da cozinha deve estar relacionado com o tipo de serviço que será oferecido, por exemplo um restaurante, um café, um *self-service* etc. Pode variar também de acordo com as atividades a serem realizadas, como recebimento de alimentos processados, lavagem de louças manual ou com o uso lavadora de louças. Outro aspecto a ser considerado é o período de reserva. É aconselhada uma reserva de pelo menos 2 dias. Não existe nenhuma especificação normativa que indique o consumo de água em uma instalação de *food service*. Alguns autores indicam o consumo de 25 litros de água fria e 12 litros de água quente por refeição, porém estes números podem variar conforme descrito anteriormente.

Para todos os tipos de instalações, mas em especial para as cozinhas de *food service*, é necessário que a rede de água fria tenha pressão de trabalho condizente com a necessidade dos equipamentos e também dos misturadores. Deve-se ter especial atenção na utilização de misturadores do tipo monocomando. Equipamentos como lavadoras de louças e fornos combinados necessitam de pressão dinâmica em torno de 10 mca ou 1,0 Kgf/cm^2 que na maioria das vezes não está disponível, havendo necessidade de pressurizar a rede.

Deverá ser especificado filtro central de água na entrada da rede para promover a retenção de partículas sólidas em suspensão tais como: areia, argila, ferrugem, limo, grãos de areia e resíduos de encanamentos, reduzindo a turbidez da água. Os filtros promovem também a retenção de substâncias orgânicas em suspensão. Para a eliminação do cloro deverão ser utilizados filtros de carvão ativado nos pontos específicos de consumo de água para

Food Service One

produção de bebidas ou gelo. A redução do consumo de água em uma cozinha de *food service* pode ser feita primeiramente por meio da utilização de torneiras e misturadores de baixa vazão e com a utilização de arejadores.

Para operações onde a higienização de produtos *in natura* é feita no local, pode-se estudar o reaproveitamento desta água para lavagem de pisos, exceto os de áreas de manipulação de alimentos, e irrigação de áreas verdes, se houverem. É possível também o estudo da captação e aproveitamento de água pluvial para os mesmos usos citados incluindo o uso em bacias sanitárias. Esta adoção deverá ser justificada por meio da análise de áreas de captação, índices pluviométricos e consumos seguindo as determinações da NBR 15527 – Água de chuva – Aproveitamento de coberturas em áreas urbanas para fins não potáveis. O reaproveitamento destas águas requer análises químicas periódicas que necessitam ser consideradas na operação do empreendimento. Lavadoras de louças mais eficientes, ou seja, que utilizam menor volume de água por ciclo de lavagem, também devem ser analisadas quando se procura diminuir o consumo de água em uma cozinha.

Mas, além dos pontos anteriormente descritos, um fator que deve ser analisado cuidadosamente é o desperdício. Produzir alimentos além do necessário consome mais energia elétrica, água, gás e acaba por gerar mais lixo orgânico, sendo um grande problema urbano.

Água quente

A rede de água quente deve ser especificada conforme a NBR 5626:2020 – Instalações Prediais de Água Fria e Água Quente. O sistema deverá ser dimensionado de acordo com os equipamentos posicionados no leiaute e as necessidades de operação da cozinha. A geração de água quente deve ser capaz de suprir a vazão e temperatura especificada no projeto funcional. Para água quente de pias, a utilização de aquecedores a gás de passagem são uma opção eficiente, porém o equipamento deverá ser instalado em área externa devido à combustão dos gases.

Para operações mais complexas, que justifiquem o investimento, o aquecimento solar ou por biomassa pode ser indicado. Verificar que os equipamentos de geração de água quente necessitam de pressão específica para um perfeito funcionamento, portanto a instalação de um pressurizador deverá ser analisada. Deve-se optar por equipamentos que possuam uma alta classificação de eficiência energética.

Capítulo 11

Gás combustível

O projeto funcional deverá indicar o tipo de gás que atende o imóvel, gás GLP (gás liquefeito de petróleo) ou gás natural. Sendo gás GLP, o projeto funcional deverá especificar o local do abrigo de gás e capacidade dos cilindros estacionários ou transportáveis. Os projetos deverão ser dimensionados segundo a norma NBR 15358: Rede de distribuição interna para gás combustível em instalações de uso não residencial de até 400 kPa — Projeto e execução.

As tubulações de gás deverão ser aparentes com o objetivo de se detectar facilmente vazamentos e execução de manutenção. De modo a se evitar a formação bolsões de gás em caso de vazamento, as tubulações não podem ser instaladas em *shafts*, forros, etc. Toda tubulação deverá ser pintada na cor amarela.

Deverá ser previsto sensor de vazamento de gás intertravado com a válvula solenoide de fechamento automático, sendo também interligado à central de extinção por CO^2 e ao sistema de exaustão e ventilação. A válvula solenoide é um sistema de segurança exigido, principalmente para ambientes sem ventilação natural.

Para as instalações de gás, em que a pressão da rede é superior à de funcionamento dos equipamentos, deverão ser previstos reguladores de pressão de segundo estágio individuais para cada equipamento, bem como uma válvula esfera, que deverá estar posicionada em local de fácil acesso.

Toda a rede de gás deverá ser instalada levando-se em conta o afastamento mínimo de outras instalações, principalmente de rede elétrica, conforme indica a NBR 15358.

Para entrega da rede de gás pelo instalador, é primordial a exigência do teste de estanqueidade da rede com apresentação de laudo e ART (anotação de responsabilidade técnica) do responsável.

Central de Gás GLP

A central de gás GLP deverá ser dimensionada conforme a NBR 13523:2019 — Central de Gás Liquefeito de Petróleo, respeitando-se as distâncias mínimas estipuladas para a localização da central, como também os equipamentos de segurança e sinalizações indicadas. Para centrais com capacidade de armazenamento de até 270 kg deverá ser instalado um extintor 20:BC e placas com os seguintes dizeres: PERIGO INFLAMÁVEL É PROIBIDO FUMAR.

Food Service One

INSTALAÇÕES DE PROTEÇÃO E COMBATE A INCÊNDIO

As instalações de proteção e combate a incêndio são especificadas por legislação estadual que define, conforme as características físicas (área e altura) do imóvel, os equipamentos necessários para a proteção e combate a incêndio. Deverá ser apresentado projeto específico que atendam as instruções técnicas do corpo de bombeiros do estado de instalação do empreendimento.

Conforme o porte da edificação, deverão ser previstos os seguintes equipamentos de proteção e combate a incêndio:

Extintores de incêndio

Até o menor empreendimento de *food service* deverá estar protegido por extintores que podem ser dos seguintes tipos:

- **Água pressurizada** — para incêndio classes A (fogos em materiais de fácil combustão) com capacidade extintora 2:A;

- **Gás Carbônico com capacidade extintora 5:BC ou Pó Químico Seco com capacidade extintora 20:BC** — para incêndios classe B (fogo em líquidos inflamáveis, óleos, graxas, vernizes e similares) e classe C (fogo em equipamentos elétricos energizados);

- **Acetato de Potássio** — conhecido como extintor de classe K é destinado à extinção de incêndio em gordura e óleos comestíveis de fritura e gorduras animais em estado líquido.

Atenção: nunca se deve jogar água em fogo com gordura.

Os extintores devem ser instalados de tal forma que sua parte superior não ultrapasse 1,60 m de altura em relação ao piso acabado e a parte inferior fique acima de 0,20 m (podem ficar apoiados em suportes apropriados sobre o piso).

Os ambientes de *food service* podem ser classificados como de risco médio, sendo que o usuário não deverá percorrer mais que 20 metros para ter acesso a um extintor. Verificar demais exigências na NBR–12.693:2013.

Capítulo 11

Chuveiros automáticos ou *sprinklers* — SPK

Segundo a NBR 10.897:2020 Sistemas de proteção contra incêndio por chuveiros automáticos — Requisitos, as cozinhas para *food service* são classificadas como de Risco Ordinário I, sendo que cada bico de *sprinkler* deverá proteger uma área de até 12 metros quadrados. Os *sprinklers* indicados para a proteção de áreas de cocção e lavagem de louças devem ser com ampola amarela com temperatura de ruptura de 79°C, visto que essas áreas apresentam ambiente com temperatura mais elevada que, por exemplo, uma área de preparo que deverá ser protegida por equipamentos de ampola vermelha com temperatura de ruptura de 68°C. Todo ambiente deverá estar protegido por pelo menos um bico de *sprinkler*, inclusive as câmaras frigoríficas, que devem ser protegidas por *sprinklers* do tipo "dry", específicos para atuação em baixas temperaturas. A distância máxima entre um bico de *Sprinkler* e outro é de 4,60 m e de uma parede é de 2,30 m.

Sistema de detecção e alarme de incêndio — SDAI

As instalações de SDAI (Sistema de detecção e alarme de incêndio) deverão ser especificadas conforme a NBR 17.840:2010 onde deverão ser instalados detectores de fumaça ou termovelocimétricos em todos os ambientes. Os detectores de fumaça são acionados, de acordo com a sua própria definição, a partir presença de fumaça no ambiente, emitindo um aviso sonoro e visual que informa aos usuários que poderá ocorrer um início de incêndio na instalação. Para as áreas onde a presença de fumaça e vapores é constante, caso das áreas de cocção de cozinhas industriais, deverá ser previsto equipamentos do tipo termovelocimétrico, o qual é acionado não na presença de fumaça, mas, sim, ao atingir uma temperatura prefixada ou uma variação brusca de temperatura no ambiente em um espaço de tempo. Os detectores devem estar conectados a uma central de monitoramento. Completa o sistema de SDAI a instalação de acionadores manuais, que também deverão estar conectados à central de monitoramento. Já existem detectores de fumaça com a tecnologia *wireless*, o que torna a instalação muito mais fácil e econômica.

Combate a Incêndio por CO^2 Inundação total para os Dutos da exaustão

Conforme a recomendação da NBR 14.518:2020 — Sistema de Ventilação para Cozinhas Profissionais, todas as coifas posicionadas sobre equipamentos que

Food Service One

gerem fumaça com gorduras e seus respectivos dutos de exaustão devem estar protegidos por sistema fixo de CO_2 e saponificantes. A proteção será feita com bicos difusores dirigidos para a base ou origem do fogo e abaixo do *damper* corta-fogo.

Rotas de fuga

O projeto de arquitetura deverá prever, sob a orientação do projetista das instalações de prevenção e combate a incêndio, as rotas de fuga necessárias para que os operadores da cozinha, assim como os usuários, possam abandonar a edificação em caso de incêndio. As rotas de fuga devem ter largura mínima de 1,20 metros e a quantidade deverá ser dimensionada conforme a NBR 9077:2001 — Saídas de Emergência em Edifícios.

Iluminação de emergência

Havendo necessidade de se instalar iluminação de emergência na edificação, estas poderão ser do tipo clareamento ou balizamento e deverão ser especificadas conforme a NBR 10898:2013 — Sistema de iluminação de emergência. A iluminação de emergência de balizamento deverá ser disposta de modo a indicar o sentido da rota de fuga. Já a de clareamento deve ser posicionada de modo a proporcionar iluminação em caso de falta de energia. É recomendado posicionar iluminação de emergência de clareamento próximo aos quadros elétricos e próximo aos caixas em caso de restaurantes. A autonomia mínima de um bloco autônomo de iluminação de emergência deverá ser de 1 hora.

Sinalização de emergência

As sinalizações de emergências deverão ser dimensionadas e confeccionadas segundo a NBR 16820:2020 - Sistemas de sinalização de emergência — Projeto, requisitos e métodos de ensaio. A norma especifica formato, dimensões e tamanho das letras para as placas que fazem a sinalização de emergência da edificação.

Projeto de mecânica, exaustão e ar-condicionado

Introdução

O sistema mecânico de ventilação e exaustão em cozinhas profissionais é projetado para remover e cuidar dos gases emanados no processo de cocção dos alimentos, devendo removê-los do ambiente de trabalho, bem

Capítulo 11

como proporcionar uma renovação de ar necessária para abatimento da temperatura interna dentro dos limites de conforto térmico. Temos a norma vigente (há quase 17 anos) da ABNT NBR 14518, que regulamenta a instalação de sistemas de ventilação para cozinhas profissionais.

Um sistema mecânico de ventilação e exaustão de uma cozinha industrial, seja ele qual for o tamanho, tanto grande ou pequeno, deve ser tratado com muita seriedade. O projetista, com experiência, deve ter em mente atender 5 quesitos básicos:

Condições internas

As condições internas do setor de cocção devem ser bem projetadas. Os dutos são elementos que ocupam espaço em uma cozinha. Logo, deve possuir pé-direito compatível, assim como um leiaute bem-definido. Dutos circulares são mais baratos para fabricação, contudo necessitam de pé-direito maior para montagem.

Deve possuir local técnico bem-definido como uma laje técnica, para exaustor, insuflador, lavadores de gases (se necessário), sistema de supressão de incêndio autônomo e outros. Quanto menor o comprimento de dutos, menos energia elétrica de motorização dos exaustores e *make-up air*.

É importante que os dutos de exaustão, em chapa preta #16, sejam estanques, soldados. Nada mais desagradável, e perigoso, ter dutos vazando óleo e fumaça de cocção. Nas condições internas, sempre pressão positiva no restaurante e negativa no setor de cocção, dispensa comentários.

Condições externas

Preocupação com a vizinhança é necessário. Conforme a necessidade, vários níveis de despoluição são necessários devido à vizinhança, para avaliação para onde será lançada a descarga dos exaustores. É uma preocupação socioambiental.

A saída final da fumaça deve respeitar alguns parâmetros. A descarga do elemento deve ser feita, no máximo, a 5 metros acima do telhado e 10 metros acima do solo. O projetista deve levar em conta a predominância dos ventos na edificação.

> **O projetista deve levar em conta a predominância dos ventos na edificação.**

Food Service One

Segurança

Segurança ao usuário, colaborador e a edificação devem ser permanentes e não negligenciados. A cocção é geradora de gorduras, elemento combustível, e deve ser tratada como tal. Alguns elementos são imperiosos, como *dampers* automáticos, corta-fogo, sistema de supressão autônomo na coifa, sistema de disparo de CO^2 nos dutos de exaustão automáticos e outros para proteção do sistema, válvula do tipo *shutoff* na alimentação principal do fogão a gás e outros.

Todos os elementos do sistema devem atender a IT-38 do Corpo de Bombeiros do Estado de São Paulo e a NBR-14580. E outras legislações vigentes para outros estados da federação.

Importante notar que o fechamento flexível entre os dutos de exaustão e o exaustor devem ser antichama e resistentes ao fogo por, pelo menos, 1 hora, sendo proibido utilizar lona do tipo brim;

Em consideração ao usuário e operador, devem ser também apresentadas soluções para atendimento a NR 15 quanto a ruído e exposição ao calor no ambiente de trabalho;

Economia energética na operação

O sistema mecânico de ventilação e exaustão para cozinhas industriais com aporte do sistema de climatização pode representar mais que 50% do consumo energético de operação de um restaurante. Dutos mal calculados e com comprimentos demasiadamente longos, falta de cuidados na produção deles, erros grosseiros de montagem em obra podem ocasionar baixo rendimento no sistema.

Sempre o projetista deve ter em mente que, quanto menor e mais suave for o perfil da trajetória dos dutos de exaustão da coifa de cocção à descarga da fumaça, menor será o consumo energético de operação. Com a NBR 14518 de 2020, a velocidade passou a ficar entre 2,54 m/s a 12,5 m/s. Aqui, temos o ajuste da Norma para atender as "DARK KITCHENS".

Outro aspecto importante é saber o que será produzido e quantificá-lo. Ter 2 coifas independentes de tamanhos diferentes em um mesmo setor de cocção é sabedoria em consumo racional energético.

Erros grosseiros de montagem em obra podem ocasionar baixo rendimento no sistema.

Capítulo 11

Os sistemas mecânicos de ventilação e exaustão das cozinhas industriais devem ter como aliados à engenharia de automação com *feedbacks* constantes referentes à monitoração do sistema. Controles de fluxo de ar com inversores de frequência atrelados aos motores dos exaustores e gabinetes de ventilação são sempre bem-vindos.

Controle e monitoração das pressões diferenciais nos filtros dos gabinetes de *make up air* (não devendo passar o limite de 12mmCa para certos fabricantes) ajudam no controle da economia de energia elétrica.

Evitar sempre que possível coifa do tipo Ilha. Esse tipo de disposição consome muita vazão de ar para operação em relação à Coifa do tipo convencional (encostada com um dos lados maior na alvenaria).

A manutenção preventiva do sistema mecânico de ventilação e exaustão das cozinhas sempre será uma aliada na redução do consumo de energia de operação.

Melhoria contínua

O projetista deve estar sempre receptivo a novas soluções para o sistema mecânico de ventilação e exaustão de cozinhas industriais, quanto a rendimento operacional, sustentabilidade e responsabilidade socioambiental.

Melhoria contínua deve existir em todos os aspectos, como o monitoramento com inteligência nos diferentes elementos que compõem o sistema. Cada vez mais as engenharias, que eram segregadas, se fundem.

Nessa etapa de melhoria contínua, não poderíamos deixar a Internet e sua maravilhosa tecnologia apartada do sistema. Hoje temos o IOT (*Internet Of Things*) no restaurante, dando ao sistema inteligência e tecnologia de última geração. A seguir, uma abordagem da realidade hoje no Brasil desse sistema para melhoria contínua.

IOT — *Internet Of Things* na moderna cozinha industrial

A Internet das Coisas (do inglês, *Internet of Things*) é uma revolução tecnológica a fim de conectar dispositivos eletrônicos utilizados no dia a dia (como aparelhos eletrodomésticos, eletroportáteis, máquinas industriais, meios de transporte etc.) à Internet cujo desenvolvimento depende da inovação técnica dinâmica em campos tão importantes como os sensores *wireless*, a inteligência artificial e a nanotecnologia.

Food Service One

Assim, com os benefícios da informação integrada, os produtos industriais e os objetos de uso diário poderão vir a ter identidades eletrônicas ou ser equipados com sensores que detectam mudanças físicas à sua volta. Até mesmo partículas de pó poderão ser etiquetadas e colocadas na rede. Essas mudanças transformarão objetos estáticos em coisas novas e dinâmicas, misturando inteligência ao meio e estimulando a criação de produtos inovadores e novos serviços. (Fonte: wikipedia.org).

Imagine sua cozinha industrial com seus elementos comunicando com você e informando sua situação real e em tempo real com seu *smartphone* ou computador, conforme os exemplos a seguir na abordagem da segurança e verificação operacional da cozinha.

Sistemas de segurança

Damper Corta–Fogo

Os *dampers* corta–fogo servem para isolar determinadas zonas contra o fogo em instalações de ventilação e ar–condicionado.

"Usuário, informo que estou com 65°C e em condições operacionais. Em prontidão!"

"WARNING! USUÁRIO, ATIVEI DAMPER 95°C! WARNING!"

"WARNING! SISTEMA DE INSUFLAMENTO DE AR E ALIMENTAÇÃO DE GÁS COMBUSTÍVEL DESATIVADO. AGUARDANDO COMANDOS!"

O *damper* informou ao encarregado da cozinha que houve fogo na coifa e que tomou a decisão de fechar o *damper* corta–fogo e desligar suprimentos de insuflamento de ar e gás combustível para o fogão automaticamente.

Duto de extração de fumaça e cocção

"Usuário, informo que estou com #3mm# de incrustação, favor tomar providências!"

Com sensores de última geração, o duto é verificado quanto à incrustação de gordura interna, caso não possua sistema de coifas *wash–pull* e outras de lavagem integrada. A gordura é combustível e, como está evidenciado na Norma NBR–14518, as coifas devem ser limpas constantemente.

Com um forte enfoque à Segurança do Sistema para as Cozinhas Industriais, a NBR 14518 de 2020 limita a espessura das incrustações para 3mm,

Capítulo 11

em qualquer parte do sistema, com limpeza de três em três meses, devendo ser mensal para Churrasqueiras, Parrillas e Grills com combustível sólido.

Operacional

Câmara frigorífica de congelados

"CG–13 – Usuário, Erro–14: porta aberta da câmara de congelados 23 – já com 15 minutos!"

"CG–13 – Usuário, Erro–03: Feito Reset na Unidade Condensadora – Câmara de Congelados 23 – temperatura ALTA (#-5°C) e subindo. Necessário intervenção humana!"

Setor cocção

"Usuário, a descarga da cocção encontra-se com alto teor de fumaça sendo lançada ao meio externo. Necessário intervenção humana!"

Os exemplos anteriores são pequenas amostras dos benefícios da informação integrada dos sistemas de monitoramento IOT que são encaminhados para o *smartphone* do usuário em segundos, para que o mesmo tome decisões rápidas.

BIM – (*Building Information Modelling*) nos Projetos de *Food Service*

O BIM – (*Building Information Modelling* ou Modelagem de Informação da construção) é um metodologia de projeto que tem por objetivo desenvolver o modelo virtual da construção por meio de um conjunto de modelos tridimensionais compartilhados, ricos em informações que permitirão simular o ambiente construtivo, facilitando tomadas de decisões e prevenção de erros de documentação ou de projeto antes mesmo da construção ser iniciada, que poderiam afetar o custo e o cronograma se só fossem percebidos durante a obra.

BIM não é um *software*, que, nesse caso, é somente o meio para desenvolvimento da

> BIM não é um software, que, nesse caso, é somente o meio para desenvolvimento da metodologia.

Food Service One

metodologia. O ponto mais importante do processo é a obtenção de informação por modelo, para tanto, a execução dever ser adequada para cumprir o seu propósito.

Para os projetos de *food service*, o BIM é de grande valia devido à complexidade das instalações. Com o processo de compartilhamento de todos os projetos, arquitetura e projetos de instalações complementares, é possível por meio de *softwares* específicos fazer a verificação de interferências entre os modelos, que, muitas vezes, acabavam sendo verificadas somente durante a construção com as práticas de projetos em duas dimensões, ou seja, com plantas e cortes.

Com a metodologia e uso dos *softwares* bem configurados, é possível obter lista de equipamentos de forma automática, repleta de informações valiosas ao processo, como características dos equipamentos, necessidades de alimentação, custo, procedimentos de manutenção etc., fazendo com que o modelo possa ser utilizado durante todo o ciclo de vida do empreendimento.

As equipes de projetos das diversas disciplinas deverão trabalhar de forma colaborativa e integrada para que possam compartilhar as informações sendo fundamental um gerente de projeto BIM para coordenar todo o processo.

PAULO LUCIO DE BRITO | 11 — Projetos complementares, projeto de arquitetura

Arquiteto formado pela FAUUSP no ano de 1965. Trabalhou durante 21 anos (1969–1990) na condição de arquiteto e coordenador de projetos na empresa HIDROSERVICE — Engenharia de Projetos.

Em 1994, foi responsável pela elaboração dos projetos de Arquitetura, com o apoio da equipe técnica da HIDROSERVICE, e pelo acompanhamento das obras e da implantação do hotel.

A HIDROSERVICE também elaborou e coordenou inúmeros projetos de arquitetura na área de hotéis, *resorts*, centros de supervisão e controle, indústrias, centrais de abastecimento, penitenciárias, entre outros projetos.

Em 1991, criou a empresa PAULO LUCIO DE BRITO Arquitetura e direcionou as suas atividades principalmente na área de arquitetura de hotéis, edifícios comerciais e residenciais, restaurantes e cozinhas industriais, unidades prisionais e complexos penitenciários.

Capítulo 11

Coautor do livro *Hotel: planejamento e projeto*, da Editora SENAC.

Em 2009, elaborou o projeto de Arquitetura do Complexo Penitenciário de Ribeirão das Neves – MG para um consórcio de empresas que, desde 2012, opera o Complexo Penitenciário na modalidade de PPP – Parceria Público Privada.

ISAMAR MARCHINI MAGALHÃES | 11 – Projetos complementares, projeto de elétrica e hidráulica e BIM (*Building Information Modelling*) nos Projetos de *Food Service*.

Engenheira Civil, Especialista em Construções Sustentáveis e BIM Expert. Sócia-gerente da Magtech Engenharia, atua há mais de dez anos no desenvolvimento de projetos de instalações elétricas e hidráulicas com ênfase em projetos de *food service*.

ENG. DALMO MAGALHÃES | 11 – Projetos complementares, projeto de mecânica, exaustão e ar-condicionado.

Engenheiro mecânico formado na Escola de Engenharia Mauá-SP, 1993, com pós-graduação em produção na Escola de Administração Getulio Vargas-SP, 1994, trabalhando como engenheiro de processos por 10 anos em indústria alimentícia multinacional, tendo sido condecorado em 2013 pela sua empresa, Artazz Engenharia, como a melhor empresa de engenharia de comissionamento de obras pela entidade Norte-Americana SMACNA (*Sheet Metal and Air Conditioned National Association – Chapter Brasil*). Professor da matéria de AR do Programa GREEN KITCHEN, ministrado na Fundação para Pesquisa Ambiental (FUPAM-USP).

12

Consultorias e assessorias complementares

CONSULTORIAS

Plano de negócios

É o estudo de viabilidade que oferecemos para negócios que ainda não iniciaram a sua implantação e precisam de entendimento sobre a tipologia do negócio em si, valores de implantação e retorno sobre o investimento. Aqui transformamos sua ideia, sua necessidade e seu desejo em realidade na criação do seu negócio, oferecendo informações concisas do mesmo sobre tipologia, localização, *persona*, modelo de negócio, valor de implantação, preço de custo e preço de venda, capacidade produtiva e de atendimento e apresentamos 03 cenários para o retorno sobre o investimento (otimista – médio – conservador).

Capítulo 12

O plano de negócios assegura sua decisão a partir de estimativa de investimento, de receita, de custos, de lucratividade, de taxa de retorno e de orientação de risco.

Plano de metas

O plano de metas proporciona diretrizes e estratégias que a empresa deve seguir para alcance das suas metas: quais são as principais metas, quais são os planos de ação para alcance dessas metas e onde colocar foco e aplicar esforços? Uma empresa sem objetivos claros, sem foco e diretriz é bem simples perder tempo e aplicar esforços em ações erradas.

Nesse sentido, é importante ter um plano de metas bem detalhado, contudo é necessário o envolvimento de diferentes setores da empresa — acionistas, gestores, líderes operacionais, equipe de qualidade, entre outros — o plano de metas é uma tarefa traçada em conjunto, unindo as distintas experiências, expectativas e conhecimentos.

Além disso, é crucial o registro das informações que levaram ao sucesso ou ao fracasso dos esforços durante um determinado período de tempo.

O plano de metas conta com objetivos de curto, médio e longo prazos e pode contar com estratégias e/ou projetos.

O plano de metas tem objetivos estratégicos ou táticos e operacionais.

Para a elaboração do plano de metas, pode-se adotar diferentes metodologias e ferramentas, entre elas Metas Smart Specific (específica); Measurable (mensurável); Attainable (atingível); Relevant (relevante); Time based (temporal), Análise SWOT / FOFA forças, oportunidades, fraquezas e ameaças, Indicadores de desempenho (KPIs), Canvas (Business Model Canvas) e CRM (Customer Relationship Management).

O plano de metas tem objetivos estratégicos ou táticos e operacionais, com focos financeiros e análise de DRE, administrativo com ênfase em gestão de pessoas e operacionais com foco em otimização de recursos. Incluindo as seguintes temáticas:

- Organograma funcional;
- Plano de carreiras com definição de cargos, salários e perfil;
- Treinamento e desenvolvimento dos colaboradores;

Food Service One

- Melhora do ambiente organizacional;
- Redução da rotatividade;
- Aumento da satisfação dos clientes;
- Diminuição dos custos operacionais;
- Minimização de falhas nos processos internos;
- Minimização de desperdícios;
- Aumento da rentabilidade;
- Melhorias na gestão e responsabilidade ambiental;
- Aumento do faturamento anual.

A determinação do plano de metas em empresas de alimentação deve agregar também o foco operacional, avaliando rentabilidade dos produtos vendidos, revisão do *mix* de ofertas, avaliação da curva ABC, avaliação das despesas fixas, despesas variáveis, margem de lucro pretendida, custos diretos e definição de *mark-up* (ou Mark Up), adequação da operação ao atendimento das legislações vigentes e atendimento às necessidades documentais para operar na região em que está instalada.

Temos muitos *cases* de sucesso de implantação de Plano de Metas, mas em especial e, de longa data são os restaurantes do grupo Funchal, localizado em Riviera de São Lourenço – Bertioga/SP.

O Funchal restaurante e o Restaurante Funchal Express (antigo Barcelona), há mais de 20 anos servindo os melhores pratos de Frutos do Mar da Riviera de São Lourenço, com cardápio variado à la carte e *self service*, atendendo em excelência em gastronomia, da qual iniciamos o Plano de metas em março de 2020.

Atividades e resultados:

- Avaliação do mix de venda;
- Revisão das fichas técnicas;
- Redefinição dos valores de venda;
- Diagnóstico físico e operacional;
- Treinamento de Boas Práticas de Fabricação;
- Revisão do organograma;
- Avaliação do DRE e fluxos de caixa;
- Melhora do faturamento;

Capítulo 12

- Melhora do lucro operacional;
- Controle de estoque;
- Implantação de ERP – *Enterprise Resource Planning*;
- Implantação de *delivery*;
- Adequação de leiaute das cozinhas;
- Implantação de produção antecipada;
- Implantação de unidade fabril.

Aqui, abrimos este espaço para ouvir os sócios do Funchal e compartilho com vocês as palavras deles.

Matheus Campoi (sócio-proprietário): há exatos 10 anos, resolvi abandonar minha profissão de engenharia para vir trabalhar no Restaurante dos meus pais, hoje meus sócios.

Durante todos esses anos, nós lutamos contra inúmeros obstáculos, como a sazonalidade do litoral norte de São Paulo, crises financeiras, entre outros problemas, que, com toda a experiência de mais de 20 anos dos meus pais no ramo, eram sempre superados.

Porém, em março de 2020, com a chegada da pandemia, percebemos que era uma situação que exigiria uma organização muito maior, visto que os dois pilares da operação eram do grupo de risco, e foram imediatamente isolados em casa. Para conseguir vencer esse desafio, de suprir a ausência ''física'' dos meus pais do negócio, eu precisaria de ajuda, e rápido.

Foi aí que, em meados de julho de 2020, me veio em mente telefonar para a Ivim Pelloso, conhecida nossa de longa data.

Ao falar com a Ivim, em 5 minutos, eu já sabia que tinha encontrado o que eu precisava.

Ela me fez duas perguntas básicas, porém importantíssimas: o que você quer fazer? E até onde você quer chegar?

Eu tinha as duas respostas. Transformar um restaurante familiar em uma grande empresa.

E expandir a ponto de virar uma indústria de alimentos.

Imediatamente, começamos um trabalho minucioso voltado para todo o nosso operacional. Reorganizando toda a nossa maneira de trabalhar, pensar e agir.

Food Service One

Implantamos o *delivery*, que até então era algo que nunca tinha feito parte dos nossos planos, nem acreditávamos na demanda. Conseguimos aprender uma nova maneira de organizar, trabalhar e aplicar tecnologia na cozinha e na cocção de alimentos.

Fizemos planos e projetos para curto e médio prazo, conseguindo assim um planejamento muito mais assertivo e efetivo, reduzindo investimentos desnecessários e aumentando a eficiência do serviço.

Hoje, apenas 2 anos depois, posso dizer que já somos uma empresa completamente diferente na questão operacional. Estamos partindo para novos desafios, construindo uma ''fábrica'' de alimentos congelados, criando oportunidades de negócio e uma base muito mais sólida e organizada financeiramente.

Nos dias de hoje, seria impossível seguir como uma empresa familiar. Ter um plano de metas, com objetivos, organização financeira, operacional e planejamento estratégico é essencial para qualquer restaurante. Não basta ter os melhores ingredientes, receitas e cozinheiros, um restaurante deve ser tratado como uma fábrica de comida, uma indústria, e organizado e gerido para assim ser reconhecido.

O contrato, que seria a princípio de um ano, já completou 2, e não tem data para acabar.

Tenho muita gratidão por todo o serviço de assessoria prestado pela FS-one, e tenho certeza de que, seguindo por esse caminho, vamos chegar muito longe.

Muito obrigado Amauri, Ivim e Sonia.

Márcia Campoi Borguetti (sócia-proprietária): desde 2020, estamos com uma parceria de trabalho com a FSone. Eu confesso que a princípio eu fui muito resistente às mudanças e às adequações. Eu tive muitas dúvidas e hoje eu posso dizer, com clareza, que estou muito satisfeita com os resultados. Eles superaram minhas expectativas e hoje eu tenho plena confiança no trabalho que estamos fazendo; e essa confiança tem sido primordial para nosso crescimento profissional, pessoal. É um aprendizado maravilhoso que estamos tendo com essa parceria.

Gilberto Borguetti (sócio-proprietário): endosso as palavras da Márcia. Tivemos certa resistência no início, mas no decorrer dos 2 anos fomos aprendendo, confiando e hoje entendemos que esse é o

Capítulo 12

futuro. O futuro realmente é agora! Uma evolução que não tem volta. O Amauri e a Ivim são espetaculares. São muito profissionais e, com tudo isso, nós temos certeza de que vamos avançar! Diante disso, temos certeza de que todos os nossos objetivos serão alcançados.

Consultoria técnica

Estrutura-se de acordo com a necessidade do cliente, com orientações técnicas sobre o negócio, normas, operações, equipamentos e análise de projetos para o setor de *food service*.

A consultoria técnica executada por consultores, fisicamente, na FSone® ou "in loco", e via Web, pode ser contratada por hora efetiva ou demanda de trabalho.

Consultoria de marca

Define sua marca, que é a expressão da ideologia que o diferencia de seus competidores, promove a conexão entre identidade, pessoas e propósitos, cria fidelidade com consumidores e proporciona lucratividade sustentável.

A expressão da marca é oferecida de forma integrada com parceiros especializados, contendo pesquisa de mercado, *naming*, logotipo, comunicação digital e de conteúdo, materiais de papelaria etc.

ASSESSORIAS

Diagnóstico administrativo e financeiro

Identifica a situação administrativa e financeira do negócio, fornecendo recomendações de ajustes e assessoria na implementação para consolidação do resultado.

O diagnóstico administrativo e financeiro obtém e analisa dados de contratos, de faturamento, dos custos fixos, de materiais, de mão de obra, da capacidade produtiva, da lucratividade, dos passivos e do potencial de endividamento e de crescimento.

Temos um *case* de sucesso para exemplificar essa atividade na nossa empresa: a Indústria Santa Massa.

Santa Massa é uma indústria de alimentos localizada em Santa Cruz do Rio Pardo/SP, com produção de pão de alho tradicional, picante, torresmo, pão doce e pão bolinha. A fábrica conta hoje com a capacidade produtiva de 25.000 pães de alho por hora.

Food Service One

Nós, da FSone®, desenvolvemos o projeto executivo funcional, implantação física de equipamentos, projeto básico de arquitetura, projetos de prefeitura, consultoria técnica, assessoria e desenvolvimento de produtos, da loja, fábrica central e também da fábrica de recheio.

Nossa consultoria na Santa Massa começou em 1998, quando os proprietários iniciaram a gestão de uma padaria na cidade. Na padaria, já faziam a produção de pães, doces e massas. Eles evoluíram, cresceram em produção e faturamento e hoje, 2017, aplicamos técnicas de gestão e consultoria financeira, estratégica e administrativa.

Atualmente, estamos desenvolvendo o projeto funcional e arquitetura completa para o condomínio Santa Massa, chamado Distrito JF&C.

Eles iniciaram com uma padaria e hoje são indústria de pão de alho, com distribuição para 22 estados, 700 cidades aproximadamente, e em expansão de indústria de pão de alho, pão de doce de leite e torresmo, com capacidade produtiva de 25.000 pães de alho por hora.

Diagnósticos das condições operacionais

Identifica conformidades e "não conformidades" operacionais, recomenda ajustes e assessora na implementação para correção. Embasado na legislação e nas boas práticas de fabricação, o levantamento feito "in loco" apontará notas de avaliação por ordem de criticidade.

No diagnóstico das condições operacionais são avaliados e relatados, principalmente, itens como higiene pessoal, de equipamentos e do ambiente, uniformes, manipulação e armazenagem dos alimentos, resto ingesta e sobra limpa, resíduos, amostras, temperaturas, insalubridades, fluxo, organograma, cardápios, produtividade, POPs etc.

Diagnósticos das condições físicas

Identifica conformidades e "não conformidades" físicas, recomenda ajustes e assessora na implementação para correção. Embasado na legislação, o levantamento feito "in loco" apontará notas de avaliação por ordem de criticidade.

No diagnóstico das condições físicas são avaliados e relatados, principalmente, itens como localização, entorno, acessos, setores da unidade, fluxo operacional, acabamentos, iluminação, ventilação, contaminantes, qualidade e produtividade dos equipamentos etc.

Capítulo 12

Implantação operacional

Por meio dos processos operacionais, é possível manter o padrão de qualidade, padronização das tarefas e a organização do negócio, proporcionando um fluxo de trabalho mais eficiente, minimizando desperdícios de tempo, produtos e, consequentemente, menores riscos de falhas.

A implantação operacional identifica as necessidades operacionais e as relaciona ao ambiente físico para uma ação efetiva do controle e do resultado.

A etapa de implantação define o tipo de serviço e o cardápio, elabora o organograma com a descrição das atividades e do perfil funcional, auxilia na contratação, treina e certifica os colaboradores, elabora as fichas técnicas, manuais de boas práticas e Procedimentos Operacionais Padronizados (POPs), dimensiona e auxilia na compra do enxoval e utensílios, determina a modelagem dos processos de compras, recebimento e armazenamento de mercadorias, orienta para o processo produtivo e, com isso, facilita os processos de gestão de compras, fluxo financeiro e garantia da segurança dos alimentos.

Para a implantação operacional, iniciamos com uma visita de diagnóstico físico e operacional, na qual avaliamos as conformidades, gaps e oportunidades para garantir melhor eficiência da operação em questão sempre correlacionada ao cumprimento das legislações vigentes.

A garantia do sucesso da implantação operacional está na individualização das dores, necessidades e expectativas de cada operação.

Treinamento operacional

A capacitação dos manipuladores de alimentos por treinamentos contribui não apenas para a melhoria da garantia da segurança higiênico-sanitária, mas também para o aperfeiçoamento das técnicas, processos e/ou processamentos utilizados.

A temática do treinamento operacional pode ser identificada por meio das necessidades apresentadas nos diagnósticos administrativo, financeiro, físico, operacional e/ou de satisfação.

O treinamento operacional oferece treinamentos operacionais e de reciclagem para as equipes de produção, de salão ou operacional e, posteriormente é gerado um relatório apontando o desempenho individualizado com recomendações de reforço na qualificação, indicações de promoção e/

Food Service One

ou substituição. Com a experiência adquirida, podemos concluir que a forma mais eficaz de promover a aquisição de conhecimentos é por treinamentos práticos e teóricos, sendo de suma importância para que a equipe esteja envolvida na constante busca por qualidade.

Gastos na ótica contábil são sacrifícios financeiros com os quais a empresa, têm que arcar a fim de atingir seus objetivos, o que não é o caso do processo de treinamento e capacitação dos colaboradores. O retorno deste "investimento", será percebido na redução de retrabalho, redução de perdas e desperdícios, ganho de produtividade e eficiência, menores riscos de falhas, paradas de produção, redução de danos aos equipamentos e redução dos riscos de acidentes de trabalho.

Conforme as legislações vigentes, o treinamento precisa contemplar os seguintes temas:

- Doenças transmitidas por alimentos (DTAs);
- Higiene e saúde dos funcionários;
- Qualidade da água e controle integrado de pragas;
- Qualidade sanitária na manipulação de alimentos;
- Procedimentos Operacionais Padronizados para higienização das instalações e do ambiente.

Outros temas de grande importância, que não são exigidos pela legislação, mas que agregam e integram a equipe, se abordados são:

- Habilidades do bom atendimento;
- Motivação de pessoal;
- Trabalho em equipe;
- Manual na rotina de operações;
- Manejo de resíduos;
- Comunicação;
- Desenvolvimento de *soft skills*;
- Liderança;
- Igualdade e diversidade;
- Assédio no local de trabalho;
- Segurança;
- Ética.

Capítulo 12

Não é novidade que o treinamento de colaboradores pode ser recebido como "cansativo, chato, perda de tempo" etc., especialmente quando se trata de treinamentos (obrigatórios) para atendimento das legislações vigentes no que diz respeito às normatizações e aos regulamentos. Mas tudo depende de como este treinamento é aplicado.

O treinamento pode envolver os colaboradores com mais entusiasmo se, para isso, adotar vídeos, imagens, áudios, dinâmicas, exemplos reais da operação, entre outros recursos.

FSone_bi

Fsone_bi é nossa ferramenta de gestão e controle para todas as unidades de alimentação. Foi desenvolvido por nós para atender melhor as demandas e necessidades de cada cliente.

Após o levantamento dos dados, a ferramenta gera uma "NOTA"! Você terá concentradas todas as informações do seu negócio. Pode-se definir como seu "selo de garantia operacional".

FSone_bi é um aplicativo multifunção destinado fundamentalmente no agrupamento de dados do "patrimônio" e da "gestão" do seu negócio.

Os módulos "PATRIMÔNIO" e "CHECKLIST" do FSone_bi funcionam interligados enriquecendo ainda mais as possibilidades de

FSone_bi é um aplicativo multifunção destinado fundamentalmente no agrupamento de dados do "patrimônio" e da "gestão".

dominar efetivamente seu negócio. Ele oferece a condição da organização do seu patrimônio, efetivando assim seu direito à garantia oferecida pelo fornecedor, bem como ter facilmente a visão dos custos e da gestão para manutenção corretiva.

É um aplicativo destinado a gerenciar dados com vários níveis de acesso, o que permite estabelecer níveis para ações mais importantes, mais repetitivas, com níveis de relevâncias diferenciados. Pode ser utilizado no computador, no *tablet* e até no seu celular. Toda sua equipe trabalha e obtém os resultados numa só aplicação. Sem papel e/ou recados que se perdem com o tempo.

Food Service One

Auditorias de qualidade / satisfação e nutricional

Identifica as "não conformidades" na operação e o nível de satisfação do cliente, relaciona as informações e recomenda ajustes para garantir o resultado da satisfação e da qualidade.

A auditoria de qualidade é embasada nos aspectos visuais, de textura, de sabor e de temperatura dos alimentos com base na legislação vigente e nas boas práticas de fabricação. A pesquisa de satisfação é identificada por diferentes grupos de usuários e constata diferentes percepções.

A junção dos dois resultados orienta na correção dos processos e serviços, também na administração da oferta do cardápio.

Sistema de gestão

Contamos com a parceria e experiência do Sistema e-FoodMax®. Ele tem como objetivo planejar e controlar todo o processo de produção de refeições, levando em consideração um planejamento financeiro, estoques, compras quando da elaboração dos cardápios, controle de qualidade e rastreabilidade dos insumos e produção.

Tem um conceito de estrutura de produtos e receitas "enxuto", após a elaboração da receita (ficha técnica) com os produtos genéricos, as particularidades de outros clientes são adequadas no cadastro de contratos, mantendo assim a receita original. Esse método permite que sejam inseridas sub-receitas e as células de produção, para que o direcionamento seja feito no momento de gerar a ordem de produção.

O planejamento dos cardápios é o ponto mais importante, pois nesse momento você terá o pré-custo dos seus cardápios e as necessidades de compras. O Sistema pode gerar cardápios automaticamente respeitando as regras de contrato ou permite que seja feito de forma rápida e intuitiva, com uma visão ampla do período desejado, informações de quantidade de refeições diárias etc.

O processo de compras é muito importante para a redução de custos em toda operação, com o Sistema auxiliando na escolha dos melhores fornecedores e adequando-os conforme as necessidades de produção: fornecedor x data de entrega x data de produção.

O sistema auxilia na gestão da produção, apontando gastos adicionais não previstos no planejamento e consumo excessivo de itens. A rastreabilidade é muito importante nesse processo, pois não deixa com que o usuário tome

Capítulo 12

decisões que não façam parte do planejamento, limitando e pedindo justificativa em caso de exceções.

A apuração dos custos e resultados é muito importante para comparação do que foi planejado com o que foi realizado e pôr fim à análise do resultado, com as margens, custos indiretos etc.

Dietoterapia e saúde

Para esse tema, contamos com o Sistema e-NutriScience®. Ele tem como objetivo auxiliar profissionais da área de saúde na avaliação antropométrica, prescrição de dietas coletivas e individuais (oral, enteral, parenteral e lactária). Permitir o acompanhamento pós-alta, em relação à avaliação nutricional (dieta individualizada/ análise da atividade física x gasto calórico) e agilizar o fluxo de atendimento com o uso de dispositivo móvel, para facilitar a coleta de dados do paciente, aumento da produtividade, eliminação das transcrições das informações, eliminação total de papéis e agilidade na obtenção da informação para adequação da produção: nutrição x cozinha, podendo, no andar, fazer as avaliações antropométricas e subjetivas, alterar e adequar a dieta do paciente e coletar o cardápio de opção da dieta.

O sistema também registra as alergias e aversões dos pacientes, impedindo que dietas que contenham esses alergênicos sejam enviadas para os pacientes. Possui diversos estudos para que os cálculos nutricionais também possam ser feitos de maneira automática.

O Sistema e-NutriScience® é capaz de fazer o controle de entrega das dietas para cada paciente com dupla checagem, pela leitura do código de barras das etiquetas constantes nas bandejas, na qual será feita a conferência da dieta, bem como o posicionamento do carro de entrega das dietas por meio da tecnologia NFC ou leitura de QRCode, pelo qual haverá a rastreabilidade da hora que o carro saiu da cozinha para entrega, a hora que chegou no andar e, assim, sucessivamente. No momento da entrega, será feita a leitura do código de barra constante da pulseira do paciente, evitando, assim, a entrega de dietas para o paciente errado. Será possível obter informações do tempo de entrega, temperatura que a comida chegou ao paciente, entre outras informações, inclusive o controle da coleta das bandejas ao fim de cada refeição.

O objetivo é melhorar a qualidade do serviço prestado pelo SND e, com isso, melhorar a experiência do paciente enquanto estiver no Hospital.

Food Service One

Gestão compartilhada

Executa um modelo diferente para operacionalizar sua unidade de alimentação, sem caracterizar uma autogestão ou terceirização. A gestão compartilhada oferece diversas vantagens com relação aos modelos tradicionais como redução de custo, maior flexibilidade nos serviços e domínio efetivo no grau de satisfação dos usuários.

A FSone® oferece assessoria continuada na elaboração de todos os detalhes dos serviços, na contratação e no treinamento da mão de obra operacional, no planejamento e avaliação dos resultados com uso de FSone_GM e GA, também na possibilidade de oferta da mão de obra operacional.

Tais Tomaz Roque | 12 – Plano de metas — Implantação Operacional e Treinamento Operacional.

Nutricionista e proprietária da Clique Saudável Consultoria.

Fez extensão em Administração de Empresa com ênfase em Gestão de Pessoas na PUC. Especialização em Segurança dos Alimentos na Faculdade de Saúde Pública da USP e Pós-graduação Lato Sensu em Práticas Gastronômicas e Negócios em Alimentação na Faculdade Método de São Paulo — Famesp.

Complementou a carreira com curso de Gestão e excelência em Facilities; Curso de Designer em Cozinhas EGG; Curso de Programa de Alimentação Escolar — CODAE; Curso prático em Gastronomia Saudável e Curso prático em Gastronomia sem glúten IAG –Buenos Aires.

É consultora com foco em diagnóstico físico e operacional, contemplando desde o controle de qualidade, treinamentos, rotulagem, elaboração de manuais, gestão de pessoas, atualização e renovação de cardápios, visando à otimização de recursos, além de gastronomia saudável e projetos de sustentabilidade. É professora da EGG — Escola de Gestão em negócios da Gastronomia.

13

Técnicas e tecnologias

A receita de um serviço de alimentação depende, dentre outros fatores, da capacidade de ter ritmo e volume nas operações que atendam às demandas. Se conseguem produzir mais e melhor com o menor consumo de recursos, consequentemente poderão ter maior lucro.

O uso da tecnologia em serviços de alimentação não é somente ter e trabalhar com novos equipamentos, é também fazer uso de processos e técnicas possibilitando ter maior produtividade e competitividade, garantindo maior eficiência e gestão (KAWASAKI, CYRILLO, MACHADO, 2007).

A capacidade produtiva das empresas pode ser percebida pelo tempo e fluidez dos fluxos entre entradas e saídas dos produtos. Nos serviços de alimentação, os espaços estão

Capítulo 13

cada vez menores e mais caros, por isso, faz-se necessário pensar em equipamentos multifuncionais e produção antecipada.

Antecipar a produção é fundamental para melhorar a padronização, aumentar a produtividade, ter maior agilidade nos serviços, manutenção de estoques, otimizar recursos, reduzir custos, segurança dos alimentos, aumento de vida de prateleira e atendimento da demanda.

Dentre as técnicas e tecnologias de produção antecipada de alimentos, vale destacar o sistema *Cook Chill* e *Sous Vide*, pela importância que trouxe para o setor, com soluções para as variadas inconformidades que impactam diretamente a segurança dos alimentos, custos e a qualidade sensorial das preparações.

> **Antecipar a produção é fundamental para melhorar a padronização.**

A gestão da utilização das preparações antecipadas é muito melhor que no tradicional sistema de produção de refeições, no qual dependemos muito da mão de obra, além de outros fatores. É um grande avanço na tecnologia, pois garante qualidade consistente em cada lote produzido, redução de desperdícios e custos, principalmente de mão de obra, podendo chegar a mais de 35% de redução.

Cook-Chill

Entre essas tecnologias de produção antecipada de alimentos, temos o Sistema *Cook Chill* (cozer-resfriar), que permite uma produção antecipada, garantindo maior segurança na produção de alimentos.

> **Esse sistema consiste em cozinhar os alimentos seguidos de seu imediato porcionamento e resfriamento ou congelamento.**

Esse sistema consiste em cozinhar os alimentos seguidos de seu imediato porcionamento e resfriamento ou congelamento, em condições controladas de temperatura e armazenamento sob refrigeração, com posterior processo térmico antes do consumo. Sua temperatura é reduzida rapidamente, de modo que o tempo de validade do alimento é aumentado, conservando as propriedades organolépticas.

Food Service One

As vantagens são a possibilidade de produzir um alimento com uma vida de prateleira aumentada, preservando as características sensoriais e diminuindo o risco de contaminação, desde que assegurados todos os controles de tempo e temperatura.

Para a implantação do sistema *cook chill*, é necessário um planejamento adequado das áreas envolvidas com um fluxo coerente e linear. Devem-se evitar cruzamentos e retrocessos que possam comprometer a produção das refeições. Deverão ser previstos investimentos em equipamentos específicos e exclusivos que possibilitem a manutenção das temperaturas indicadas e a regeneração dos alimentos.

Os alimentos podem ser preparados em equipamentos convencionais como fornos, fogão, caldeiras e frigideiras basculantes, dando-se preferência para uso de forno combinado, pois além de abreviar o tempo de cocção, elimina-se o porcionamento para as cubas que irão para o resfriamento, uma vez que o produto pode ser feito, resfriado e servido nas mesmas cubas *gastronorms*. A cocção deve garantir que todas as partes do alimento atinjam a temperatura de no mínimo 74°C em seu centro geométrico.

No Cook Chill ROP – *Cook Chill Reduced Oxygen Packaging* (embalado com redução de oxigênio), os alimentos são embalados após a cocção, com embalagens específicas para o produto. Estas devem possuir barreira ao oxigênio e alta resistência térmica e mecânica, garantindo maior segurança ao processo. A embalagem tem que ser adequada para processamento direto de alimentos a temperaturas entre –30°C e 100°C. Após o alimento ser embalado e o devido fechamento das embalagens, deve-se imediatamente passar por resfriamento rápido e posterior armazenamento.

O equipamento indicado e utilizado para o resfriamento é o resfriador rápido, que tem como princípio fundamental a convecção de ar frio com altas taxas de vazão e velocidade na redução da temperatura dos alimentos em curto espaço de tempo, abreviando a permanência do alimento em temperatura de risco.

Com o objetivo de manter o alimento em sua integridade e características organolépticas, deve-se abaixar a temperatura do alimento em resfriadores/congeladores rápidos. O utilizado é abater a temperatura em até 120 minutos com um alimento a 74°C até aos 3°C. Essa etapa é vital para o sistema no controle da multiplicação dos microrganismos.

> **O utilizado é abater a temperatura em até 120 minutos com um alimento a 74°C até aos 3°C.**

Capítulo 13

A velocidade do abatimento de temperatura depende do alimento e da preparação: tamanho, umidade, peso, densidade e condutividade térmica do alimento. Também devemos considerar a temperatura inicial do alimento e a capacidade de retenção de calor do alimento ou do recipiente.

No *cook freeze*, o processo é o mesmo, a diferença é que os alimentos deverão passar pelo congelamento rápido. A temperatura dos alimentos deve chegar a –18°C em até quatro horas.

Após o término do resfriamento, as preparações devem ser tampadas, etiquetadas e armazenadas imediatamente sob refrigeração. É necessário evitar a contaminação cruzada e, dessa forma, a câmara para armazenamento de alimentos prontos deve ser exclusiva e capaz de manter os produtos na faixa de 0 a 3°C. Não deve haver abertura frequente da porta do equipamento para não ocorrerem oscilações de temperaturas.

O retratamento dessas preparações é a última etapa do sistema *cook-chill* e pode ser feito em qualquer equipamento, de maneira que atinja novamente a temperatura de segurança de 74°C no seu centro geométrico. Utilizando o forno combinado nessa fase, permite o aquecimento uniforme em temperatura segura, sem que haja ressecamento da superfície. A regeneração e os procedimentos para distribuição e consumo devem garantir a segurança microbiológica.

Recomenda-se que o intervalo entre a saída da câmara fria e o retratamento térmico não ultrapasse 30 minutos. Todos os alimentos que já passaram pela finalização, quando não consumidos, devem ser desprezados. O intervalo de tempo entre o retratamento e a distribuição deve ser o menor possível.

Não existe no Brasil regulamentação específica para *cook-chill*. A legislação federal RDC 216 de 16/09/2004, a Portaria Estadual CVS 5 de 09/04/2013-SP e a Portaria Municipal 2619 de 06/12/2011-SP-SP fazem referência ao procedimento de resfriamento de alimentos e tempo de validade, porém não são específicas para *cook-chill*.

O sistema é adequado a variados tipos de serviços de alimentação desde restaurantes, fast food, refeições transportadas, redes de restaurantes, refeições prontas para venda em supermercados e lojas de conveniência, pois podemos produzir nesse sistema refeições a granel em GN's, refeições porcionadas embaladas, empratados e preparações embaladas a vácuo.

Em relação aos processos, faz-se necessário efetuar a homologação de matéria-prima e fornecedores, gerenciamento da produção focado em processos, capacitação de pessoas, determinação antecipada e, ao lon-

Food Service One

go do tempo dos indicadores, coleta de dados e análise constante desses indicadores, criteriosa gestão da qualidade e controle higiênico sanitário, controle de volume, tempo, temperatura e rastreabilidade, integração da capacidade de cada equipamento para cadenciamento da produção, estudo para determinação da validade, sempre baseado em dados consistentes (KAWASAKI, CYRILLO, MACHADO, 2007).

Muitos erros são comuns na implantação desse sistema, tais como querer executar o sistema sem nenhum planejamento, não ter a equipe totalmente comprometida com a qualidade e não capacitada para todo o processo, equipamentos insuficientes ou inadequados, sem rastreabilidade e monitoramento e, também, ausência de acompanhamento de todo o processo e a não correção dos desvios quando necessários.

A implantação de *cook-chill* possibilita melhor gestão do tempo, concentração da produção nos períodos mais convenientes, melhor utilização da mão de obra, possibilidade de aumentar a oferta com a mesma capacidade operacional, separar a produção da distribuição permite maiores cuidados com a qualidade sensorial dos produtos e o cumprimento dos requisitos de segurança dos alimentos.

As vantagens são que uma cozinha pode distribuir para vários locais, refeições com tempo de prateleira maior, melhor qualidade microbiológica, redução dos gastos de energia e equipamento, o local de consumo apenas necessita de forno e/ou fogão e refrigeração, segurança dos alimentos e economia na cadeia produtiva sem perda de qualidade.

É imprescindível, portanto, a capacitação da equipe operacional responsável pelas preparações no que se refere às técnicas, otimização do fluxo de matéria-prima e manuseio dos equipamentos, contribuindo para melhor apresentação e maior rendimento da preparação, considerando as particularidades de cada estabelecimento, fundamental para o sucesso do projeto.

Gastronomia molecular

É dado o nome de gastronomia molecular a uma parte da ciência dos alimentos que investiga e estuda os fenômenos físicos e químicos que ocorrem nos alimentos quando preparamos as receitas culinárias.

Segundo Horta, 2009, Hervé This, químico francês, foi o responsável com o físico Nicholas Kurti por criar o termo *gastronomia molecular* cujos objetivos são o

Capítulo 13

de investigação dos saberes e dizeres das histórias contadas por nossos avós sobre as receitas culinárias, além de explorar as receitas que já existem.

Conforme Pellerano (2013), com os estudos foi possível fazer a introdução de novos utensílios, equipamentos, ingredientes, inventar novos pratos e utilizar a gastronomia molecular para ajudar a entender todos os processos químicos e físicos envolvidos em nossas práticas culinárias.

Dentre os muitos equipamentos e utensílios desenvolvidos, podemos citar o termostato runner, utilizado na técnica *sous vide* e o thermomix, um equipamento com várias funções simultâneas, dentre essas a de processar alimentos a uma temperatura controlada e precisa, tanto quente quanto fria.

Podemos dizer que os principais objetivos foram de promover transformações e alterações nos ingredientes da forma como conhecemos e na aparência com a finalidade de inovar e mostrar de diferentes formas, cores e sabores, como podemos trabalhar com novas estruturas, garantindo diferentes sensações e aproveitando seu preparo da melhor maneira possível.

As técnicas da gastronomia molecular podem ser usadas na cozinha molecular para a criação de cardápios mais criativos com aplicação de novas texturas, utilizando o controle de viscosidade, esterificação, congelamento por hidrogênio ou ainda inserção de ar.

Importante destacar que a gastronomia molecular não deve ser confundida com cozinha molecular. Na gastronomia molecular, são criadas novas técnicas e também novos equipamentos, inclusive melhorando e/ou otimizando os já existentes no mercado. E, na cozinha molecular, são utilizadas todas as informações estudadas na gastronomia molecular para confecção de variados pratos.

Com os avanços da ciência e da tecnologia na área de alimentos e bebidas, muitas inovações foram criadas, continuam a ser estudadas e ainda pouco exploradas. São necessários muito mais estudos, principalmente quando falamos em gastronomia molecular.

Sous vide (Cocção a baixas temperaturas)

É um sistema de cocção em que os alimentos são acondicionados em sacos plásticos com barreira e resistência térmica, selados a vácuo, imergidos em recipientes com água aquecida em baixas temperaturas, devidamente controladas pelo binômio tempo x temperatura. Após o tempo de cozimento, os sacos devem ser mergulhados imediatamente em água e gelo ou em recipiente com

Food Service One

Sous Vide vem do francês e correspondente a vácuo.

água gelada e colocado em um resfriador para baixar rapidamente a temperatura.

Sous Vide vem do francês e correspondente a vácuo e o processo significa cozer o alimento na água, dentro de uma embalagem fechada a vácuo, a temperaturas rigorosamente controladas. O alimento é adicionado cru, no saco plástico apropriado, fechado a vácuo e é cozido dentro dessa embalagem.

Para essa técnica, é necessário o uso de equipamentos apropriados como embalagens com alta resistência térmica e mecânica, seladora a vácuo, termo circulador, forno combinado, frigideira basculante, recipientes, resfriador rápido e câmara ou refrigerador exclusivo.

Como já dito, nessa técnica, os alimentos podem ser embalados crus ou com uma cocção parcial, podemos fazer uso de algumas técnicas como o branqueamento ou selar o alimento, antes ou depois, garantindo melhor aparência e sabor, gerando uma apresentação visualmente agradável.

O processo envolve basicamente as seguintes etapas: preparo dos alimentos crus (esta etapa pode incluir a cocção parcial de alguns ingredientes), embalar o produto, aplicar o vácuo e selar a embalagem, pasteurizar o produto com específico monitoramento de tempo e temperatura, resfriar rapidamente e monitorar o tempo até uma temperatura igual ou abaixo de 3°C ou congelamento a –18°C e o reaquecimento na própria embalagem ou fora, com específicas temperaturas antes do serviço.

Os alimentos devem ser inseridos nas embalagens plásticas apropriadas que tenham resistência e segurança, que permitam a cocção do alimento sob vácuo, resfriamento ou congelamento e, após, regeneração do produto na própria embalagem, desde um banho–maria ou forno combinado na função vapor.

Em quase todos os casos, o cozimento é feito por meio de uma cuba de banho–maria acoplada a um equipamento específico ou de um forno combinado. Nesse caso, permitindo o preparo de grandes quantidades de alimentos.

A técnica *sous vide* é um excelente auxílio para o setor de *food service* e a indústria alimentícia, uma vez que minimiza as perdas que esses locais sofrem com relação à qualidade do produto, desperdício, problemas de padronização, custos de mão de obra e mão de obra inconstante, mas requerem controle rigoroso de temperatura para minimizar o risco de patógenos alimentares.

Capítulo 13

Existem muitas vantagens na produção de pratos pelo sistema, tais como: a remoção do ar melhora a transferência de calor, o vácuo aumenta a vida de prateleira, menor perda da umidade natural do alimento, não há oxidação, principalmente de gorduras das carnes. Há redução na contaminação por manipulação, melhoria do sabor devido à maior concentração dos líquidos internos, redução na perda de nutrientes, menores custos operacionais de energia, água e mão de obra.

Requerem controle rigoroso de temperatura para minimizar o risco de patógenos alimentares.

Os produtos têm mais qualidade técnica e nutricional, geram uma economia de até 30% em carnes, em virtude da baixa de peso durante a cocção. Flexibiliza o planejamento da produção, ou seja, torna viável a produção antecipada dos alimentos para simples finalização no momento do serviço.

Considerações

Toda matéria-prima utilizada em ambas as técnicas deve ser de boa qualidade e deve seguir preceitos de rastreabilidade. Os processos de preparo devem garantir a destruição dos microrganismos. Evitar contaminações cruzadas por falta de cuidados na manipulação e na higienização.

Importante ressaltar que, em qualquer técnica, o controle higiênico-sanitário deve ser extremamente rigoroso. E toda inovação envolve necessariamente produto, estrutura, matéria-prima, processos e pessoas. Em normas internacionais, o controle feito pelo HACCP/ APPCC (Análise de Perigos e Pontos Críticos de Controle) é sempre exigido.

Torna-se necessário que as empresas de alimentação como um todo invistam em melhores serviços e produtos para proporcionar diferencial competitivo nesse novo cenário brasileiro, mas sem se esquecer da gestão de pessoas, parte importantíssima nesse negócio. Lembrando que não adianta investir em novas tecnologias se o básico não está sendo feito de forma adequada.

Precisamos enxergar a tecnologia como um método de elevar o nível de nossas equipes, também precisamos proporcionar uma experiência positiva para o cliente e oferecer produtos e serviços de qualidade, mas, sem capacitação, isso se torna impossível.

Food Service One

Inovação nos Equipamentos — Cadeia Quente

Como complemento das técnicas de preparação que apresentamos neste capítulo, trazemos o inovador e revolucionário EVEREO®, fabricado pela UNOX. Podemos apresentá-lo como o primeiro "refrigerador quente do mundo", em que é possível a preservação da temperatura do alimento por dias, mantendo-o na temperatura ideal para servir.

O EVEREO permite conservar os alimentos em sequência ao seu processo de cocção, sem alterar suas características organolépticas. Existem possibilidades de uso do equipamento, preservando o alimento em até 72 horas após a produção.

Alternativa 1 – Conservação de 8 a 12 horas (*Superholding*)

É possível cozinhar e armazenar os alimentos diretamente em GN's no EVEREO® de 8 até 12 horas com a mesma qualidade de quando finalizado seu preparo, aumentando o *shelf-life* (validade) do produto. Essa função é chamada de *Superholding*, e a diferencia do tradicional *pass--through* que possui um tempo muito limitado de conservação (de 1 a, no máximo, 2 horas) e já nesse período acaba ressecando o alimento.

Alternativa 2 — até 72 horas (MULTI.Day)

Utilizando-se de outra inovação patenteada pela Unox, o Hot Vacuum, é o único equipamento capaz de colocar sob vácuo alimentos ainda quentes dentro de GN's. Este método pode preservar os alimentos aquecidos em temperatura de servir por até 72 horas.

Outra opção é embalar a vácuo o alimento e fazer o processo de cocção. O processo deverá ser feito em embalagens plásticas MULTI.Day. BAGS. Essa possibilidade foi projetada para que o alimento suporte o estresse da temperatura durante os processos de cocção, garantindo também a conservação do alimento em até 72 horas.

O resultado de ambos os métodos utilizados no EVEREO® são alimentos com as características sensoriais impecáveis, assim como a sua preservação microbiológica, redução de desperdícios, de tempo de serviço, de mão de obra, podendo, assim, atender maior quantidade de refeições, garantindo a segurança alimentar do produto e a sensação que o alimento acabou de ser preparado.

Capítulo 13

Sustentabilidade e organização

A Unox é uma empresa que investe no programa emissão zero E-MIXION 2030 para um desenvolvimento ambiental sustentável.

A empresa trabalha continuamente para reduzir o impacto ambiental dos seus processos produtivos, utiliza o sistema Lean Economy eliminando ao máximo os desperdícios e sustenta do uso de energia renovável por painéis fotovoltaicos.

Em termos de modelo de organização, a Unox é uma referência. Possui o selo *Great Place to Work*, sendo reconhecida como uma das melhores empresas a se trabalhar.

MARLI BRASIOLI |13 — Técnicas e tecnologia

Nutricionista graduada pela UNG (Universidade de Guarulhos). Especialização em Administração Hoteleira pelo Senac com ênfase em Alimentos e Bebidas. Pós-graduada em Gestão da Qualidade e Controle Higiênico-Sanitário de Alimentos pelo Instituto Racine. Especialização em Nutrição, Saúde em Nutrição, Saúde Pública, Consumo e Comunicação pela Faculdade de Ciências da Nutrição e Alimentação da Universidade do Porto-Portugal. Consultora e Assessora em Serviços de Alimentação desde 2003.

Referências

BRASIL. Agência Nacional de Vigilância Sanitária. Resolução - RDC n.º 216, de 15 de Setembro de 2004. Dispõe sobre o Regulamento Técnico de Boas Práticas para Serviços de Alimentação.

BRASIL. Portaria CVS 5, de 09 de abril de 2013. Aprova o regulamento técnico sobre boas práticas para estabelecimentos comerciais de alimentos e para serviços de alimentação, e o roteiro de inspeção.

BRASIL. Portaria 2619/11 - SMS — de 06/12/2011. Regulamento de Boas Práticas e de Controle de condições sanitárias e técnicas das atividades relacionadas a alimentos.

DÓRIA, C.A. O nascimento da gastronomia molecular. A química e a física invadem as panelas. A ciência na cozinha. Scientific American Brasil. Ediouro. número 1, pp. 6 a 9, [2009].

HORTA, L. O ICC: fábrica de *gadgets*. A revolução das panelas. A ciência na cozinha. Scientific American Brasil. Ediouro nº 3, pp. 60 a 64, [2009].

Food Service One

KAWASAKI, V.M.; CYRILLO, D.C.; MACHADO, F.M.S. Custo-efetividade da produção de refeições coletivas sob o aspecto higiênico-sanitário em sistemas cook-chill e tradicional. Rev. Nutr. [Internet]. 2007 Apr [cited 2017 June 13].

PELLERANO, J. Gastronomia molecular: Desconstruindo vinte anos de uma tendência. Revista Rosa dos Ventos.pp. 293-300, abril-jun, 2013.

PELLOSO, I. Técnicas e Tecnologia: Produção antecipada. Disponível em: <http://www.massamadreblog.com.br>. Acesso em: 30 mar. 2022.

PROENÇA, R.P.C. Inovação tecnológica na produção de alimentação coletiva. 3. ed. Florianópolis: Editora Insular, 2009, 135p.

14

Equipamentos

A seguir, vocês vão conhecer os equipamentos industriais de linha de fabricação nacional e internacional, seus diferenciais, construção, capacidades e aplicações.

Para todos os equipamentos, é valido lembrar que podem ser construídos em aço AISI 304, 430 ou 439, dependendo do uso e do contato com o alimento.

As bitolas das chapas também podem ter várias espessuras, de acordo com cada uso e construção, sendo:

Bitola:

20 = 1,0 mm

18 = 1,2 mm

16 = 1,5 mm

14 = 2,0 mm

Capítulo 14

Dentre grandes fabricantes que atuamos no mercado, estão Aços Macom, Tramontina, Alfatec, Cozil, Topema, Sulfisa.

Todos possuem bons equipamentos e atendem à maioria das categorias de equipamentos que serão citados neste capítulo.

A NeoFood Solutions é uma empresa de soluções completas, especializada em projetos e montagem de cozinhas profissionais, industriais, restaurantes, bares, hamburguerias, *caterings*, *dark kitchens*, hotelaria, redes de franquias e operações *food service*.

Com mais de dez anos de atuação, a empresa atendeu a mais de 1.000 operações com soluções completas na implantação de novos negócios ou revisão de modelos existentes.

Atua com linha completa de equipamentos em inox e revenda, cocção, refrigeração, câmaras frias, sistemas de exaustão e ventilação, climatização, enxoval/utensílios completos, móveis, marcenaria, linha de seminovos, logística, instalação e manutenção.

Em um único canal de atendimento, tenha tudo aquilo que precisa para sua operação *food service*.

REFRIGERAÇÃO

A refrigeração na cozinha industrial é um dos assuntos mais importantes que devemos conhecer. Ele não se resume a um equipamento, mas a várias soluções versáteis e imprescindíveis para a operação de uma cozinha industrial.

A princípio, pelo Código de Vigilância Sanitária vigente (CVS-5), os gêneros alimentícios devem ser armazenados separadamente e em temperaturas diferentes, conforme a seguir. Caso seja um alimento já preparado ou manipulado, esse alimento deve ser acondicionado separadamente dos outros.

Produtos *in natura* ou produtos secos: devem ser acondicionados em refrigeradores ou câmaras até a manipulação final e distribuição. Caso seja um alimento seco, deve-se manter em temperatura controlada em almoxarifado de secos.

Hortifrúti: deve ser mantido em refrigeração (4 a 6°C). Caso ele seja utilizado para alguma técnica de preparação antecipada, deve-se resfriar por meio de resfriadores ou congeladores rápidos e conservados em congelamento para manter as propriedades e aumentar a vida de prateleira do alimento.

Food Service One

Proteínas: devem ser mantidas sob refrigeração ou congelamento (0 a 4°C ou -18°C). Caso sejam utilizadas para alguma técnica de preparação antecipada, a recomendação é a mesma. Caso o alimento seja preparado para consumo imediato, deve-se manter na mesma temperatura de resfriamento ou congelamento.

Se olharmos a questão da refrigeração isoladamente, arquitetos e nutricionistas terão visões diferentes, porém óticas semelhantes, se consideradas como unidade. Para a nutricionista, o sistema de refrigeração é de grande importância e possui equipamentos usados constantemente na cozinha industrial, com suas devidas temperaturas para cada operação. Para os arquitetos, a visão estética e dimensional do equipamento deve ser analisada, desde a forma de construção, sistema de refrigeração, capacidade em volume de cada equipamento.

Outro ponto que merece atenção especial é a questão do descongelamento dos alimentos, que deve ser realizada segundo a recomendação do fabricante e de acordo com as normas de segurança alimentar. É proibido descongelar alimentos em temperatura ambiente. O processo de descongelamento deve ser feito sob refrigeração.

A linha de equipamentos que forma a cadeia de refrigeração exige cuidados e controles rígidos. A portaria 2619/11 e a CVS orientam como deve ser o controle de tempo e temperatura para cada processo, desde o recebimento até a armazenagem, manipulação e consumo. Conheça de perto os equipamentos e a função a que se destinam.

Expositores de alimentos

São equipamentos que devem ser construídos em AISI 304, muitas vezes compostos por vidros curvos ou retos, com o objetivo de expor os alimentos que estão sendo comercializados. Vale lembrar que a tendência é que sejam construídos em vidro reto. Esses equipamentos podem ter temperaturas de resfriamento ou congelamento, com ou sem umidade, e poderão acondicionar alimentos como sorvetes, doces, chocolates, bebidas, salgados e sushi. É ideal que sejam construídos com vidro duplo antiembaçante e que tenham iluminação em led.

Alguns ótimos fabricantes para conhecerem as vitrines: Ingecold, Cozil, Topema, Aços Macom e Artico.

Capítulo 14

A Artico desenvolve soluções para expor e conservar alimentos e bebidas. São 62 anos de *know-how* e de busca constante por inovação em seus produtos.

A câmara *Walk-in Tap* é um desses produtos que esta indústria brasileira, com DNA alemão, produz: câmaras frigoríficas, com torneiras para chope, portas de vidro similares a um *walk-in* para bebidas. Um produto 3 em 1.

A linha de vitrines expositoras também surpreende e encanta pelo *design* diferenciado. Nota-se que é um produto superior. Todos os equipamentos são produzidos com gases ecológicos, tecnologia alemã, eficiência energética e excelente desempenho.

Expositores autosserviço para Grab & Go.

Veja no capítulo Tendências e o futuro.

Refrigeradores

São equipamentos construídos em aço inox 304 e sistema de refrigeração por ar forçado. Existem também os equipamentos de Linha Branca, que são construídos totalmente em chapa galvanizada com pintura epóxi, isolamento em poliuretano rígido, sistema de refrigeração com evaporador e forçador de ar.

Refrigerador inox deve ser utilizado dentro das áreas de preparo e manipulação dos alimentos, pois tem um controle de temperatura e isolamento mais eficiente que o da linha branca. Os refrigeradores podem ser verticais, horizontais com portas ou gavetas e *slim*, para acoplar caixas.

Combinados com os cabeçotes refrigerados, formam unidades funcionais para o preparo de saladas, sanduíches, pizzas e outros. Podem ser formadas por modelos de 2, 3 e 4 portas sólidas ou de vidro.

A Topema Innovations, desde a sua fundação, em 1965, é empresa líder no segmento de cozinhas profissionais, oferece a seus clientes soluções inovadoras. Através do uso de tecnologia de ponta em seus processos, posiciona seus serviços e produtos de forma diferenciada no mercado, sempre focando no relacionamento com o cliente e participando ao longo de todo o projeto, da fabricação à pós-venda. Temos como foco a redução de custo operacional de nossos clientes através de soluções inovadoras. A Topema traz agora uma

Food Service One

inovação em sua nova linha de refrigeração, que garante eficiência de 70% em relação aos outros fabricantes. Equipamento robusto, evaporador incorporado e com distribuição de temperatura mais homogênea.

Todos os equipamentos Topema seguem um padrão de qualidade único e são produzidos com as melhores matérias-primas, utilizando-se de processos automatizados na fabricação. A empresa disponibiliza ao mercado linhas completas para cocção, refrigeração, preparo, distribuição, transporte, higienização, armazenagem e mobiliário em aço inox. Contamos com fornecedores locais, prezando a sustentabilidade e, também, com nossas linhas de Gestão de Resíduos Orgânico e Aquecimento de Água por Biomassa, soluções que contribuem para a preservação do meio ambiente.

A Topema atua em todo o território nacional e sua marca também conta com o reconhecimento internacional por estar presente em diversos países. São mais de 50 anos de excelência na fabricação de cozinhas profissionais, com consultores especializados em todos os segmentos atendidos.

Linha branca

Pode ser utilizada no almoxarifado de produtos perecíveis em 3 temperaturas diferentes, conforme código de vigilância sanitária (0 a 5°C, - 6 a 10°C e -18°C). Essas temperaturas devem ser diferentes para acondicionar gêneros alimentícios separados sem manipulação.

Câmaras frigoríficas

As câmaras frigoríficas são construídas em painéis modulares pré-fabricados que podem ser instalados e se adequam a qualquer lugar. Esses painéis possuem isolamento em poliuretano ou PIR, são revestidos com chapas metálicas como aço inox, chapa de aço pré-pintada ou alumínio e podem ser fixados entre si por meio de engates (*locks*), com encaixe macho e fêmea.

O sistema de refrigeração é moderno, compacto e de alto desempenho, utilizando gases refrigerantes ecologicamente corretos.

As câmaras também podem ser dimensionadas em temperaturas diferentes para armazenar os produtos separadamente, facilitando a operação de cada negócio. Trabalhamos com um dos mais importantes fabricantes no Brasil: São Rafael.

Capítulo 14

A São Rafael é uma empresa que está há mais de 100 anos inovando e proporcionando soluções surpreendentes no mercado de câmaras frigoríficas. Oferece projetos personalizados, assistência técnica, engenharia especializada, rapidez na montagem, durabilidade e muito mais.

Além disso, acredita no relacionamento com cada cliente, buscando sempre a formação e a manutenção de uma parceria duradoura. Esse é o segredo para 115 anos de história!

Congeladores e resfriadores rápidos

Os ultracongeladores produzidos pela Prática são indispensáveis para atender à crescente demanda do mercado pela alta produtividade, melhor aproveitamento do espaço de trabalho e redução no custo, mas sempre com qualidade nas operações. Rapidamente, e em segurança, os alimentos são resfriados de 80°C para 3°C no núcleo, em até 90 minutos, reduzindo a proliferação de bactérias e a perda de líquido; e congelados a até −18°C em até 4 horas com a formação de microcristais. Os processos têm como objetivo aumentar a validade dos alimentos, minimizar os riscos de contaminação, além de manter as características originais de peso, sabor, cor, textura e aspecto.

Outro benefício está na redução do desperdício, no aumento da produtividade e na qualidade dos pratos servidos com o método *Cook and Chill*. Com ele, é possível cozinhar e preparar com antecedência e em seguida congelar rápido a −35°C em um ultracongelador, o que favorece a armazenagem por mais tempo, o transporte e as finalizações a qualquer hora.

A linha de ultracongeladores da Prática possui diferentes capacidades para atender tanto ao uso profissional, quanto ao industrial com potência, tecnologia e produtividade.

COCÇÃO

A Tramontina possui uma linha de produtos composta por cocção modular, refrigeração, ultracongeladores, fornos à convecção, fornos combinados e mobiliário de aço inox. Todos os produtos elétricos possuem certificação do Inmetro e são dotados de componentes para garantir a total segurança dos equipamentos. Com investimento na melhor tecnologia de produção, a Tramontina passou a produzir em território brasileiro a linha de cocção, refrigeração e mobiliário de aço inox. Reproduzindo exatamente a mesma qualidade que veio da experiência dos melhores manufaturados italianos, agora o Brasil dispõe de produtos nacionalizados com acabamento exemplar junto à robustez e durabilidade.

A Tramontina traz uma nova linha de cocção: a linha América, com uma das inovações mais importantes para o mercado brasileiro. Os equipamentos da linha América têm como diferenciais a robustez, potência, facilidade de uso, fácil manutenção e melhor custo-benefício, o que torna o produto acessível a todos os tamanhos de negócio. Diferentemente da primeira linha de cocção em portfólio que foi desenvolvida em parceria com empresa italiana, a linha América foi desenvolvida pela engenharia da própria Tramontina, tornando o produto de fabricação nacional uma alternativa competitiva e de excelente custo-benefício.

Fornos

Após várias leituras e testes em vários equipamentos de cocção, escrevo neste capítulo diferenças técnicas e construtivas e a capacidade de cada um dos fornos, suas particularidades, segmentos de utilização e tecnologias empregadas em sua fabricação.

Forno combinado

O forno combinado é o equipamento mais completo, versátil e produtivo, dentre todos os outros tipos de fornos industriais. Trata-se de um equipamento inteligente, digital, econômico, automático e com muita tecnologia empregada na sua construção, o que contribui para que atenda ao maior número de preparações, como cozidos, assados, grelhados, fritos, vaporizados, gratinados, aquecidos, etc.

Foram construídos inicialmente na Alemanha na década de 1970 e aproximadamente dez anos depois chegaram ao Brasil, mudando totalmente o conceito da gastronomia e preparo dos alimentos com novas técnicas e aprimoramentos.

A Rational, empresa alemã, possui a mais nova linha iCombi: mais eficiente, mais rápida, mais inteligente. Ela possui quatro mecanismos:

1. **iDensityControl –** gerenciamento climático inteligente.

Capítulo 14

2. **iProductionManager** – é possível preparar produtos diferentes ao mesmo tempo, organizados em uma sequência eficiente.

3. **iCookingSuite** – ele toma as decisões necessárias e adapta a temperatura, o tempo de cocção, a velocidade do ar, bem como o clima na câmara de cocção.

4. **iCareSystem** – sistema de limpeza inteligente.

O Forno Combinado é um dos equipamentos mais econômicos e, portanto, com *payback* rápido. Ele pode economizar até 85% no consumo de água e 80% do óleo utilizado na preparação. Economiza o consumo de energia elétrica, pois tem aproveitamento do calor da câmara e trata-se de um equipamento extremamente isolado, e a troca de calor com o ambiente é quase zero.

Hoje, no Brasil, contamos com a fabricante Unox, que possui excepcionais equipamentos.

A Unox é uma empresa italiana, presente em mais de 120 países e líder mundial na fabricação de fornos profissionais.

Fundada em 1990 na cidade de Padova, a sua filosofia é toda voltada para a construção do sucesso de seus clientes através do desenvolvimento de fornos inteligentes e tecnologicamente avançados, experiências e serviços inspirados pela **Inventive Simplification** e guiados pela busca da perfeição.

Presente no Brasil desde 2011 e com sua filial local aberta em 2020, a Unox conquistou significativa relevância no mercado brasileiro graças ao vasto *mix* de produtos e de sua excelente qualidade, que garante os melhores resultados com redução de custos operacionais.

Essa é a receita de sucesso da Unox no Brasil, reunindo ingredientes importantes que resultam na satisfação dos seus respectivos clientes antes, durante e após a venda: sede corporativa em São Paulo, atendimento e rede de assistência técnica especializada em todo o território nacional, *chefs* consultores e centro de distribuição com estoque de equipamentos e peças.

A Unox dispõe de três diferentes versões de fornos combinados na sua linha ChefTop MIND.Maps™, garantindo sempre máxima *performance*, qualidade e produtividade aos clientes. Em qualquer uma dessas versões, é possível grelhar, fritar, assar, dourar, cozinhar ao vapor, regenerar, fazer cocção noturna, *sous-vide*, entre outros processos.

155

Food Service One

CHEFTOP MIND.Maps™ PLUS: é o forno combinado inteligente. Permite memorizar receitas com nome e fotos personalizadas; possui as funções inteligentes de ciclo automático de cocção; reconhecimento da carga de alimentos e ajuste automático dos parâmetros de cocção; função de operar com diferentes produtos gerenciando o tempo de cada cocção de cada alimento; função de sincronizar o inserimento das bandejas para ter todos os pratos prontos no mesmo momento; sistema de lavagem automática; quatro velocidades de rotação de turbina.

Os fornos da linha PLUS são produtos que possuem a tecnologia *DataDriven-Cooking*, utilizando conectividade Wi-Fi com sistema de inteligência artificial, histórico de dados de utilização e consumo de energia, água e detergente e monitoramento em tempo real.

> **CHEFTOP MIND.Maps™ ONE:** é o forno combinado semi-inteligente. Permite obter uma sólida *performance* de cocção de maneira simples e intuitiva. Possui memorização de receitas com nome e foto; sistema de lavagem automática; quatro velocidades de rotação de turbina; indicação de consumo de energia e água a cada processo de cocção.

> **CHEFTOP MIND.Maps™ ZERO:** é o forno combinado intuitivo e essencial. Permite a memorização de até 99 receitas, com até três fases de cocção; duas velocidades de rotação de turbina; e com as tecnologias de base dos fornos PLUS e ONE para produção de vapor, extração de umidade e uniformidade.

Apresento também a Prática Fornos, uma fabricante nacional. Com total controle de temperatura e umidade da câmara, é possível elaborar simultaneamente alimentos diferentes, na mesma função, com qualidade. A alta produtividade e a versatilidade ainda permitem a gravação de mais de 500 receitas com passos, o que faz com que as preparações sejam ainda mais padronizadas. Os fornos combinados da Prática contam com a tecnologia exclusiva Steam Power, que gera com precisão vapor para a câmara, uma economia de energia e água com aproveitamento do calor do forno, para resultados mais suculentos, ágeis e alimentos com todas as características preservadas (cor, sabor, textura). Nesta categoria, a Prática produz e comercializa fornos nas linhas C-MAX, TSi, C-MAX Gourmet e Easy Gourmet, disponíveis nos modelos com higienização automática

Capítulo 14

ou semiautomática, além da Rotisserie Gourmet e uma linha completa de acessórios para operação.

Dessa forma, o forno combinado atende a qualquer segmento de cozinha industrial: cafeterias, lanchonetes, restaurantes comerciais, institucionais, corporativos, cozinhas de hospitais, hotéis, presídios, centrais de produção, escolas e universidades, clínicas. E substitui equipamentos como fogão, banho-maria, *char broiler*, chapa, frigideiras basculantes, fritadeiras, salamandras, obviamente com um dimensionamento de acordo com o cardápio e produtividade que cada cozinha industrial necessita.

É denominado "combinado" justamente porque ele combina, em sua câmara, funções de ar seco, ar úmido, tempo, temperatura e velocidade da turbina, fazendo com que o equipamento possa ser completamente controlado para qualquer tipo de preparação.

O controle de vapor e convecção do ar permite o ganho de volume em alimentos, melhorando o rendimento e textura, realçando o sabor e padronizando os alimentos.

A tecnologia auxilia na facilidade do uso, interatividade, menor tempo de preparação e, o principal, mantém a característica original do alimento: sabor, cor, nutrientes e vitaminas, mesmo que utilizando métodos de produção antecipada.

O equipamento é dimensionado para suas preparações de forma padronizada e denominados GNs (Gastronorms), que são as bandejas padronizadas usadas em todos os equipamentos de cozinhas, como carros, refrigeradores, *freezers*, estufas, resfriadores e congeladores rápidos.

No mercado nacional e internacional, são fornecidos entre 3 e 40 GNs, podendo atender entre 100 e 2.000 preparações ou refeições por hora, dependendo do modelo dimensionado para sua operação. São disponibilizados nos modelos Gás (GLP ou natural) ou Elétrico, com capacidades produtivas e de consumo muito similares. É necessário apenas dimensionar de acordo com a pressão de gás e valores de energia elétrica e gás na região que será instalado.

Nesse caso, também há economia no sistema de exaustão, insuflamento e coifas na cozinha industrial. Por ser um equipamento simples e com grande *performance*, reduz a quantidade de mão de obra para operação e preparo dos alimentos.

Food Service One

A cada dia, aparecem características mais especiais e interativas. Hoje, os fornos combinados são capazes de entender os resultados que você quer, com registros das variações de umidade e temperatura na cocção, e propõem a forma de obter o resultado esperado.

Os fornos combinados realizam cocção a vapor a partir de 30°C com muita precisão, e podem remover toda a umidade da câmara para os alimentos que exigem o preparo com calor seco.

Você determina como o prato ficará de forma totalmente controlada, se o alimento será selado em alta ou média temperatura ou se o dourado será claro ou escuro.

Além disso, o equipamento pode orientar quais os alimentos que devem ser preparados juntos e determina o tempo de retirada e cada GN, pois monitora a bandeja individualmente. A cada abertura de porta, o equipamento corrige o tempo e temperatura de forma inteligente.

Esse equipamento já tem higienização automática, sem supervisão e é controlado de acordo com o nível de sujidade para economia de energia e químico utilizado.

Equipamento único e revolucionário:

A Unox deu um grande passo que revolucionou o mercado de Food Service em se tratando de soluções na parte de cocção acelerada: o SPEED-X®.

O SPEED-X™ é o primeiro forno combinado de cozimento acelerado com lavagem automática da história, se tornando uma mistura perfeita entre qualidade e velocidade. A câmara de cozimento SPEED-X™ tem uma capacidade de 10 GN 2/3 com passo de 35 mm ou 5 GN 2/3 com passo de 70 mm para o modo combinado, e uma posição dedicada à GN SPEED. Plate para obter até quatro cozimentos acelerados simultaneamente no modo *Speed*.

O forno apresenta resultados de tempo até então nunca imagináveis, sempre com a máxima qualidade de um forno combinado Unox.

Para enfrentar o problema antes presente em qualquer forno de aceleração do mercado, a Unox trouxe a solução no SPEED-X™. O forno possui um sistema de lavagem automática integrado com um reservatório de detergente DET&Rinse™ de 1L de capacidade e sistema de filtragem de água RO.Care para garantir até 1.300L de água filtrada. Graças ao sensor SENSE.Klean, o

Capítulo 14

forno também é capaz de detectar cuidadosamente o grau de sujeira e sugerir o modo de lavagem mais adequado para evitar o desperdício.

O inovador painel de controle Digital.ID™ garante uma experiência única ao usuário. Um *design* moderno, simples e intuitivo que permite monitorar e comandar o forno rapidamente.

Ainda apresenta toda a tecnologia de conectividade *DataDrivenCooking*, com dados de consumo e com os inovadores recursos de acionar um suporte técnico ou um *chef* Unox *online* diretamente pelo painel do forno e dotado de comando de voz. Basta dizer "Oi, Unox" e pedir ao forno para iniciar uma programação.

O forno SPEED-X sai, portanto, do tradicional mundo dos fornos de alta velocidade, para dar início à era da hipervelocidade e hiperconexão.

Foi em 2022 o vencedor do prêmio de inovação do concurso "Red Dot Award", como "Best of the Best", ou seja, simplesmente o melhor dos melhores produtos de inovação do mercado no ano.

Fornos de convecção / Speed Oven

Trata-se de um forno robusto, de alta *performance*, com circulação de ar rápida, feita por turbo que gera o ar forçado e transmissão de calor dentro de câmara hermética, isto é, fechada e isolada, que distribui o calor de forma homogênea. Tem função de eliminar pontos quentes no alimento e tornar o alimento cozido uniformemente (sem variações de temperatura no alimento) com muita agilidade em todos os pontos da bandeja. Ele mantém a cor e textura do alimento por mais tempo e o processo de cozimento é bem rápido para alimentos *in natura*, resfriados ou mesmo congelados, gerando excelentes resultados em sua aparência e crocância.

É usado em vários segmentos de cozinhas industriais que precisam de agilidade no atendimento, principalmente na finalização do prato, como restaurantes comerciais, *fastfood*, lojas de conveniência, padarias, hotéis e cafeterias.

A Unox lançou há alguns anos o inovador forno SPEED.Pro. É o primeiro forno de aceleração 2 em 1 do mercado. O forno SPEED.Pro pode ser usado como um forno de alta velocidade, assim como também pode ser usado como um simples forno de convecção.

Food Service One

Com o maior espaço de câmara de cocção do mercado, no modo *SPEED* a superfície de contato de 45x33 cm permite preparar até quatro porções de alimentos simultaneamente, e com o sistema Multi.Speed é possível controlar cada tempo individualmente, permitindo inclusive a abertura de porta para inserimento de produtos e programação de seu tempo a qualquer momento! A inteligência ADAPTIVE.Cooking reconhece as perdas e faz o ajuste automático dos parâmetros de cocção, garantindo sempre um perfeito resultado.

Na função aceleração, através de cocção tripla (Convecção, Micro-ondas e Condução), os alimentos são entregues com a coloração uniforme, textura perfeita e sabor imutável em pouquíssimo tempo, quer esteja o alimento *in natura*, resfriado ou congelado.

O SPEED.Pro pode ainda ser utilizado no modo *BAKE* com uma carga completa de três bandejas para assamento de pães, *croissants* e vários outros alimentos.

Ou seja, são dois equipamentos em um só, garantindo também o ganho de espaço na operação.

Tendência no mercado mundial, a Prática é referência no Brasil na categoria de fornos de finalização, com os modelos Fit Express, Copa Express, Rocket Express e UNO Express. Os equipamentos contam com a combinação do ar impingido, das micro-ondas e da resistência infravermelha (presente em alguns modelos), além da tecnologia da circulação de ar rápida, que distribui o calor de forma homogênea dentro da câmara.

Os *speed ovens* são ideais para finalização de alimentos resfriados ou mesmo congelados, gerando excelentes resultados em sua aparência e crocância. Eles são utilizados no atendimento ágil de restaurantes, padarias, lojas de conveniências e cafeterias.

Os fornos operam em temperatura variável de 30°C a 280°C, têm painel intuitivo e o objetivo de reduzir o desperdício na produção e a padronização dos resultados. Outro diferencial está na programação e transferência de receitas via Wi-Fi e USB para qualquer outro forno ou loja.

Com *design* moderno para frente de loja, robusto e compacto, os *speed ovens* da Prática são desenvolvidos para facilitar as operações, reduzir custos e melhorar a produtividade com qualidade para as empresas.

Capítulo 14

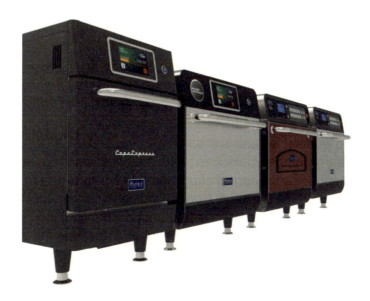

Speed Oven | Linha Copa Express | Prática Fornos.

Forno de lastro

Utilizado na preparação de pães artesanais, além de bolos, doces e outros, o forno de lastro é uma opção versátil e produtiva para as padarias e confeitarias. Denominado de lastro pelo sistema de aquecimento estático (sem movimento), o equipamento trabalha com a transmissão natural de temperatura para o alimento e conta com dois conjuntos de resistências, um na parte inferior (chamado de "lastro" ou "piso") e outro na superior (chamado de teto). Esses conjuntos trabalham de forma independente, de forma que é possível assar os produtos com duas temperaturas diferentes, o que facilita na hora de produzir receitas variadas.

Os fornos de lastro da Prática têm controle preciso de tempo e temperatura (temperatura máxima de 300°C) para maior eficiência da operação, grande capacidade interna e isolamento térmico para melhor conservação da temperatura e economia de energia. Para aumentar a capacidade e variedade, os equipamentos são modulares e podem ser empilhados em até quatro níveis, com total independência entre as câmaras.

Food Service One

Nesta categoria, a Prática fabrica o Lastro Ecopower e o Lastro Fit (4.6 e 6.8), com diversos acessórios opcionais para uma operação ainda mais completa.

Forno de Lastro modular | Ecopower II-990 – Prática Fornos.

Forno micro-ondas profissional

As soluções da Prática também incluem os micro-ondas da linha Finisher com potências 1.000W e 2.100W. Fáceis de operar, com alto desempenho e práticos para operações rápidas, os equipamentos finalizam, aquecem e descongelam alimentos com agilidade e padronização.

Seus funcionamentos são por ondas eletromagnéticas de alta frequência, que agem nas moléculas de água do alimento, gerando fricção entre si e produzindo calor. O micro-ondas é utilizado em cozinhas industriais de restaurantes, *fast-food*, lanchonetes, cafeterias e padarias.

O Finisher da Prática tem estrutura em aço inoxidável para garantia de longa duração, câmara com cantos arredondados que facilitam a limpeza, grande espaço interno (17 e 34 litros), painel digital e possibilidade de sobreposição.

Capítulo 14

Fornos RotoTurbo (carro fixo ou rotativo)

Para grandes cargas e mais produtividade, a Prática tem em sua linha de panificação quatro modelos de forno rotativos, a gás e elétrico. Com sistema dos fornos de convecção (turbo) e um mecanismo que permite a rotação do carro no forneio, os equipamentos têm circulação uniforme do ar dentro da câmara para uniformidade e padronização dos resultados.

O forno rotativo tem painel digital e permite programação de até 500 receitas, com personalização de temperatura, velocidade das turbinas, intensidade de vaporização, tempo, *dumper* (extração de umidade) e outros parâmetros. São facilmente abastecidos por carros de assadeiras 60x80 cm (carro fixo) ou 40x60 cm (carro rotativo), ambos com 16 ou 25 níveis, dependendo do tipo do produto.

Os equipamentos são rápidos, versáteis, produtivos, compactos, robustos e bem isolados termicamente. Sua alta *performance* é destinada à produção de panificados de indústrias e confeitaria (pães, doces, pizzas, bolos, biscoitos, panetones e outros).

Forno de panificação

A Unox possui também uma ampla gama de fornos para panificação e confeitaria, de diferentes tamanhos, para diferentes necessidades.

Seja utilizando bandejas de 600x400mm ou de 460x330mm.

> **BAKERTOP MIND.Maps™ PLUS e ONE:** utilizando das mesmas tecnologias dos fornos ChefTop PLUS e ONE, os modelos BakerTop são fornos que trabalham com assadeiras 600x400mm utilizadas para grandes produções e indústrias, bem como em supermercados, padarias e confeitarias.
>
> É, hoje, o forno referência para profissionais de confeitaria, contando com uma grande precisão de temperatura, gestão real da umidade, perfeita extração de vapor da câmara de cocção e o controle preciso da ventilação, garante assim os resultados mais perfeitos e impecáveis até mesmo nos produtos mais delicados, como, por exemplo, *croissants, macarons,* suspiros e *éclairs.*

Food Service One

BAKERLUX SHOP.Pro™: são os fornos de convecção com umidade concebidos para assar produtos frescos ou congelados. Eles são projetados para desempenho máximo em todos os trabalhos, pois usam a mais recente tecnologia, fornecendo versatilidade e robustez, sendo resultado de anos de pesquisa e experiência da Unox em supermercados, lojas de conveniência, bares e cafeterias, além de pequenas padarias.

Os fornos BAKERLUX SHOP.Pro™ possuem diferentes versões. No Brasil, a Unox está atuando com a versão LED, que permite armazenar até 99 programas, com até três passos cada, além de oferecer acesso rápido e intuitivo a essas programações. Seu painel exclusivo permite o controle também de uma estufa, caso o equipamento seja combinado com esse equipamento.

Existem diferentes opções de tamanhos:

- **Camilla** → 10 assadeiras 600x400mm
- **Vittoria** → 6 assadeiras 600x400mm
- **Rossella** → 4 assadeiras 600x400mm
- **Arianna** → 4 assadeiras 460x330mm

LINEMICRO: são os fornos de convecção compactos e sem umidade, que oferecem uma excelente qualidade de cocção, uniformidade e coloração para os mais simples processos de assar produtos congelados. Ideais para padarias, supermercados, cafeterias e lojas de conveniência.

Uma ajuda rápida, confiável e segura, eliminando perdas de produção e espaço, pois são compactos e robustos. Possuem as tecnologias AIR.Plus (controle do fluxo de ar dentro da câmara) e DRY.Plus (remoção da umidade da câmara), bem como controle de temperatura e tempo.

Os fornos da linha LINEMICRO estão disponíveis nos seguintes tamanhos:

- **Domenica** → 4 assadeiras 600x400mm
- **Anna** → 4 assadeiras 460x330mm
- **Roberta** → 3 assadeiras 342x242mm

Capítulo 14

Forno para pizza

Lenha ou gás

Dentre as várias opções ecológicas de equipamentos fabricados atualmente, destaco estes três modelos de equipamentos – Fornoflex, Fornos Elétricos e LineMicro, da Unox –, que dispensam o uso de lenha, melhorando a *performance* do equipamento e tornando as pizzas mais padronizadas. Estes equipamentos dispensam a instalação de um sistema de ventilação complexo, por concentrarem calor em suas câmaras. Além disso, proporcionam uma temperatura de trabalho laboral correta para os operadores.

Podem ser utilizados em pizzarias, padarias, restaurantes, *fast-food*, lojas de conveniência e outros estabelecimentos que necessitam de agilidade no atendimento.

A Fornoflex (lenha e híbrido), fabricante brasileira, produz fornos com desenho semelhante a um forno de lenha convencional, de tamanhos variados (1 a 1,5 metros de diâmetro), porém são equipamentos a gás, construídos com alvenaria, refrataria, que permitem concentração de calor e isolamento do ambiente. Suportam a temperaturas de até 1.200°C e trabalham na temperatura de 500°C.

Elétricos

Inteligentes também são os equipamentos elétricos da Prática. São construídos em aço inox, de alta tecnologia, trabalham com jatos de ar de alta velocidade e infravermelho, que permite a elevação da temperatura e baixo consumo de energia.

Os equipamentos elétricos têm controle de temperatura por resistências (30 e 320°C) e preparam uma pizza a cada 1 minuto e meio, além de poder preparar outros produtos (*calzones*, esfihas, etc.).

Atendimentos rápidos e com qualidade nos resultados estão no forno Forza STi. O equipamento assa pizzas e outros alimentos como esfihas e *calzones* em poucos minutos, com padronização e economia. Além da fácil instalação, ele é perfeito para frente de loja, tem painel intuitivo para operação, controle de temperatura e sistema Ventless, que dispensa o uso de exaustores. Os fornos contam com a tecnologia de distribuição de ar quente em altíssima velocidade para garantir resultados sempre consistentes, da massa ao recheio.

Food Service One

Speed Oven | Linha Forza Express | Prática Fornos.　　Speed Oven | Linha Chef Express | Prática Fornos.

A Unox também possui equipamentos elétricos compactos e com tecnologia. A linha LineMicro apresenta fornos de convecção compactos e sem umidade que oferecem uma excelente qualidade de cozimento e uniformidade para preparar os mais simples processos de cocção em confeitarias, padarias, cafés e conveniências, atendendo também às exigências de coloração para produtos congelados.

Uma ajuda rápida, confiável e segura, eliminando perdas de produção e espaço, pois são compactos e robustos. Possuem as tecnologias AIR.Plus (controle do fluxo de ar dentro da câmara) e DRY.Plus (remoção da umidade da câmara), bem como controle de temperatura e tempo.

Fornos a gás

São equipamentos também construídos em aço inox. Eles têm baixo consumo de gás (natural ou GLP) e têm o formato arredondado (60 cm de diâmetro aproximadamente).

Sua temperatura pode chegar até 550°C e com capacidade para uma pizza por operação, e produzem uma pizza a cada 1 minuto e meio.

Capítulo 14

Fogões industriais

Fogões convencionais

O fogão industrial convencional é um dos equipamentos mais utilizados nas cozinhas, pois nele é possível realizar todos os tipos de cocção com qualquer panela (alumínio, inox, cobre, ferro, vidro, cerâmica, barro, entre outras). Tradicionalmente, é fabricado com 2 a 8 bocas e pode conter acessórios complementares, tais como forno e módulos de base inferior.

Disponível na versão elétrica ou a gás e com várias dimensões de linhas de fabricação, são fornecidos com larguras aproximadas de 35, 70, 90, 100 ou 120 cm e profundidades de 70, 90 ou 100 cm. Sua instalação pode ser em laterais (na alvenaria) ou centrais.

As grelhas geralmente são construídas em ferro fundido e funcionam como um concentrador de calor, e proporcionam, por meio do processo de reflexão do infravermelho, um melhor aproveitamento da energia gerada pelos queimadores. Sendo esses também construídos em ferro fundido.

Possuem injetores com maior vazão devido à sua geometria e, consequentemente, maior potência. Juntamente com o conjunto de regulagem de ar, proporcionam uma correta dosagem para a mistura necessária à combustão. O registro de abertura da vazão de gás permite melhor controle do tamanho da chama, do extremo máximo, fogo alto, ao mínimo, fogo baixo.

O acendimento pode ser automático ou manual.

Esse equipamento é de fácil higienização. Possui bandeja coletora de resíduos que coletam líquidos ou sólidos que restaram do processo de cozimento. Essas bandejas são totalmente laváveis. Para a limpeza, recomenda-se usar apenas água e sabão, nunca produtos com cloro. Regra que deve ser aplicada a todo equipamento construído em aço inoxidável.

Os fogões da Cozil, construídos em aço inox AISI 304, são os mais recomendados, pois oferecem qualidade superior e durabilidade devido a sua alta resistência à oxidação e fácil higienização. Recomendação essa que se aplica a todos os equipamentos utilizados nas cozinhas industriais, pois atendem às Regras de Boas Práticas para Serviços de Alimentação, definidas pela ANVISA — Agência Nacional de Vigilância Sanitária. O aço inox garante também boa soldabilidade, que resulta num melhor acabamento, podendo esse ser escovado na própria chapa de inox ou polido, dependendo do fabricante.

Food Service One

O fogão a gás da linha América da Tramontina tem o sistema Countertop e Base, é o que oferece mais vantagens em relação aos demais, principalmente nos critérios de usabilidade. Possui queimadores com chamas reguláveis, com regulagem de chama, patenteados de alto desempenho (6kw), e é projetado para atender a grandes volumes.

Fogões de alta e baixa pressão (convencional)

Os fogões de baixa pressão possuem reguladores para controle da chama e pressão do gás. São mais utilizados em cozinhas industriais convencionais para qualquer tipo de preparo, desde o mais lento até o mais rápido. Atendem também à cocção de qualquer tipo de alimento e podem funcionar com alimentação por gás GLP ou Natural.

Os fogões de alta pressão funcionam apenas no gás GLP e não possuem regulador. A alimentação do gás é direta do botijão para o equipamento. Não há regulagem da intensidade da chama nem regulador da pressão do gás e possuem uma construção muito simples. São utilizados mais comumente para preparo de frituras e na cozinha oriental.

Alguns fabricantes já conseguem evoluir o método de fabricação para os fogões de uso na cozinha oriental. Fabricam equipamentos em aço inoxidável, com alta potência nos queimadores, porém com baixa pressão com cilindro simples ou refratário e acendimento piloto.

Fogões elétricos

Os fogões elétricos industriais são *cooktops* por indução ou vitrocerâmicos.

Cooktops

São denominados *cooktops* os equipamentos que funcionam por indução magnética ou *cooktops* vitrocerâmicos por indução e podem ser de embutir ou de sobrepor.

O funcionamento dos *cooktops* acontece com campo eletromagnético gerado por imãs. O campo eletromagnético oscila em frequência capaz de gerar correntes induzidas em objetos ferromagnéticos. As correntes vão circular nos objetos em contato (panela) e aquecer.

Capítulo 14

Já os *cooktops* vitrocerâmicos são elétricos e não há contato direto entre a fonte geradora de eletricidade e a panela.

Fogão de indução

O conceito de fogão por indução é antigo e utilizado desde 1970.

A indução é umas das mais altas tecnologias empregadas nos equipamentos industriais e tem um aproveitamento enorme da energia (97%), comparados com 50% do aproveitamento de um equipamento convencional, quando bem regulado.

Os fogões de indução certamente são hoje a melhor escolha em relação aos outros equipamentos convencionais. Os benefícios são muitos. São fáceis de operar, têm um desenho bonito, são resistentes e robustos, fabricados em aço inoxidável, são mais seguros para o operador, são mais rápidos e eficientes, têm superfície lisa que os tornam mais fáceis de higienizar, distribuem calor uniformemente na panela e no alimento, são digitais e têm controle de temperatura e tempo, não distribuem calor no ambiente e possibilitam menor investimento no sistema de exaustão e controle da temperatura ambiente. O melhor é que o consumo de energia é quase zero quando a panela não está em contato com o equipamento, pois há geração de calor apenas com o contato da panela.

A indução é extremamente segura. Não há riscos de choques elétricos e vazamentos de gás, e não aquece sem o contato de uma panela, diminuindo o risco de queimaduras no operador e incêndios.

Fogão francês

Equipamento robusto, versátil, flexível e muito utilizado pelos *chefs* em cozinhas industriais de pequeno e médio porte. Tem superfície plana e lisa, como um tampo que proporciona fácil deslizamento das panelas.

O grande diferencial desse equipamento está na forma como aquece, pois possui temperaturas diferentes em sua superfície, geralmente entre 220°C a 400°C em cada ângulo de funcionamento e vários níveis de aquecimento, o que proporciona a utilização para trabalhos diferentes simultaneamente (desde uma preparação delicada até a manutenção do calor nos alimentos já prontos). Assim, é possível manter nas extremidades do fogão francês um molho já finalizado apenas aquecendo, enquanto ao centro está sendo preparado um creme ou ensopado, por exemplo.

NORMAS

Inmetro

Tem como objetivo regular a utilização da ETIQUETA NACIONAL DE CONSERVAÇÃO DE ENERGIA — ENCE em suas linhas de produção de Fogões e Fornos a Gás.

A medição referida na ENCE é o rendimento dos queimadores da mesa e o consumo de manutenção do forno de fogões e fornos a gás.

Rede de distribuição interna para gás

A Norma ABNT NBR 15358:2017 — Rede de distribuição interna para gás combustível em instalações de uso não residencial de até 400 kPa — projeto e execução revisa a norma ABNT NBR 15358:2014, elaborada pelo Comitê Brasileiro de Gases Combustíveis (ABNT/CB-009).

Essa norma estabelece os requisitos mínimos exigíveis para o projeto e a execução de rede de distribuição interna para gás combustível em instalações de uso não residencial, tais como processos industriais e atividades comerciais, que não excedam a pressão de operação de 400 kPa (4,08 kgf/cm^2) e que possam ser abastecidas tanto por canalização de rua (conforme ABNT NBR 12712 e ABNT NBR 14461) como por uma central de gás (conforme ABNT NBR 13523).

Abrigo de gás

O abrigo deve estar localizado no exterior da edificação, em local ventilado, próximo a um acesso, preferencialmente onde não haja circulação de pessoas. O abrigo também não deve estar perto de locais onde existam fontes de calor. Os acessos ao abrigo devem ser livres, com os equipamentos de proteção contra incêndio (hidrantes/extintores).

NBR 14570:2000

Essa norma fixa as condições mínimas exigíveis para o projeto e a execução das instalações internas de gás destinadas a operar com gás natural

Capítulo 14

(GN) ou com gás liquefeito de petróleo (GLP) na fase vapor, com pressão de trabalho máxima de 150 kPa (1,53 kgf/cm²). Essa Norma se aplica a todas as instalações prediais de gás que possam ser abastecidas tanto por canalização de rua como por uma central de gás, sendo o gás conduzido até os pontos de utilização, por meio de um sistema de tubulações. Os aparelhos de utilização de gás devem estar adaptados ao uso do gás a ser disponibilizado na unidade consumidora.

Chapa churrasqueira

Equipamento muito utilizado em lanchonetes, hamburguerias, cafeterias, restaurantes e hotéis. Indicado para grelhar, selar e fritar alimentos, similar ao uso de uma frigideira.

Pode ser instalado sobre bancadas ou piso, com alimentação a gás ou elétrica. Também pode ser de contato (com a tampa superior que fecha o equipamento, similar a uma sanduicheira) ou apenas a chapa comum. O modelo de contato proporciona excelente desempenho e agilidade na operação, sendo 50% mais rápido do que os modelos comuns.

Construído em aço inoxidável com grelha em ferro fundido, inox ou vitrocerâmico, possui queimador especial de alto rendimento e acendimento eletrônico, e é projetado para trabalhar com fogo baixo (entre 210 a 230°C) e alto (até 290°C).

A Cozil produz esse equipamento em várias linhas de fabricação, com dimensões e capacidades diferentes, com as linhas 30, 70, 90 e 100 cm, que atendem conforme o número e a diversidade de refeições a serem produzidas.

As linhas modulares de equipamentos de cozinha fabricadas pela Cozil, Compact line, Power Line e Industrial line, atendem a diferentes necessidades de demanda, desde pequenas até grandes cozinhas. Os equipamentos permitem uma combinação livre de montagem em blocos centrais ou de encosto, permitindo serem apoiados em balcões refrigerados ou mesmo em módulos de apoio.

Uma das principais características é o alto desempenho, proporcionando grande capacidade produtiva, eficiência e rápida resposta térmica, combinado com uma operação simples, com comandos fáceis e intuitivos.

Os equipamentos para cozinha profissional da Cozil foram desenvolvidos e fabricados com foco em durabilidade e robustez, utilizando materiais de alta

Food Service One

qualidade e fabricação precisa, com acabamento primoroso. Foram feitos para durar.

Atendendo às necessidades e demandas do mercado, os equipamentos entregam segurança ao usuário, superfícies lisas e componentes desmontáveis que facilitam a limpeza e higienização, além de proporcionar melhores condições para os operadores com conforto e produtividade.

Os equipamentos fornecidos pela Cozil têm o melhor custo-benefício do mercado, entregando economia através de eficiência com baixo consumo de energia.

A linha dos equipamentos MultGrill é compacta e de altíssima *performance* de produção. Alguns equipamentos com dimensões aproximadas de 60x40 podem produzir aproximadamente 300 grelhados por hora. Assim, não é mais necessário ter chapas de um metro de largura em cozinhas com produtividade moderada. Os equipamentos compactos têm ganhado muita tecnologia e são muito produtivos.

Os equipamentos vitrocerâmicos da MultGrill também vêm ganhando muito mercado. São muito resistentes a impacto, com uma tecnologia alemã de segurança. Têm isolamento térmico com manta de fibra cerâmica e chegam à temperatura de 270°C em menos de três minutos, com muita economia de energia elétrica.

Esses equipamentos também são de fácil higienização. Em geral, os modelos possuem bandeja coletora de resíduos, calha frontal e dreno para escoamento de gordura.

Josper

A Josper nasceu em 1969 na Espanha, quando a tecnologia mais inovadora e a tradição se uniram, criando os revolucionários fornos a carvão, tornando-se uma lenda no mundo dos grelhados na brasa. Josper é o parceiro perfeito para os mais exigentes que querem obter a mais elevada qualidade dos grelhados na brasa. Utilizado em restaurantes no mundo inteiro, o Josper é construído de forma artesanal e em ligas de aço de alta tecnologia, permitindo que o equipamento atinja seu potencial máximo.

Char broiler

Equipamento ideal para executar assados, proporcionando sabor e aspecto

Capítulo 14

similar aos que são grelhados na churrasqueira a carvão. Por isso, é um item muito utilizado em cozinhas industriais, em especial nas hamburguerias, *food trucks*, churrascarias, *grills*, franquias e hotéis, além de restaurantes italianos, argentinos, alemães e americanos.

Com desenho similar a uma chapa, é composto por grelhas em ferro fundido, que aquecem rapidamente, padronizam o calor e por consequência o preparo do alimento. Substitui com excelência a churrasqueira convencional na produção e finalização de carnes e legumes, entre outros, garantindo ótima apresentação dos alimentos, com aspecto estriado, selado ou com sabor defumado.

O *char broiler* tem como vantagens, além de padronizar o alimento, torná-lo mais saudável, pois a gordura cai na bandeja coletora (alguns equipamentos com água) e pode ser grelhado sem adição de óleos. Quando ocorre esse processo, acontece também a defumação.

É um equipamento com alta *performance*, e mesmo com pequenas dimensões, pode produzir um número grande de carnes/alimentos por hora, bem mais do que uma churrasqueira de grande porte. É construído em aço inoxidável AISI 304, liga 18.8, e está disponível em várias dimensões e capacidades, podendo ser utilizado sobre estruturas ou sobre outros equipamentos, tais como refrigeradores baixos.

É um equipamento composto por queimadores que aquecem materiais radiantes (pedra vulcânica, pedra refratária, ferro fundido, briquetes), que fornecem grau de carbonização e fumaça similar ao carvão, e, portanto, deve ser instalado sob coifas e sistema de exaustão.

A higienização do equipamento deve ser diária e ocorre de forma bem mais simples e eficiente do que a limpeza de uma churrasqueira a carvão. É importante a retirada dos resíduos da bandeja coletora, para garantir a *performance* do equipamento durante os próximos usos e evitar a proliferação de bactérias e fungos.

Anteriormente tínhamos disponíveis no mercado o equipamento apenas a gás. Porém agora temos o inovador e único Char Broiler elétrico da Sulfisa. Esse equipamento é todo construído em aço inoxidável, aquecimento através de resistência elétrica, controle de temperatura, botão liga e desliga com sinalizador luminoso de operação, bandeja coletora de resíduos, manípulos com ajuste gradual de temperatura, painel frontal construído de forma a proteger os manípulos e facilitar a higienização, pés niveladores com regulagem de altura.

Food Service One

Grelhadores de contato

Grelhadores de contato ou grelhadores de mesa são nomes utilizados no mercado para esse equipamento compacto, robusto e com alta *performance*. Pode substituir o *char broiler* ou a chapa, dependendo do conjunto das grelhas. Ele é elétrico e construído em aço inoxidável, e uma área de contato com o alimento pode ser em vitrocerâmico ou chapa de ferro fundido. A área de contato (como uma tampa) é o que diferencia do *broiler* ou chapa, que permite o contato inferior e superior do alimento.

É utilizado para grelhar carnes, salsichas, leguminosos, pães, sanduíches, *panines*, *tostex* e ovos.

O grelhador é um equipamento com bastante flexibilidade e é fabricado em várias dimensões e capacidades.

A MultGrill é uma fabricante brasileira, situada em Londrina, que possui linhas bem completas desses equipamentos, e cada uma delas é destinada a um tipo de estabelecimento e cardápios diferentes. Seus equipamentos podem produzir desde 50 até 800 refeições. A linha Glass tem controlador digital independente de temperatura e de tempo programável, lâminas em vitrocerâmica sem porosidade de altíssima resistência a impactos e choques térmicos. Sua higienização é muito simples e rápida e seu aquecimento é efetuado por meio de resistências de níquel cromo (NiCr). De fabricação própria, atinge 270°C em menos de três minutos. Possui um perfeito isolamento térmico devido à utilização de uma manta em fibra cerâmica que gera uma grande economia de energia elétrica.

Banho-maria

Equipamento que leva o mesmo nome da sua técnica é muito requisitado em cozinhas industriais e restaurantes. A operação de banho-maria consiste na técnica de cocção com calor indireto, ou seja, o recipiente onde é preparado o alimento não entra em contato direto com o fogo, mas sim com água fervente ou quente. Por isso, é muito utilizado na manutenção do alimento aquecido durante o serviço ou montagem dos pratos.

Composto por cubas que podem variar suas capacidades entre 20 e 50 litros, suporta temperaturas de 50 a 90°C, podendo ser controladas entre fogo alto e baixo. O equipamento é construído em aço inoxidável, com

Capítulo 14

alimentação elétrica ou gás. O aquecimento é por resistência elétrica isolada instalada no fundo do reservatório. Pode ser instalado em bancadas ou no piso. Requer entrada de água para abastecimento e conexão com esgoto. Possui ainda dreno frontal que torna prática e fácil a sua limpeza.

Cozedor de massas

Equipamento mais utilizado na culinária italiana, para cozer massas em grandes quantidades e vários tipos, com qualidade no tempo e temperatura adequada, garantindo padronização e melhores resultados.

O equipamento tem desenho similar ao do banho-maria, porém possui cestos para separação dos tipos de massas, com capacidade aproximada de 20 litros, dependendo das dimensões do equipamento.

Alguns equipamentos já possuem controle de tempo e parada automática, sem necessidade do operador.

Pode ser instalado na bancada ou no piso. Possui ainda válvula para entrada de água e dreno, além de controle de nível de água e saída do amido. Sua limpeza é similar ao banho-maria.

Fritadeiras industriais

Equipamentos para a operação de frituras por imersão de óleo, geralmente com temperaturas entre 80°C e 200°C, bastante utilizados nas cozinhas que oferecem alimentos fritos, tais como porções de batatas, empanados, peixes, camarões e frangos, por exemplo.

Dentre os modelos disponíveis, estão os de bancada, de piso com ou sem rodas ou câmara de fritura por convecção do ar. Nesse caso, sem imersão no óleo.

Podem ser equipados com um ou mais cestos de frituras, com capacidade de 10 a 15 litros por cuba. O equipamento tem entre 10 e 40 litros de óleo no tanque. As fritadeiras de grande capacidade produzem até 40 kg de batata congelada/hora. A fritadeira com uma cuba é chamada Full e o modelo com várias cubas é chamado Split.

Construídas em aço inoxidável, podem ter funcionamento elétrico, com gás natural ou GLP. O equipamento deve ter termostato de segurança para controle de temperatura e dispositivo de supervisão da chama-piloto, para que, caso o equipamento apague, o gás seja cortado, evitando a explosão.

Food Service One

Geralmente, as fritadeiras são compostas por zona fria, que é onde as partículas resultantes das frituras são acumuladas. Essas partículas não se carbonizam na zona fria, não comprometendo a gordura utilizada e a qualidade final do alimento que está sendo produzido. Sendo assim, várias frituras podem ser realizadas com o mesmo óleo. Sua limpeza também ocorre de forma simples, com todo o óleo sendo retirado por meio de um dreno e a higienização sendo feita apenas com água e sabão.

Nas versões a gás e elétrica, as fritadeiras da Sulfisa são construídas em aço inoxidável e possuem queimadores de alto desempenho. Possuem também sistema de segurança contra falta de chamas e controle inteligente de temperatura, evitando o superaquecimento do óleo e proporcionando maior durabilidade. Acompanham dois cestos de frituras com capacidade de 11,5 litros cada e pés niveladores com ajuste de altura.

Vale destacar que o equipamento "água e óleo" é um equipamento extremamente perigoso e não especificamos nos nossos projetos. Os dois elementos líquidos, quando ficam juntos, o que fica acima (óleo) atinge a temperatura de 200 graus e o que fica em baixo (água) atinge o ponto de ebulição de 100 graus ao nível do mar, e menos conforme a altitude aumenta (96 graus a 1.000m). A transmissão do calor entre os dois líquidos eleva a temperatura da água levando ao ponto de ebulição (vapor), e quando isso acontece a bolha de vapor rompe o óleo, gerando uma explosão, com isso o óleo vai junto com a explosão, causando riscos de acidente ao operador. Trecho da Norma NR1 – 1.7. Cabe ao empregador: IV – determinar os procedimentos que deverão ser adotados em caso de acidente do trabalho e doenças profissionais ou do trabalho; I – os riscos profissionais que possam originar-se nos locais de trabalho.

Frigideira basculante

Esse é um dos equipamentos mais flexíveis e versáteis de uma cozinha industrial. Pode ser elétrico ou a gás e, com controle de tempo e temperatura, pode produzir qualquer alimento: grelhado, frito, cozido, refogado, massa.

Ele substitui o fogão. Dotado com uma cuba de cocção basculante com padrão GN ou em formato arredondado, é um equipamento muito mais simples de operar, higienizar e porcionar os alimentos. Dispensando totalmente fogões, panelas, áreas de higienização e almoxarifado de panelas.

A Rational possui o iVario, equipamento multifuncional recém-chegado ao

Capítulo 14

Brasil. É um equipamento com alta tecnologia instalada, que tem capacidade de produção bem mais alta (até quatro vezes mais rápido). Pode cozinhar sob pressão e operar com programação na madrugada. Em apenas 2,5 minutos, o equipamento atinge 200°C.

Esse equipamento reduz a necessidade de área (m^2) na cozinha, são quatro vezes mais rápidos e consomem 40% menos energia elétrica. O sistema de inteligência permite programar as operações, tempo e temperatura e o equipamento pode monitorar a finalização da preparação. Pode adicionar água, subir os cestos, mudar temperatura etc. Permite que você possa padronizar sua preparação e vender qualidade. Caso precise de um preparo mais rápido, poderá utilizar a função de pressão do equipamento.

iVario | Rational.

Um outro equipamento que também opera com essa excelência é o da Firex. Há 20 anos, a marca italiana Firex produz equipamentos para cozinhas profissionais em todo o mundo, trazendo a solução definitiva para otimizar o processo de produção de líquidos em geral. A vasta gama de produtos realiza diversos tipos de cocção de forma altamente automatizada, levando segurança, inovação e padronização para as mãos de *chefs*, nutricionistas e cozinheiros, e transformando as cozinhas em um verdadeiro laboratório de sabor. De Roma a Nova Iorque, de Dubai a Xangai, as receitas mantêm o padrão de qualidade.

Food Service One

Caldeirões

São equipamentos para cozinhas industriais de médio a grande porte, podendo ter capacidades entre 80 e 500 litros. Utilizados mais comumente para cozer grandes volumes de preparações líquidas, pastosas ou feijão, arroz, ensopados, carnes e molhos, por exemplo.

As normas para a construção dos caldeirões são rígidas, pois se tornam equipamentos perigosos caso estejam com instalação errada ou sendo mal utilizados. Os equipamentos devem oferecer alta resistência e durabilidade, suportando exposição a temperaturas elevadas e operações contínuas. Sua fabricação deve atender às normas de segurança e garantir praticidade, agilidade, ergonomia e alta capacidade de produção.

Para os caldeirões com vaso pressão, utilizam-se as normas NR-12 e NR-13. Apenas o caldeirão de 200 litros e elétrico deve ser certificado no Inmetro (certificado pela portaria 371/segurança elétrica).

Com exceção do modelo de fluído térmico, o funcionamento dos equipamentos se dá pelo aquecimento da água na camisa externa. A primeira pressão gerada fria é descartada e, com o aumento da temperatura da água, a pressão aumenta e a válvula abre para saída do ar, promovendo a cocção dos alimentos.

No caso do caldeirão de fluído térmico, essa água na camisa externa é substituída por uma parafina térmica, que dispensa abastecimento por parte do usuário. Sendo assim, o maior diferencial desse modelo é o seu custo-benefício, pois ele proporciona economia de até 60 litros de água que seriam utilizados para abastecer a camisa, além de reduzir o tempo de cozimento em até 30% quando comparado aos modelos convencionais.

Necessariamente, todos os caldeirões devem ser construídos em aço inoxidável, ter acendimento automático, proteção contra falta de chama, proteção contra sobrepressão, válvula de segurança, chaminé para saída dos gases, manômetro, sistema e segurança contra a falta de água na câmera.

Capítulo 14

Caldeirão Fluido Térmico Autocook | Cozil.

Termocirculador

O termocirculador é utilizado em operações de produção antecipada, como *sous vide* ou *cook-chill*, onde os alimentos são embalados a vácuo no processo de cocção.

Esses equipamentos são em sua maioria fabricados na Europa, onde os processos já são bem difundidos. Os equipamentos podem ter diversas capacidades de produção, entre 50 e 500 litros, dependendo do total de refeições a serem produzidas. Tanto um restaurante como uma grande central de produção podem utilizá-los.

São construídos em aço inoxidável AISI 304 e têm formatos retangulares ou redondos, e possuem bomba de circulação com estabilidade na distribuição de água durante o cozimento do alimento (embalado). Eles mantêm a temperatura da água com precisão e nos seus painéis controlam todos os processos.

PANIFICAÇÃO E PREPARO DE MASSAS

O investimento em maquinários de panificação, além de auxiliar e facilitar as operações, também diferencia a empresa com produtos de qualidade, segurança alimentar e grande variedade de pães.

Food Service One

Como cada equipamento tem uma função específica no ciclo de preparo das massas, eles possuem diferentes capacidades de produção, volumes, velocidades e potência energética. Porém, em alguns casos, para produções menores, podem ter opção de acionamento manual, como a divisora de massa manual.

A Prática produz e comercializa um amplo portfólio de equipamentos de panificação, são eles: resfriadores de água, amassadeiras espirais, cilindros, divisoras, divisoras volumétricas, modeladoras, grupo automático Prática, esteira de distribuição, fatiadeiras, moinho, laminadora, batedeiras planetárias, câmara de fermentação e acessórios.

A construção desses itens deve ser em aço inoxidável, a fim de facilitar a operação e limpeza e contribuir para o aumento da vida útil. Para segurança do operador e dos clientes, todos os maquinários cumprem as especificações do Inmetro (conforme capacidade, categoria e potência) e vigilâncias sanitárias (nacional, estadual e municipal), além de contar com os itens de segurança NR-12, como grades de proteção, botões de emergência e parada instantânea (em alguns equipamentos).

Resfriador de água

O equipamento é desenvolvido para introduzir o líquido diretamente nas amassadeiras. Além disso, resfria a água a ser utilizada na preparação das massas entre 2 e 5°C, dependendo da receita, com o objetivo de retardar a fermentação, para que ela ocorra no período correto.

Alguns modelos de resfriador de água são equipados com dosadores automáticos, o que permite programar e controlar a vazão desejada para cada receita.

Segundo a Prática, é fundamental ter atenção quanto à temperatura da água. Isso porque no processo de mistura dos ingredientes na panificação temos o atrito e o consequente aquecimento das massas, mas com o uso da água gelada, vinda dos resfriadores, minimizamos o risco de a fermentação começar a agir rapidamente e de forma antecipada.

Batedeiras planetárias

São utilizadas para misturar massas leves, liquidas ou pastosas e em produções de bolos e massas de confeitaria.

Capítulo 14

Podem ter várias capacidades, entre 1,5 kg e 40 litros. E podem ser de uso doméstico ou industrial.

Equipadas com grade de segurança, tacho em aço inoxidável removível e três tipos de batedores intercambiáveis: globo, leque e gancho. Segundo Angelo Souza, diretor de panificação da Prática, o principal acessório é o globo. Ele é utilizado para líquidos, *chantilly*, *glacês* e coberturas.

Estão disponíveis no mercado com 4 a 10 velocidades e, em alguns modelos, com temporizadores.

Observação:

a) Alguns fabricantes oferecem um acessório complementar para adicionar ingredientes quando a máquina estiver em operação (bocal para encaixar na grade).

b) Verificar a possibilidade de base como acessório para as máquinas menores e do carro móvel para o tacho para as batedeiras maiores (item obrigatório para as batedeiras acima de 40 litros).

Amassadeiras espirais

São ideais para preparar qualquer tipo de massa de panificação com o máximo de hidratação para pães de diversos tipos. De forma ágil, eficiente e com qualidade.

Equipamentos robustos e de alta tecnologia são também essenciais para a produção de grandes volumes de massas para doces ou salgados, com controle preciso de tempo e velocidade.

As amassadeiras devem promover a homogeneização completa dos ingredientes e ainda a formação da chamada "rede de glúten", que reterá os gases da fermentação posteriormente, permitindo que a massa cresça e se mantenha.

Essa "rede" se dá quando atingimos o chamado "ponto de véu", quando conseguimos uma massa lisa e que pode ser esticada sem que se rasgue.

Com vários tamanhos e modelos, possuem capacidade de 25 kg a 200 kg de massa. As bacias podem ser fixas, basculantes ou removíveis e com painel para controle de velocidade e tempo.

Food Service One

Para grandes produções, são recomendadas amassadeiras com bacias basculantes ou removíveis (móveis), devido ao peso e ao volume. As de bacias removíveis podem contar com elevadores complementares para bascular as massas (bacias).

Modeladora

Equipamento com o objetivo de modelagem de vários tipos de pães.

O equipamento consiste em dois cilindros que comprimem as porções de massa. Em seguida, um sistema de feltros girando em sentidos opostos faz com que a massa seja enrolada rapidamente e logo esteja pronta para ser colocada nas assadeiras.

Um item que compõe o equipamento é a esteira de distribuição. Recomendada para facilitar a colocação nas assadeiras, principalmente em alta produção.

O alongador é encaixado sobre as esteiras de distribuição, melhorando a qualidade e padronização de pães mais alongados (minibaguetes, baguetes, *hot dog* etc.), além de maior produtividade com diversificação de formatos.

Produção aproximada de 12.000 unidades/hora.

Fatiadeira

É um equipamento utilizado para fatiar pães. Podem ser pães macios ou de casca dura, no sentido longitudinal ou transversal, dependendo do fabricante.

Esse equipamento pode passar de um simples auxiliar no contexto da padaria para uma atração em si.

Atualmente, o interesse por pães integrais, funcionais, artesanais, de diferentes grãos, sabores e receitas, e, principalmente, já fatiados, representa outra fonte de lucro para o negócio.

Por exemplo, o equipamento pode ser colocado na frente da loja e o cliente pode escolher diferentes tipos de pães, e esses pães podem ser fatiados e embalados diante do cliente. Isso é um diferencial.

Os pães são alinhados e direcionados tanto na entrada como na saída, facilitando a retirada dos pães fatiados.

Capítulo 14

Alguns equipamentos possuem suporte para facilitar a operação de embalagem do pão.

Cilindros

Ideais para compactação (sovar) e homogeneização de massas de alguns pães específicos como, por exemplo, o de semolina.

Algumas décadas atrás, quando não havia muita tecnologia acessível e tínhamos poucas opções de equipamentos em nosso mercado nacional, a massa era preparada em equipamentos que simplesmente misturavam ingredientes e então utilizava-se o cilindro para, de fato, se obter uma massa com qualidade.

Com o advento das amassadeiras espirais, conseguimos facilmente atingir esse ponto sem a necessidade de passar pelo cilindro.

Curiosamente, o cilindro concede à massa algumas características que acabaram por cativar o consumidor final.

Ele promove um miolo ("miga") mais uniforme e fechado.

Em muitas regiões, isso é um valor percebido e desejado pelo cliente, tornando o cilindro ainda um item fundamental nas padarias. Outro produto que nele é preparado é o famoso "pão sovado".

Seja com ou sem o cilindro, a qualidade quem define é o consumidor final. Utilizar ou não esse equipamento depende do que os nossos clientes desejam.

Na produção industrial, devido a grandes quantidades de massa, o cilindro é utilizado no preparo de mantas ou "embiras" (tiras) de massas, ideais para a alimentação de divisoras rotativas ou grupos automáticos de alta produtividade.

Os equipamentos disponíveis no mercado podem variar entre 8 kg e 20 kg de massa.

Divisora

Equipamento que tem a função de dividir as massas, podendo, inclusive, em alguns modelos, também bolear.

Food Service One

Ideais para vários tipos de pães: francês, integral, semidoce, doce, caseiri-nho, hambúrguer etc.

Disponíveis para dividir pedaços de 20 a 650g de massa, sendo que a faixa mais usual para os pães pequenos e médios é de 30 a 100g.

Ao produzirmos manualmente, fazemos porções ou pesamos conforme desejamos. Na produção para comercialização profissional, é de suma im-portância, para o controle do processo, a padronização e a conversão preci-sa de quilos em unidades.

Assim, o uso de divisoras é essencial, sejam elas manuais ou contínuas, como, por exemplo, as divisoras volumétricas rotativas.

Em 2001, com a legislação para comercialização do pão por quilo, consegui-mos garantir um padrão de peso por unidade para o consumidor final. É um parâmetro que contribui muito também para a satisfação.

Sem contar que o uso de divisoras aumenta muito a produtividade. Por exemplo, o uso de grupos automáticos que fazem esse processo de divisão e modelagem em uma produção em maior escala.

Laminadora

Equipamento que faz a laminação de massas folhadas e semifolhadas, como *croissant* e mil folhas.

Tradicionalmente, as massas folhadas, ou as que precisam ser abertas com alguma espessura menor, são feitas à mão com um rolo de abrir comum. Sendo muito trabalhoso, demorado e com uma produtividade menor.

Alguns modelos de laminadora possuem sistemas de corte incorporado na máquina, já no formato e tamanho ideal de alguns produtos, especial-mente do *croissant*.

Existem diferenças nas velocidades de entrada e saída das massas, sem-pre uma esteira será mais rápida do que a outra.

É um mercado com produto de alto valor agregado e que pode ser comercializado por preço e margens muito maiores, tornando esse equipamento mais uma fonte de altos lucros para a panificação.

Alguns equipamentos têm capacidade de 10 Kg de massa/operação e pos-

Capítulo 14

suem tração em ambos os lados (vai e vem) do rolo de laminação e inversões das esteiras.

Moinho

O moinho é um equipamento que produz farinha de rosca a partir de pães torrados. É um produto complementar da padaria, supermercado ou empório, produzido a partir dos pães não comercializados naquele dia e que são desidratados no forno e, em seguida, moídos num moinho especial para esse fim.

Dependendo do fabricante, pode produzir entre 35 e 80 kg de farinha por hora.

Câmara de controle da fermentação

A câmara de fermentação tem a função de controlar todo o processo fermentativo das massas pós-modeladas ou pré-forneamento. O equipamento retarda, acelera e mantém a fermentação dentro das programações preestabelecidas.

Sua tecnologia permite o monitoramento preciso da temperatura (de 2°C a 40°C), da umidade relativa em quatro níveis e do tempo da fermentação desejado, compensando variações climáticas.

O equipamento garante a padronização das preparações, variedade dos panificados e melhoria da qualidade, além de reduzir o desperdício, racionalizar custo e aumentar a lucratividade.

CARROS DE TRANSPORTE NAS COZINHAS INDUSTRIAIS

Nas cozinhas industriais, ou em qualquer operação de produção de alimentos, podemos utilizar o carro para transporte, multiplicando a capacidade de transporte de carga em qualquer operação. Além disso, diminui a movimentação operacional, simplifica operações e aumenta a produtividade.

Os carros podem ser utilizados em todas as operações na cozinha industrial. Leia a matéria a seguir e veja como.

Food Service One

Triagem e recebimento de mercadorias

Nessas áreas são utilizados os **CARROS-PLATAFORMA.**

O carro-plataforma é indicado para transporte dos alimentos recebidos na doca e que passam pela triagem para conferência da mercadoria, higienização primária e troca de caixas.

Esses carros possuem uma plataforma com capacidade de 150 a 800 kg e possuem quatro rodízios ou rodas pneumáticas e um guia para direcionar os movimentos do carro.

É obrigatório que o carro-plataforma utilizado na cozinha industrial seja construído em aço inoxidável AISI 304, para não haver contaminação do alimento transportado.

Almoxarifados

Após o recebimento de mercadorias, os alimentos são retirados do carro-plataforma e transferidos para caixas plásticas e transportadas nos **CARROS-CHASSI.**

Esses carros transportam uma ou duas caixas plásticas de 400x600 mm e têm capacidade de carga de 150 kg.

Eles também são construídos em aço inox e quatro rodízios giratórios.

Existem carros-chassi para receber gaveta da lavadora de louças 500x500 mm, com capacidade de carga total de 150 kg.

Preparos:

Cada área de preparo (carnes/hortifrúti/massas) deve ser flexível e dimensionada para atender à demanda, e se possível em vários turnos de operação, utilizando-as sem que fiquem ociosas.

Equipamentos com prateleiras superiores instaladas nas bancadas e carros auxiliares aumentam a eficiência da operação no preparo, e o operador trabalha com os equipamentos próximos da sua bancada de trabalho.

Carros auxiliares

Nos projetos desenvolvidos na FSone®, utilizamos os carros auxiliares para apoio dos acessórios de cozinha, como cortadores de frios, embaladoras,

Capítulo 14

seladoras, processadores de alimentos e equipamentos que podem ser utilizados em vários ambientes das cozinhas. Nesse caso, não precisam ser duplicados.

Os carros auxiliares ficam estacionados ao lado das mesas de apoio utilizadas para a operação. Eles também precisam ser construídos em aço inox e são dotados de quatro rodízios. Especificamos quatro giratórios com freios.

Cocção

Na cocção, são utilizados os **CARROS-ESTANTES OU CANTONEIRAS** para apoio das GNs (cubas *gastronorms*) dos fornos combinados e outros equipamentos com padrão GN, como refrigeradores, *freezers*, estufas etc.

Vale lembrar que o uso de GNs facilita as operações e diminui a manipulação.

Esses carros são fabricados com várias capacidades de carga diferentes (entre 250 e 850 kg), podem ter várias alturas. As mais comuns (7 e 16 GNs) são para 1/1 ou 1/3.

Alguns carros-estantes têm padrão 60x40 para transporte de bandejas de forno de panificação, que tem a dimensão maior que a padrão GN.

Distribuição e *Buffet*:

Os carros mais utilizados na operação de distribuição são os CARROS AQUECIDOS ou ISOLADOS.

Em uma operação comum em um restaurante com o serviço *Buffet*, preferimos utilizar os carros aquecidos ou isolados, substituindo os *pass-thrus*. Eles são mais flexíveis e transportam os alimentos das áreas de cocção e finalização até o *Buffet*, sem risco de peso ou acidentes no percurso até a reposição dos alimentos no *Buffet*. Para os alimentos quentes, o carro utilizado deve ser o aquecido, e para alimentos frios, o carro utilizado deve ser o isolado.

Nas operações em hotéis e hospitais, o transporte dos alimentos prontos também deve acontecer nesses carros entre a cozinha industrial e os hóspedes/leitos.

Em sistemas de centrais de produção que atendem unidades remotas, essa operação se repete.

Os carros aquecidos e isolados podem ter várias alturas, mais comuns en-

Food Service One

tre 7 e 16 GNs. Alguns chegam à temperatura aproximada de 90°C e potência elétrica de 1kw. Eles podem ser construídos em polipropileno expandido ou aço inoxidável. São altamente resistentes e têm várias cores para diferenciar os usos.

Os carros isolados também podem ser em aço inoxidável ou polipropileno expandido e garantem a segurança do alimento em temperaturas abaixo de 4°C ou acima de 65°C por até 3 horas.

ACESSÓRIOS

Embaladora

A embaladora é um equipamento utilizado tanto em cozinhas industriais como residenciais e tem diversos modelos que se diferenciam pela quantidade e tipo de alimento embalado.

Ela pode ser um equipamento instalado sobre bancadas, carros ou, se em grande capacidade, instalada no piso.

O objetivo principal da embaladora é retirar o ar do alimento embalado em um plástico especial para alimentos, o que aumenta a vida de prateleira desses alimentos. A falta de oxigênio faz com que se reduza o crescimento dos micro-organismos.

Elas podem ser utilizadas desde processos simples e convencionais até técnicas de *sous vide* ou *cook chill*, que citamos no capítulo anterior. Nesses processos, o alimento pode ser congelado e tem vida de prateleira ainda mais longa (até 120 dias).

A embaladora também pode ter gás inerte ou atmosfera modificada, onde o alimento recebe algum tipo de gás (CO_2 ou N_2), dependendo do alimento a ser armazenado. Produtos minimamente processados, salgados e batatas fritas industrializadas ganham esse processo.

Seladora

A seladora tem as características técnicas próximas à da embaladora, e, muitas vezes, podem ser construídas no mesmo equipamento. Ela é utilizada para selar o produto embalado, muitas vezes, com calor.

Capítulo 14

Máquina de gelo

O gelo é um dos itens mais importantes em qualquer operação de alimentos e bebidas. É importante que o gelo seja puro, sólido e transparente, de forma a não transferir sabor e impurezas à bebida. Ter uma máquina de gelo no estabelecimento garante a segurança alimentar, além de trazer economia e praticidade, pois possui uma produção totalmente automatizada, diminuindo as chances de contaminação do gelo quando comparado à compra de gelo industrial ensacado.

Além disso, é importantíssimo saber avaliar a viabilidade entre compra de gelo x ter uma máquina de gelo. Para que tenha certeza do melhor custo--benefício, é necessário avaliar (registrando) o seu efetivo custo por quilo de gelo comprado. Para isso, devem ser somados o valor da compra, o percentual de desperdício (o que derreteu) e o custo com energia gasto para armazenar o gelo (lembro aqui que é um *freezer* que sempre tem uma unidade frigorífica bastante potente e que funciona 24 horas por dia e 365 dias por ano), devem ser considerados os dias de estoque que devem ser previstos entre a entrega pelo fornecedor e o uso efetivo, normalmente isso acarreta uma maior quantidade de *freezers.*

Ainda sobre o gelo comprado, vale a pena lembrar dois outros aspectos. Um deles sobre a qualidade alimentar/nutricional e outro da capacidade calorífica ("gelo mole"). Necessário, para isso, ter fornecedor qualificado e que apresente o certificado garantindo a "qualidade" do gelo. Gelo puro é sua necessidade! Vale observar que gelo com gosto de cloro estraga a bebida do seu cliente.

A contrapartida, em comprar gelo pronto, é a compra do equipamento para produzir seu próprio e "exclusivo gelo".

Vêm daí algumas considerações:

Ter o melhor gelo para oferecer aos seus clientes e para atender suas necessidades operacionais;

Poder controlar efetivamente o estoque de gelo com apenas o consumo de energia destinado às suas necessidades. Desligue o *freezer* quando não tem necessidade de estoque. A máquina possui depósito e sensor para manter o estoque local?

Vai poder estocar o gelo em sacos de diversos tamanhos dimensionados para cada unidade de consumo. Isso vai reduzir seu desperdício.

Food Service One

Como comparar e ver se é vantagem comprar equipamento para produzir seu próprio gelo? Para isso, você deve considerar:

- Valor da aquisição: compra dos equipamentos e das instalações prediais (pontos de água, esgoto e elétrica) para produzir e estocar o gelo;
- Custo de manutenção do equipamento;
- Custo do consumo de energia;
- Custo da água consumida;
- Custo da embalagem e da mão de obra para embalar;
- Considere sempre um percentual de desperdício.

A viabilidade é sempre vista por dois pontos:

O primeiro deles é sobre a parte financeira. Some as duas situações por período de um ano. Avalie a diferença (se ela existe) entre as duas alternativas;

Caso seja positiva (e sempre é) a favor da aquisição da montagem de sua fábrica de gelo, faça uma conta bem simples. Divida o valor total do investimento pela diferença obtida entre as duas alternativas. Você encontrou o indicador de viabilidade econômica deste tema.

Nossa experiência mostra que, em todos os negócios onde o consumo de gelo seja regular (quase todos os dias e pelo menos acentuado nos finais de semana ou picos durante a semana), a viabilidade fica entre 6 meses e 12 meses.

A Aços Macom faz parte do grupo Hoshizaki e é especialista em máquinas de gelo, dentre outras linhas, como: cocção, refrigeração, mobiliário, vitrines, pistas de distribuição e sistemas de exaustão, entre outras, com a mais alta tecnologia e eficiência.

Sucesso de vendas em mais de 50 países, as máquinas de gelo Hoshizaki contam com a tecnologia e qualidade japonesas da empresa líder mundial de mercado na fabricação de máquinas de gelo. Com máquinas que variam de 20kg a 2ton de produção de gelo por dia, as máquinas de gelo Hoshizaki são garantia de abastecimento de gelo conforme a necessidade do estabelecimento, além de oferecer 3 anos de garantia, assistência técnica a nível nacional, alta eficiência energética, produção de gelo com menor custo de água e energia elétrica.

Capítulo 14

Processadores de alimentos

Os processadores são equipamentos acessórios da cozinha, utilizados para substituir o trabalho manual e dar mais produtividade em operações de cortar, picar, ralar, triturar, sovar, bater, liquidificar e emulsificar.

Todos os equipamentos devem ser construídos em aço inoxidável, ser robustos, ter alto desempenho para as operações do dia a dia e serem fáceis de limpar para garantir a segurança alimentar.

São utilizados nas áreas de preparo de alimentos, geralmente instalados em bancadas ou carros para melhor circulação nas áreas da cozinha. Em qualquer operação de cozinhas industriais de centrais de produção, restaurantes, escolas e universidades, hospitais, hotéis etc.

São vários tipos de equipamentos, cada um com sua capacidade de produção e função específicas com suas lâminas de corte.

Os processadores de alimentos, especificamente, permitem cortar todos os tipos de legumes à Julienne, picar cebola e ralar cenoura, além de cortar legumes em macedônia e batatas para fritar. São equipados com vários discos para cortes diferentes, picados, ondulados, ralados, palito e macedônia.

Cutters

Os *cutters* são projetados para picar e preparar recheios finos, emulsões, *mousses*, triturações e massas, proporcionando qualidade perfeita ao produto acabado em apenas alguns minutos, inclusive nas preparações mais longas. A velocidade de 3.000 RPMs é recomendada para *mousses* e recheios finos.

O comando de pulso permite operar de forma pulsada para proporcionar um corte mais preciso. Alguns modelos contam com uma variação de velocidade, proporcionando maior flexibilidade de utilização e uma quantidade maior de preparações.

Blixer

O *blixer* é um equipamento exclusivo e de marca registrada da Robot Coupe, que une dois equipamentos em um único equipamento, *cutter* e *mixer*. Os *blixers* preparam refeições batidas cruas ou cozidas, líquidas e pastosas.

Food Service One

Trituradores

São equipamentos que substituem os liquidificadores com muito mais eficiência na operação. Eles têm várias capacidades de operação e trabalham manualmente comparado a um *mixer* de uso doméstico. Podem ser utilizados para bater alimentos ainda quentes dentro dos caldeirões ou em recipientes de menor quantidade.

Centrífugas

São equipamentos usados no preparo de sucos e vitaminas de forma mais homogênea, saborosa e principalmente mais econômica, pois têm melhor aproveitamento dos alimentos.

Despolpadeiras

São equipamentos utilizados para preparar compotas de frutas, legumes, sopas, molhos, mousses e bases para molhos.

Thermomix

O Thermomix™ TM6 é um equipamento também utilizado na cozinha doméstica e industrial, fabricado na França e Alemanha e conhecido como robô da cozinha.

É um dos equipamentos com mais tecnologia e inovação aplicadas, onde você terá muita versatilidade no uso.

O equipamento substitui o fogão e outros 12 equipamentos em uma cozinha: fogão, banho-maria, moedor, batedeira, liquidificador, *mixer*, processador, balança, termômetro, moinho de café e máquina de suco, que tem funções diferentes: misturar, pesar, agitar, emulsionar, aquecer, cozer, cortar e amassar.

Não preciso nem dizer que ele é compacto, seguro, resistente e econômico. Por ter tantas funções acopladas, pode ser utilizado em cozinhas compactas e você não precisa investir tanto em outros equipamentos acessórios.

É um equipamento de uso amigável, com painel *touchscreen*, com receitas programadas que você pode utilizar.

Capítulo 14

Cubas gastronorms

Você já leu essa terminologia milhões de vezes no decorrer deste livro. As cubas *gastronorms* ou conhecidas como GNs (abreviação) são bandejas com dimensões padronizadas para uso em vários equipamentos na cozinha industrial, com funções de padronizar a preparação e minimizar a manipulação das preparações. As *gastronorms* podem ser usadas em refrigeradores (substituindo as grades), acopladas nas guias. Podem ser usadas nos carros de transporte (carros para GNs, carro isolado, carro-estante, aquecido, esqueleto) e podem ser comercializadas com fornos combinados. Alguns fornos combinados têm entrada de carros inteiros no interior do forno. Os fornos combinados também são padrões GN e muitas vezes são classificados pelas suas dimensões (ex.: 3, 5, 7, 10, 12, 20, 40 GNs são as capacidades mais comuns de fornos combinados comercializados).

As *gastronorms* têm várias dimensões padronizadas de profundidade e podem ser perfuradas, onduladas ou lisas, cada uma utilizada em preparações diferentes.

Ex.:

GN 1/1 — 530x325:

65 mm de profundidade e capacidade de 8,5 litros

100 mm de profundidade e capacidade de 13,3 litros

GN ½ — 325x265:

65 mm de profundidade e capacidade de 3,8 litros

100 mm de profundidade e capacidade de 6 litros

GN 2/3 — 354x325:

65 mm de profundidade e capacidade de 5,4 litros

100 mm de profundidade e capacidade de 8,5 litros

GN 2/1 — 625X505:

65 mm de profundidade e capacidade de 18,4 litros

100 mm de profundidade e capacidade de 28,9 litros

Food Service One

COIFAS

Sistemas de mecânica em cozinhas industriais. Inclui ar-condicionado, exaustão e insuflamento.

Toda unidade de alimentação deve ser equipada com sistema de ventilação que inclua exaustão por coifas e abatimento de temperatura, que garantem a renovação do ar e manutenção de pressão positiva dentro da cozinha.

Ao projetar o sistema de exaustão, é necessário observar seu principal objetivo: retirar do ambiente as partículas indesejadas do ar, como gordura, vapor e fumaça provenientes dos alimentos assados, cozidos ou chapeados, que geram poluição na área da cozinha. O sistema deve eliminar ainda o material proveniente da queima de gás e CO_2, de forma a manter oxigênio em níveis que permitam o bem-estar dos operadores.

A renovação de ar é diferente para cada área da cozinha e se faz necessário observar criteriosamente cada uma delas. Outro fator importante é relativo à temperatura, pois cada área tem requisito específico. De qualquer forma, a temperatura não deve passar de 26,7°C. Unidades de alimentação que não atendam a esses requisitos ficam expostas à fiscalização e penalizações.

É bom lembrar que um sistema de exaustão inadequado pode modificar as características organolépticas e higiênico-sanitárias, comprometendo a qualidade final dos alimentos, além de poder causar danos à saúde do trabalhador durante sua vida laboral.

A partir do momento em que foram estabelecidos os equipamentos que serão instalados na cozinha, um profissional ou empresa responsável pelo projeto de termodinâmica faz o cálculo das vazões para definir as dimensões das tubulações e demais necessidades do sistema.

Os projetos de cozinhas industriais elaborados pela FSone® já compatibilizam os sistemas com normas que orientam a área de exaustão, além de fazer o gerenciamento completo da obra até o final. Orienta-se os clientes a seguirem as especificações. O diferencial da FSone® está em navegar também fora da arquitetura, em outras áreas que não são da empresa. E ela procede dessa forma, pois é possível ocorrer de o cliente ficar preso às orientações de alguns fabricantes e adquirir equipamentos inadequados.

Capítulo 14

Conceitos e partes integrantes do sistema:

Segundo Sergio Serai, diretor industrial da Tuboar, TUBOAR é um sistema de exaustão composto por equipamentos cujas funções são captar, reter parcialmente impurezas, conduzir vapores e gases para fora do ambiente da cozinha e em alguns casos dar continuidade ao tratamento da fumaça, tornando o ambiente mais agradável, salubre e confortável, deixando o local livre de odores e fumaças, além de impedir a concentração de calor e a disseminação de gases prejudiciais à saúde.

O sistema de insuflamento (devidamente filtrado) tem a função de devolver parcialmente (em torno de 80 a 90% da exaustão) o volume de ar extraído da cozinha pela vazão, mantendo a cozinha com pressão negativa e impedindo que possíveis odores da cozinha se espalhem para áreas adjacentes.

Os sistemas de exaustão e insuflamento utilizam-se dos seguintes equipamentos:

Captores

Projetados para propiciar captação local diretamente da fonte poluidora, evitando-se que a fumaça e o calor se espalhem pelo ambiente antes de serem captados. Dependendo da aplicação, podem ser tronco piramidais, modelos caixote, com ou sem bateria de filtros, convencionais ou lavadoras, central ou de parede, com ou sem cortinas de ar.

Filtro

Inercial: denominado também como filtro *fire guard*. Filtro primário composto por moldura e labirinto de chapas que proporciona mudança de direção e velocidade à fumaça exaurida, facilitando parcialmente a retenção e condensação dos condensados e drenados por meio da calha perimetral do captor.

Colmeia

Utilizada como eliminadora de gotas para as coifas lavadoras. Constituída por moldura metálica e alumínio corrugado.

Food Service One

Redes de duto

São utilizadas para conduzir os gases e vapores decorrentes do ato de cocção. Podem ser fabricadas em chapas de aço de carbono, aço inoxidável e aço galvanizado. Segundo Eduardo Furukawa, diretor da Melting, "esses filtros eram proibidos conforme NBR 14.518 e sua aplicação gera alto risco de incêndio na cozinha pelo acúmulo de gordura no fluxo, porém na Norma atual de 2019, são aceitos com restrições".

Dampers corta-fogo

Utilizados como prevenção contra princípios de incêndio, acionando uma comporta que lacra a tubulação e desliga o exaustor de modo que o fogo não tenha oxigênio para se manter ativo. Podem ser do tipo fusível térmico e com válvula solenoide e termopar.

De acordo com Eduardo, na atual revisão da NBR 14.518, o *damper* corta-fogo será opcional ao projetista, sendo obrigatório um sistema exclusivo de extração de fumaça para os sistemas que adotarem a utilização do *damper* corta-fogo.

Dampers de vazão

Utilizados para ajustar e equalizar a vazão ao longo do sistema. Mais utilizado quando o sistema possui mais de um captor.

Exaustores

Equipamentos responsáveis pela depressão na tubulação e captores, transportando os gases e vapores para fora do ambiente. Podem ser do tipo centrífugo, axial e radial. Os rotores são do tipo *limit-load* (exaustão) e *sirocco* (insuflamento). Eduardo complementa que todos devem ter transmissão fora do fluxo.

O modelo ventilador exaustor AXIAL só deve ser aplicado em sistemas de baixa emissão de vapores com gordura. No selecionamento, tomar cuidado com o nível sonoro.

Equipamentos para tratamento do ar

Utilizados para o tratamento da fumaça e vapores com o objetivo da retenção da gordura e fuligem, antes de sua descarga na atmosfera. Principais modelos de equipamentos:

Lavadores

Proporcionam a lavagem dos vapores de gordura e fuligens por meio da condensação, encharcamento, absorção ou neutralização dos poluentes em solução aquosa.

Filtro eletrostático

Proporciona a retenção de partículas de gordura por meio da ionização com alta tensão elétrica do fluxo da exaustão e posterior coleta em placas com polaridade oposta ao da assumida pelas partículas, onde é feita a queima dessas partículas.

Carvão ativado

Os filtros de carvão ativado (peletizado, de origem importada) são utilizados na absorção da fumaça, retendo parcialmente os odores.

Eduardo Furukawa diz: "Filtro carvão ativado, quando aplicado, sua posição deve ser em último estágio no sistema de exaustão e após os equipamentos de tratamento com alta eficiência para evitar acúmulo de gordura no fluxo e sua saturação prematura. Indicado para sistemas com umidade relativa não superior a 60%".

Terminais de descarga

São utilizados como final do sistema e projetados de acordo com a edificação e vizinhança. Deve-se evitar chapéu de descarga vertical do tipo "chinês".

Caixas de ventilação

Utilizadas para a captação e filtragem do ar externo.

Grelhas e difusores

Empregados dentro da cozinha para auxiliar a distribuição do ar de modo

Food Service One

a produzir uma corrente de ar favorável à não dispersão da fumaça, antes de ser captada pelas coifas. Velocidade ideal do ar nos difusores em torno de 2 a 4 m/s.

Eduardo Furukawa diz: "A velocidade de ar nos difusores não pode gerar turbulência no ambiente da cozinha, tendo em vista que compromete o percurso dos vapores que sobem por convecção. Os deslocamentos de ar na cozinha não podem ultrapassar 1,5 m/s. A velocidade da grelha/difusor está condicionada a sua posição dentro da cozinha".

Painel do comando

Aplicado à proteção dos motores, ao acionamento dos mesmos e da iluminação. Faz a lógica entre os *dampers* corta-fogo e os exaustores.

NORMA CVS-5 — REGULAMENTO TÉCNICO SOBRE OS PARÂMETROS E CRITÉRIOS PARA O CONTROLE HIGIÊNICO-SANITÁRIO EM ESTABELECIMENTOS DE ALIMENTOS:

Deve garantir o conforto térmico, a renovação do ar e que o ambiente fique livre de fungos, gases, fumaça, gordura e condensação de vapores. A circulação de ar na cozinha deve ser feita com ar insuflado e controlado por meio de filtros ou por meio de exaustão com equipamentos devidamente dimensionados. O fluxo de ar nas áreas de preparo dos alimentos deve ser direcionado da área limpa para a suja. Não devem ser utilizados ventiladores nem aparelhos de ar-condicionado nas áreas de manipulação.

O conforto térmico pode ser assegurado por aberturas de paredes que permitam a circulação natural do ar, com área equivalente a 1/10 da área do piso.

 Área para manipulação (pré-preparo) de carnes, aves e pescados, sem cruzamento de atividades. Deve ter bancadas, equipamentos e utensílios de acordo com as preparações. Quando for climatizado, deve manter temperatura entre 12°C e 18°C.

DIMENSIONAMENTO:

Na seleção de equipamento e no dimensionamento do sistema, a Melting aponta um roteiro básico a ser obedecido para obter melhor eficiência. É importante escolher tipos que estejam de acordo com os equipamentos

Capítulo 14

instalados abaixo deles. Os equipamentos de baixa emissão de vapores gordurosos permitem uso de coifas convencionais, sem filtros. Já aqueles de alta emissão requerem coifas convencionais com filtros inerciais e equipamentos de tratamento externo.

O dimensionamento das coifas varia conforme sua aplicação dentro da cozinha e deve seguir a norma ABNT 14.518/2000, tanto na *performance*, como na dimensão e características construtivas.

Para o dimensionamento da rede de dutos, é necessário escolher o menor trajeto possível, utilizando o mínimo de curvas e singularidades, além da menor opção de descarga dos vapores de acordo com a emissão e tipo de vizinhança.

Para os sistemas em que a emissão de vapor de água seja alta, são sugeridos dutos e aço inoxidável a fim de aumentar a vida útil. Os dutos devem ser construídos de forma a garantir ótima estanqueidade, flangeados entre si, de forma que facilite uma eventual desmontagem. Sua secção é definida pela velocidade do fluxo do ar, usualmente de 9,5m/s.

Existem tipos diferentes de acionamento/detecção e devem ser selecionados para coifas que atendem a vapores de alta emissão de gordura. Sua instalação deve ficar o mais próximo possível da coifa.

Há necessidade ainda de dispositivo que possibilite a regulagem do fluxo de ar mecanicamente, que deve ser escolhido em casos em que há um único exaustor para atender a mais de uma coifa ao mesmo tempo. Os registros possibilitam o balanceamento das vazões de ar entre as coifas.

O ventilador exaustor é responsável por garantir que o fluxo exaurido vença as perdas causadas pelo trajeto, desde a captação até sua descarga na atmosfera. Sua escolha envolve *performance*, rendimento, nível de ruído e riscos de incêndio. O exaustor deve atender às características operacionais calculadas, um rendimento aceitável, baixo nível de ruído e de forma a garantir maior segurança em eventual incêndio no sistema.

O modelo mais comum é o ventilador exaustor do tipo centrífugo de simples aspiração, com motor *limit load*, transmissão por correias, polias e conjunto de mancal, rolamentos e eixos instalados fora do fluxo de ar.

Sua instalação deve ser mais próxima da descarga, de modo a garantir que a maior parte da rede de dutos tenha uma pressão negativa em relação aos ambientes adjacentes, evitando possíveis vazamentos no trajeto em caso de falta de estanqueidade.

Food Service One

''É comum não dar importância correta à descarga e vemos muitas instalações com erros de conceito'', explica Ademar Furukawa, diretor industrial da Melting. Entre os exemplos, estão as descargas de sistemas de exaustão de cozinha com chapéu chinês, modelo que tem como única função evitar que respingos de chuva entrem pelo duto. Esse recurso faz com que a fumaça perca velocidade e prejudique a diluição dos vapores na atmosfera, mantendo os vapores descarregados estagnados em altura muitas vezes impróprias.

Algumas precauções são importantes ainda em relação à descarga, tais como evitar a entrada de vapores descarregados nos equipamentos que estejam admitindo ar externo limpo:

Verificar o direcionamento para estabelecimentos vizinhos, sejam residenciais ou não;

Evitar a estagnação dos vapores em local impróprio. Ou seja, é preciso buscar uma descarga de forma a garantir boa diluição na atmosfera e de menor impacto na vizinhança;

Quando a descarga é vertical, é possível utilizar chapéu do tipo cilíndrico com cone invertido;

Quando for descarga horizontal, é indicado que tenha chanfro de 45° em relação à secção transversal, de modo a se proteger dos respingos de chuva.

Coifas lavadoras

Entre os fabricantes de equipamentos de cozinha, está a Melting, que disponibiliza ao mercado coifas convencionais secas com cartuchos e filtragem helicoidal, coifas lavadoras Wash Pull®, coifas com geradores de ozônio UV e lavadores de gases externo.

A novidade em filtragem seca está no cartucho com filtragem helicoidal, com possibilidade de até quatro estágios de filtragem no mesmo cartucho. O cartucho também otimiza a *performance* da exaustão, garantindo maior tempo de contenção dos vapores dentro da câmara da coifa.

A coifa Wash Pull® já está na 4ª geração e suas principais inovações são:

- Quatro estágios de filtragem, sendo todos os filtros modulados de fácil manuseio e com possibilidade de limpeza em máquina lava-louças;

Capítulo 14

- Baixo consumo de água no sistema de lavagem, tendo em vista que o mesmo volume é recirculado em toda operação diária e descartado somente no final da operação;

- Novo sistema de automação que minimiza a intervenção operacional da equipe da cozinha.

CONSUMO DE ÁGUA: quando utilizados sistemas de filtragem a seco, como, por exemplo, a coifa convencional com filtros inerciais centrífugos e o equipamento de filtro eletrostático, indiretamente também existe o consumo de água. A água é utilizada para a limpeza periódica desses filtros que acumulam gordura no período de sua utilização. Uma Coifa Wash Pull® com tamanho de 3 metros, por exemplo, consome 30% a menos de água/dia comparada com a recomendação mundial da ONU, que são 110 litros de água para uma pessoa por dia.

Tecnologia UV — Ultravioleta

São três objetivos específicos:

1. Agregar à coifa o complemento da tecnologia "gerador de ozônio" por meio das Lâmpadas UV para o tratamento de odores e a redução da gordura residual dentro da coifa e no duto de exaustão.

A radiação ultravioleta quebra as moléculas por meio da FOTÓLISE direta.

2. Nesse sistema, a irradiação é constante em toda parte interna da coifa e mantém as superfícies internas limpas dentro da coifa.

3. Produzir ozônio O3 a partir do oxigênio no ar da lâmpada. O ozônio cria no duto efeito oxidante, de forma a manter os dutos limpos. A lâmpada fica protegida dos vapores gordurosos e não precisa de limpeza constante (patenteado). O fluxo adicional na lâmpada injeta o ozônio no sistema de exaustão por meio de ar limpo com baixa temperatura e umidade (patenteado).

Food Service One

A seguir, as normas principais que orientam o sistema de exaustão:

RDC 216, NR8, NR15, CVS5, Portaria 1428, NBR 14518, ABNT – NBR 1640, ASHRAE, SMACNA, AMCA, DIN 18869-7, DIN 18869-7.

LAVADORA DE LOUÇAS

Introdução

As máquinas industriais de lavar louça, nacionais ou importadas, dentre elas as das marcas Netter e Winterhalter, têm como principal benefício reduzir os diversos custos que envolvem a lavagem de louças em escala comercial.

Dentre eles, podemos citar água, luz, detergente, álcool, panos, esponjas, área (m^2) do ambiente de higienização e horas/homem ao trabalho.

Como exemplo, em média uma lavadora industrial de pequeno porte pode lavar até 18 pratos em um ciclo com consumo de 2,4 litros de água, enquanto, lavando-se à mão, para a mesma quantidade de pratos, utiliza-se em torno de 20 litros de água.

Características para uma lavagem e higienização de alto nível

É de extrema importância que, no momento da escolha da sua lava-louças, sejam consideradas algumas caraterísticas:

1. **Higienização total**: após realizar a lavagem manual, é muito comum acreditarmos que a louça esteja limpa, mas a verdade é que, devido ao processo desse tipo de lavagem (com a utilização de esponja e panos), uma série de bactérias que podem ser extremamente danosas à saúde ainda permanece nas louças. Somente por meio da lavagem em altas temperaturas das lava--louças (em torno de 85°C), combinada com o agente químico adequado, é possível garantir que a sua louça esteja devidamente limpa e higienizada.

2. **Filtragem da água**: além da temperatura da água, devemos nos atentar à quantidade de filtros que a máquina possui, pois, quanto mais filtros, melhor a qualidade da água que será reutilizada na lavagem.

Capítulo 14

As máquinas Winterhalter são as únicas do mercado com sistema quádruplo de filtragem, empregando o filtro exclusivo e patenteado MediaMat, que age por meio da força centrípeta, eliminando até as menores partículas de sujeira, como borras de café.

3. **Economia**: a economia é fundamental não só para o bolso, mas também para o meio ambiente. Os equipamentos utilizados devem ser projetados para aproveitar ao máximo cada um dos recursos que utilizam:

Água: a lavagem com uma máquina industrial, por si só, permite que você economize até 80% da água que usaria na lavagem manual.

Eletricidade: as máquinas de lavar louça são projetadas para usar a menor quantidade de energia possível. Além disso, no caso das lava-louças Winterhalter, existe a opção do módulo Energy (opcional), que aproveita o vapor gerado durante a lavagem de alta temperatura para pré-aquecer a água que vai ser reutilizada no equipamento, reduzindo ainda mais a necessidade de consumo elétrico.

Insumos: todas as lava-louças industriais utilizam detergente e secante próprios. O detergente alcalino realiza a limpeza adequada das louças, enquanto o secante, ao entrar em contato com o oxigênio, quebrará as moléculas de água que estão na louça e as deixarão prontas para uso em poucos instantes.

4. **Otimização de processos**: nem todas as lavagens são iguais. Algumas serão para somente pratos, copos ou utensílios, variando o tamanho, quantidade de peças e a sujidade de acordo com cada estabelecimento.

Cada louça exige uma lavagem diferente da outra, por isso, deve-se sempre se atentar aos quatro elementos do ciclo de Sinner que irão diferenciar cada ciclo de lavagem:

5. **Pressão da água**: uma caneca de *chopp* não pode ser lavada com a mesma pressão de uma taça de vinho, assim como uma fôrma não é lavada igual a um prato.

Food Service One

Por isso, devemos sempre avaliar os tipos de louça e qual a pressão de água que está regulada na máquina.

Os equipamentos Winterhalter são os únicos do mercado que possuem a tecnologia patenteada VarioPower, que ajusta a pressão da água automaticamente, permitindo que a mesma máquina que lava taças lave também canecas, pratos, xícaras, etc.

Isso é possível, pois o próprio operador pode selecionar facilmente na tela qual ciclo pré-programado utilizará naquela lavagem, sem correr o risco de quebrar as louças.

6. **Temperatura**: com a mesma lógica da pressão da água, cada tipo de material deve ser lavado a uma temperatura adequada para evitar a quebra.

A temperatura também é extremamente importante no que diz respeito à higienização: com a combinação do detergente correto e da lavagem sempre acima dos 55°C e o enxágue a 85°C, suas louças estarão totalmente higienizadas e prontas para uso imediato.

7. **Tempo de lavagem**: louças com sujeira mais encrustada devem ser lavadas por um período maior, enquanto sujeiras mais simples podem ser removidas em ciclos de lavagem mais curtos.

8. **Ação química**: a dosagem dos químicos deve ser a correta em cada ciclo, nem a mais, nem a menos.

Com químicos a menos, a louça não será devidamente lavada e higienizada. E com químicos em excesso, as louças sairão manchadas, além de que esse excesso pode representar um grande risco para a saúde de seus clientes.

9. **Pós-vendas**: adquirir uma máquina importada, que não tenha a presença direta da marca em seu país, pode até parecer uma boa ideia quando é feita somente a análise do preço, mas você perceberá que, quando precisar de serviços e peças, não terá um fornecimento garantido.

Capítulo 14

MODELOS DE LAVA-LOUÇAS

Máquinas de lavar louças de abertura frontal

São lavadoras ideais para restaurantes comerciais, bistrôs, corporativos ou industriais com até 300 refeições no horário de pico.

Trata-se de um equipamento compacto e extremamente eficiente.

Com consumo de 2,4 litros por ciclo que duram de 2 a 5 minutos, higienizam em média 360 pratos por hora (pode variar conforme o fabricante e modelo).

Máquinas de lavar louça de cúpula

São lavadoras ideais para restaurantes comerciais, refeitórios, hotéis e hospitais, com média de 300 a 500 refeições no horário de pico. De grande versatilidade, permite a lavagem de copos, pratos, bandejas, *gastronorms* e talheres. Esses modelos se adequam perfeitamente a trabalhos em linha reta ou esquinas, devido à utilização de mesas auxiliares para a entrada e saída dos *racks*. Com consumo de 2,4 litros por ciclo que duram de 2 a 5 minutos, higienizam em média 360 pratos por hora (pode variar conforme o fabricante e modelo. Estes valores foram baseados na série PT da Winterhalter).

Máquinas de lavar utensílios

São lavadoras ideais para padarias, açougues, restaurantes comerciais e refeitórios que utilizam bandejas *euronorm*, utensílios, panelas ou recipientes GN. Disponíveis no mercado em diversos tamanhos, essas máquinas retiram toda a sujeira de proteína, amido, gordura ou qualquer outra sujidade incrustada mais persistente.

Lavadoras de avanço automático

Nas lavadoras Netter de avanço automático, as louças, peças e utensílios são transportados continuamente através de esteiras, sem atrito, para o interior da máquina. Elas são incrivelmente ágeis, com a vantagem de baixo consumo de água e químicos. Os modelos estão disponíveis com opção de aquecimento a gás, o que proporciona até 75% de redução no consumo elétrico.

Food Service One

São robustas, de operação simples e em conformidade com a NR12, norma do Ministério do Trabalho que regulamenta a segurança do operador. Neste tipo de lavadora, é possível escolher módulos de pré–lavagem, lavagem, pré–enxágue, enxágue e secagem, de acordo com as necessidades da operação, pois foram desenvolvidas para atender aos mais altos padrões internacionais de higienização.

Para finalizar este capítulo, apresento para vocês a FM&Kitchens. É uma empresa experiente voltada para o atendimento do mercado de *Food Service*. É uma distribuidora dos principais equipamentos do mercado com os diferenciais: comprometimento e atendimento personalizado ao cliente. A FM&Kitchens é especializada em equipamentos e tecnologias que aumentam a produtividade de uma cozinha, reduzem os gastos operacionais e contribuem com as melhores condições do trabalho da equipe de cozinha e do meio–ambiente. Atendem a todas as regiões do Brasil, e acompanham as evoluções do mercado de *Food Service*, participando ativamente de feiras e congressos de nível nacional e internacional, o que possibilita fornecer ao mercado equipamentos e tecnologias de melhor qualidade. Dos equipamentos anteriormente citados, ela atua fortemente com Unox, Rational, Prática, Netter, Hobart, Vulcan, Klimaquip, Irinox, Multivac e Robot Coupe, dentre outras marcas.

15

Inteligência, gestão e controle

ste capítulo visa conscientizar os operadores, investidores e gestores que o desperdício é reflexo de falta de gestão e controle da produção e distribuição dos alimentos. A falta de controle desses custos pode levar à falência e, em sua maioria, são medidos por meio da quantidade de resíduo gerado na sua unidade, dentre outros motivos gerenciais de controle.

Neste capítulo, você vai conhecer temas importantes como os relacionados ao ESG. O ESG coloca em equilíbrio tópicos como: planejamento estratégico, gestão de processos, eficiência energética (estudo de energia solar para a redução de energias artificiais), redução e tratamento de resíduos, arquitetura sustentável e sustentabilidade. Mas, antes de entrar no tema com mais profundidade, conheça a diferença de sobra limpa e resto ingesta.

Capítulo 15

Perceba sua sobra limpa

As sobras limpas são alimentos manipulados e produzidos, mas não distribuídos/servidos, portanto, desperdiçados. As sobras devem ser estudadas, a fim de avaliar o motivo do alto índice de desperdício, podendo ser porcionamento inapropriado, *per capita* errada, quantidade errada de preparações produzidas, baixa aceitação da preparação, baixa qualidade e insatisfação.

Planejamento estratégico, gestão de processos, eficiência energética.

Cálculo sobra limpa: peso (kg) total da sobra limpa dividido pelo número de refeições totais no período em estudo. O resultado é a *per capita* média da sobra por refeição. Os dados obtidos, se muito altos, devem ser imediatamente utilizados para o replanejamento da quantidade produzida. A taxa aceitável é de 25 g por pessoa para calcular a porcentagem da sobra limpa = peso (kg) total da sobra x100/peso da refeição distribuída no período.

Resto ingesta: é a quantidade servida/distribuída e rejeitada pelo consumidor. É o que sobra. Quanto maior a sobra, menor a aceitação da preparação e, nesse caso, há necessidade de readequação do cardápio. Há também necessidade de conscientização do consumidor, que pode ter se servido em quantidades maiores que a necessária para a refeição. O cálculo do resto ingesta: peso do resto (kg) / total da refeição no período = peso médio da sobra por cliente para calcular a porcentagem de resto ingesta= peso do resto (kg) x 100/peso da refeição distribuída. A taxa aceitável para resto ingesta é de até 10%.

O uso de equipamentos para tratamento do lixo como compactadores e desidratadores de lixo, deve ser mínimo ou zero. Quando se faz uma gestão correta de alimentos no preparo e distribuição (sobre limpa ou resto ingesta), significa que sua gestão está excelente. Significa que conhece bem o público que trabalha e faz gestão eficiente da operação. O contrato disso, uma operação que gera muito resíduo, é uma gestão descontrolada e falida.

Redução e tratamento de resíduos, arquitetura sustentável e sustentabilidade.

Food Service One

Arquitetura sustentável

Quando nos deparamos com o tema arquitetura sustentável, logo pensamos: uso de materiais, acabamentos e elementos que não geram resíduos, que sejam leves e que, principalmente, não agridam o ambiente. Porém devemos ter atenção especial aos projetos de arquitetura sustentável voltados para negócios em alimentação. Sabe-se que o índice de mortalidade de bares e restaurante sempre foi gigante. Números anteriores à pandemia demonstram que 50% dos estabelecimentos fecham em 2 anos e 90% fecham em 5 anos. Um número que temos que exterminar. E a única forma é implantando projetos sustentáveis. Projetos de negócios que sejam sustentáveis são aqueles que conseguem sustentar-se e que tenham vida longa.

> **Que 50% dos estabelecimentos fecham em 2 anos e 90% fecham em 5 anos.**

Um projeto bem dimensionado, com fluxos de acordo com a operação, com áreas e equipamentos especificados para atender àquela demanda. Uma operação enxuta, criteriosa, com processos bem estabelecidos. Uma operação que é planejada, controlada e que nasceu com inteligência, é garantia de sucesso. Essa operação certamente teve um custo de implantação mais alto, porém tem custo operacional (MUITO mais baixo) e isso faz com que o retorno do investimento seja bem mais rápido.

Já parou para pensar que o que mata é o custo operacional? Quando empreendedores buscam um projeto funcional com a nossa empresa, não têm consciência ainda dos custos fixos e variáveis contidos na operação. Quando a operação começa, principalmente se tratando de operações convencionais (aquelas sem uso de tecnologia), a conta não fecha. Por isso, o número de mortalidade é absurdo. Além dos custos, alguns empreendedores e gestores não têm afinidade com a operação, o que resulta em um exagerado volume de resíduos.

> **Implantar técnicas de preparação antecipadas: cadeia fria, cook chill ou sous vide, são técnicas que garantem qualidade.**

Vá à busca de empresas como a nossa, que possam avaliar e construir processos com a sua operação. Implantar técnicas de preparação antecipadas: cadeia fria, *cook chill* ou *sous vide*, são técnicas que garantem qualidade, segurança e uma experiência incrível para o cliente. Além disso, promove uma eficiência incrível para o seu negócio. Não é um

Capítulo 15

trabalho rápido, muito menos fácil. Vai tirá-lo da zona de conforto, mas vai lhe trazer o controle do seu negócio (Pensamento *lean* é o futuro).

Quando retomamos ao assunto arquitetura sustentável ao pé da letra, também precisamos pensar em materiais e construções sustentáveis, como citei no início deste texto. Para esse contexto, deve-se conhecer sistemas construtivos que gerem menos resíduos, que sejam leves, eficientes. Materiais de construção como: *steal frame*, materiais modulares, estruturas *off-site*, são o futuro! Elas garantem a qualidade e agilidade da obra com uma manutenção predial bem mais baixa do que materiais convencionais (entra novamente a questão do custo operacional baixo – OPEX ⬇).

Depois disso, temos que pensar no reuso de água, aquecimento por placas solares, cogeração de energia elétrica, destino correto dos resíduos. Todos esses sistemas garantem um retorno rápido do investimento e OPEX reduzido.

Conheça mais 5 tópicos que vão ajudá-lo:

- Instalação de lavadora de louças que garante o menor custo de mão de obra, gasto com água e produtos químicos: enquanto uma pessoa demora 10 minutos para lavar 20 pratos e gasta 20 litros de água, uma lavadora lava em 2 minutos e gasta 2 litros de água. Fez a conta? Fora que o utensílio sai limpo e seco, com possibilidade de quebra muito reduzida;

- Um equipamento de cocção com tecnologia, bem dimensionado e sem fogão como frigideiras basculantes e fornos combinados garantem uma cocção 50% mais rápida, com custos de energéticos com 50% de economia e com zero desperdício;

- Utilização de água quente auxilia na higienização das mãos, utensílios, equipamentos e superfície, minimizando o uso de produtos químicos;

- Instalação de um piso de qualidade agiliza a movimentação operacional dos carros de transporte, melhora o escoamento, melhora a vida do colaborador;

- Para destino do lixo, uma das alternativas é o uso da Recicladora de resíduo orgânico, Terraform Kitchen, fabricada pela Topema Innovations. Os equipamentos foram criados para reciclar o lixo orgânico, como sobras de refeições, folhas, legumes, cascas de frutas e carnes. Diferentemente de outras soluções disponíveis no mercado, a decomposição das recicladoras Terraform Kitchen é 100% livre de aditivos químicos, água e serragem e possui ciclos curtos que variam de 5 a 18 horas. Ou seja, basta colocar os resíduos dentro do

Food Service One

equipamento e aguardar que sejam transformados em adubo. A não utilização de insumos, enzimas e água nas máquinas faz com que o retorno do investimento se dê, em média, em 15 meses. Elas são compactas, fáceis de manusear e de limpar, as máquinas reduzem em até 90% o volume e peso inicial inserido. Por conta do processo natural dessas recicladoras, o adubo pode ser utilizado em proporção para adubagem do jardim. Por se tratar de uma decomposição mecânica, o equipamento não gera chorume, apenas adubo e água de reuso, que pode ser utilizada para limpar calçadas e chão da cozinha. Além de diminuir os custos com água e energia, a Terraform auxilia as empresas em suas metas de responsabilidade ambiental e de sustentabilidade. As recicladoras são 100% nacionais, fabricadas pela Topema Innovations e estão disponíveis no mercado com preços a partir de R$4.500,00 para compra ou ainda por locação. São duas versões: a residencial e comercial, que é capaz de se transportar e se acomoda a qualquer espaço da cozinha (2 kg ou 5 kg), e a industrial, ideal para redução do lixo orgânico de cozinhas industriais, restaurantes, hotéis, hospitais, indústrias e empreendimentos (30 kg ou 100 kg).

ESG e o *Food service*

Ultimamente tem parecido clichê, mas a grande verdade é que o uso desse termo tem sido amplamente explorado porque sua aderência é inerente à permanência e ao desenvolvimento nos negócios. Construir e consolidar uma cultura voltada para a eficiência é o desafio de toda organização desde o início da industrialização, que ciclicamente se reinventa criando as revoluções.

O ESG surge nas organizações como força motriz para uma verdadeira transformação.

Nosso aprendizado e evolução histórica nos trouxe até aqui e, dessa forma, vamos nos moldando e evoluindo sempre em busca de equilibrar as nossas ações visando tornar-nos cada vez mais prósperos. No entanto, essa prosperidade se confundiu em algum momento e passou a utilizar apenas um critério para mensuração do êxito. Esse critério muito evidente é a lucratividade financeira. E foi a partir daí que nossa sociedade começou a ter muito foco nesse resultado e, por muitas vezes, negligenciou e ainda negligencia fatores importantes e essenciais na construção do verdadeiro desenvolvimento.

Capítulo 15

Entendendo que só há desenvolvimento se houver equilíbrio entre recursos e resultados, o ESG surge nas organizações como força motriz para uma verdadeira transformação. Agora apoiado pelo propósito e por uma geração que entende que o lucro se faz importante, mas que não deve ser a única razão para que uma organização exista, ganha força aqueles que se estruturam em cima desse modelo.

Ter objetivos claros, valores definidos e alinhados com propósitos nobres, tem sido estratégias adotadas e vitoriosas dentro das organizações que constroem e conectam com toda sua cadeia esses princípios e que se apoiam em ética e transparência. Em tempos atuais, é preciso ser de "verdade" e é preciso promover essa verdade em todas as áreas de negócio. Criar conexões, apoiar e desenvolver processos e assumir o protagonismo nessa mudança me parece ser uma decisão inteligente, que garantirá a prosperidade de todos.

A sigla ESG (*Enviromental Social Governance*) tem penetrabilidade em qualquer segmento de negócio e, por sua transversalidade, se torna impossível imaginar que uma organização consiga se desenvolver sem fazer uso desse advento, que vai muito além do muro de uma empresa. Para isso, é necessário criar conexões com *stakeholders*. Mas, para se conectar, é preciso identificá-los, conhecê-los, entendê-los e engajá-los. Isso potencializará a conexão e possibilitará o sucesso de todos em um processo que ficou muito mais dinâmico, essencial, necessário e organicamente evolutivo, uma vez que todos ganham.

Uma sociedade justa se faz com pessoas justas, que dedicam seu tempo a organizações justas que, em Simbiose, promovem resultados melhores, desempenhos maiores e entregam valores reais de volta para a sociedade. Uma organização é feita por pessoas que se dedicam a um mesmo objetivo, quando esse objetivo faz sentido para essas pessoas. A dedicação aumenta, a performance melhora e o retorno sobre os investimentos alcança níveis inimagináveis, assim esse fluxo se consolida e todo o meio é positivamente impactado, trazendo prosperidade social, porque as pessoas se beneficiam. A comunidade evolui na medida em que a organização amadurece, prospera ambientalmente porque não há decisões saudáveis, sem gerarem algum tipo de prejuízo à natureza, fonte de recursos e até mesmo fornecedora de toda a matéria-prima. O resultado é a prosperidade financeira, que deixa a organização ainda mais preparada para reinvestir nesse processo de melhoria contínua e de impacto sustentável positivo e permanente.

Food Service One

Gestão e tratamento de resíduos de alimentos em cozinhas profissionais

Aterro Zero: *conscientização, engajamento e tecnologia como rota efetiva para neutralizar impactos socioambientais e fortalecer a saúde financeira da sua cozinha.*

A narrativa socioambiental tende a se fortalecer como nunca na Era pós--C19, assim como a busca pela recuperação da rentabilidade nos negócios. Eficácia e eficiência estão de mãos dadas com a adoção de processos internos que minimizam impactos socioambientais diretos e indiretos.

3Rs da reciclagem: Reduzir, Reutilizar e Reciclar

A cultura do lixo no saco preto precisa acabar, começando pelo básico: não misture seus resíduos e pratique os 3 R's em sua principal matéria-prima, o alimento: reduzir a geração de resíduos é evitar que o alimento seja desperdiçado. Valorize talento e criatividade de *chefs* e nutricionistas para reutilizar matéria-prima de forma criativa e saborosa. Reciclar resíduo orgânico é responsabilidade civil, pois ocupa 50% dos descartes em aterros e lixões, causando enormes impactos em emissões e contaminação do solo e da água. A automação, tecnologia, conscientização e engajamento de todos — quem gera e gerencia resíduos — são pilares fundamentais para uma boa gestão. Portanto, seja qual for o perfil de sua operação, há diversas soluções a considerar.

> **A cultura do lixo no saco preto precisa acabar, começando pelo básico.**

Compactador de resíduos

O compactador nada mais é que uma grande prensa que reduz o volume de resíduos para facilitar o transporte para centrais de processamento ou aterros. Deveria ser utilizado apenas para rejeitos, ou seja, materiais sem possibilidade de serem reciclados ou compostados, no entanto, infelizmente, é comum ser utilizado para compactar resíduos sólidos nos sacos pretos sem separação.

Infraestrutura: espaço em área externa, energia elétrica.

Triturador de resíduo

Os trituradores de resíduos são instalados nas pias e cubas das cozinhas, em áreas de preparo de alimentos ou higienização de louças. Além de restos de alimentos, alguns modelos trituram materiais, tais como embalagens,

Capítulo 15

guardanapos, canudos, entre outros não orgânicos, e somam um alto consumo de água e geração de microplásticos. O envio de matéria orgânica crua na tubulação causa entupimento e sobrecarga em caixas de gordura. Quando há Estação de Tratamento de Efluentes – ETE, também demanda esforço maior para a quebra do material e transformação em lodo. Infraestrutura: energia elétrica, fonte de água.

Composteiras elétricas

Composteiras elétricas transformam resíduos alimentares em biomassa por meio de processo térmico de desidratação. A biomassa gerada é concentrada para aplicação no solo e requer tempo para cura, estabilização e decomposição, por meio da mistura com outros insumos, como: serragem, turfa mineral, cal e terra. É necessário espaço para armazenagem e posterior destinação do composto. A comercialização depende de órgãos locais reguladores para o devido licenciamento.

O equipamento deve ser dimensionado para atender a demanda de geração de resíduos a cada 24h. O ciclo de processamento pode variar entre 12 e 18h, com limitação dos tipos de materiais descartados (ex.: proteína animal), para evitar fortes odores e, durante o ciclo, demais resíduos gerados precisam ser armazenados em câmaras frias, para evitar riscos de contaminação. Extrair umidade dos descartes e realizar o "cozimento" requer um alto consumo de energia, sendo necessário mão de obra dedicada para a gestão do processo. A biomassa e o composto orgânico geram valor ambiental para o estabelecimento já que os resíduos são desviados dos aterros e retornam à natureza.

Infraestrutura: energia elétrica, escoamento hidráulico, espaço e recipientes para armazenagem de subprodutos a granel, câmara refrigerada para resíduos.

Biodigestor

Biodigestores tradicionais são equipamentos fechados dedicados à decomposição da matéria orgânica hidratada, por meio da digestão anaeróbica (sem oxigênio, bactérias decompõem a matéria orgânica e geram gás).

A novidade, que chega para as cozinhas profissionais, com tecnologia embarcada para controle, identificação e automação dos descartes, são os biodigestores 100% de aço inox, que transformam resíduos alimentares em efluentes, com a presença de oxigênio. O processo é por biodecomposição acelerada, portanto, não descarta matéria orgânica crua; elimina risco de materiais recicláveis e impede que resíduos não orgânicos escoem na

Food Service One

tubulação existente, devido à existência de filtro mecânico. O processo, por ser contínuo, possibilita descartes a qualquer momento ao longo do dia, sem a necessidade de armazenar o resíduo em local paralelo.

O redesenho dos fluxos dos resíduos torna obsoleto o uso de lixeiras, sacos de lixo e câmaras refrigeradas e a contaminação dos recicláveis pelos orgânicos deixa de existir. Com o controle de procedência personalizada de descartes, permite medir para gerenciar, portanto, combater o desperdício de alimentos devido aos ajustes e melhorias na operação. O *onboarding* completo, com instalação e ativação, leva em média três dias de trabalho e inclui capacitação dos gestores e operadores.

Infraestrutura: energia elétrica, fonte de água, escoamento hidráulico, internet.

Conscientização e engajamento de equipe

Há bastante espaço para redesenhar processos e simplificar rotinas contando com inovações. A base de tudo está em conscientizar e engajar pessoas para garantir uma operação de sucesso e mais sustentável. #mundomaisvivo

Eduardo Prates | 15 — Gestão e tratamento de resíduos de alimentos em cozinhas profissionais

Eduardo Prates é empreendedor, ambientalista e fundador da Eco Circuito, que tem como propósito promover operações aterro zero e reduzir o desperdício de alimentos em cozinhas profissionais. É formado em Administração pela Universidade Northeastern, em Boston, EUA, com pós-graduação em Gestão & Tecnologias Ambientais pela Escola Politécnica da USP. Líder de projetos de certificação e rastreabilidade em multinacionais de *commodities* agrícolas.

Gustavo Raeli Corrêa | 15 — ESG e o *Food service*

Gustavo Raeli Corrêa é Founder da Simbiose I.A / Liderança em Gestão e Estratégia da Sustentabilidade para Empresas. Atualmente é CEO — Também é CO-Founder da Comunidade Caleidoscópio e palestrante nos assuntos ESG, Sustentabilidade e Negócios de impacto.

16

Marketing e arquitetura

Projeto funcional e arquitetônico para um plano de *marketing* estruturado

arquitetura funcional do restaurante deve ser incansavelmente discutida para alcance de todos os objetivos: estética, conforto, funcionalidade, racionalidade, economia e sustentabilidade.

As plantas e especificações de forro com indicação dos acabamentos, locação das luminárias, grelhas de ventilação e ar-condicionado, planta de acabamentos e paginação de piso, planta com indicação do mobiliário, painéis/lambris, são detalhes construtivos gerais que devem fazer parte do planejamento e do projeto.

Todos os dados atribuídos em um projeto funcional e arquitetônico são ferramentas para um plano de *marketing* estruturado.

217

Capítulo 16

Para iniciar o conceito de um projeto de uma cozinha industrial e de um restaurante, precisamos levantar do cliente, já desde o primeiro atendimento, detalhes relevantes da sua operação para dimensionamento correto de cada uma das áreas. Um projeto funcional bem conceituado, de acordo com a característica do restaurante, atendimento e cardápios, potencializa as vendas e garante melhor gestão do negócio. "A FORMA SEGUE FUNÇÃO".

Identidade e experiência

Após a concepção do conceito e dimensionamentos básicos, inicia-se o processo de *branding*, estudo da marca, posicionamento, criação de identidade do estabelecimento com um único objetivo: provocar uma experiência diferente dos outros lugares e fidelização do cliente e da sua marca.

Deve-se ser estudada a localização, acessos, trânsito local, entorno, prédios vizinhos, público-alvo. São os famosos 7 Ps do *marketing*: praça, público, preço, produto, promoção, pessoa, processo e percepção. Os Ps devem estar intimamente ligados e ter sentido entre eles. Diria que é o segredo do sucesso.

São os famosos 7 Ps do marketing: praça, público, preço, produto, promoção, pessoa, processo e percepção.

O posicionamento da área do restaurante (área social e de permanência dos usuários), no contexto do projeto, deverá priorizar sempre as melhores vistas das vistas externas, paisagens, praias, urbanismo.

Os acessos dos usuários na fachada devem possibilitar a localização da entrada e não deve existir nenhum obstáculo inibidor. É recomendado também o uso de elementos naturais como água, espelho d'água, vegetação etc.

A sonorização deve ser tratada com materiais acústicos ou com tratamento acústico que diminuam os ruídos, ecos e reverberação, proporcionando melhor acolhimento e conforto e, por consequência, maior permanência do usuário. Pode-se trabalhar com música ambiente adequada para um determinado tipo de restaurante.

Com relação ao conforto térmico, recomendamos, sempre que for possível, a utilização de ventilação natural ou ventilação de ar forçada por ar-condicionado na temperatura próxima a 22°C e umidade relativa em torno de 55%.

Food Service One

A iluminação correta é um elemento fundamental para tornar o ambiente mais agradável e acolhedor de um determinado tipo de restaurante. Aproveitar ao máximo a luz natural como importante fator de economia de energia elétrica.

O conjunto de materiais e técnicas escolhidas tem objetivo de trazer conforto, harmonia, sensações e não só a satisfação do cliente e a vontade de voltar, mas proporcionar uma experiência diferenciada.

Marketing estruturado

Em paralelo a tudo isso, tem a empresa de *branding* e *marketing*, que atualmente estuda (além de formas, nomes e cores) ações que geram clientes pelo *marketing* digital.

Isso porque atualmente o departamento de *marketing* está intimamente ligado ao departamento de novos negócios, comercial e vendas. Ele, como ferramenta de venda, é o responsável por gerar mais ''oportunidades de compras'' (o que é chamado popularmente de ''*leads*''). Para conseguir atrair novas pessoas do seu público-alvo e tentar convertê-las em *leads*, é necessário, além de planejamento, muita execução no ambiente digital.

É por meio de conteúdos e campanhas bem estruturadas que você consegue desenhar um funil de *marketing* completo desde o topo, da atração ao *lead*, do *lead* à venda. O *marketing* de conteúdo, por exemplo, é responsável pela primeira etapa: a atração. Para gerar atração, o exercício é sempre pensar o que e como seu público-alvo consome conteúdo na internet. Por que isso é importante? Hoje um dos principais ativos do *marketing* é a ''atenção''. Todos os usuários estão sendo constantemente bombardeados de anúncios e conteúdos chamativos de muitas empresas com o objetivo final de venda. Por isso, seu conteúdo e materiais produzidos precisam, além de se identificar com a marca, ter relevância para o consumidor e ter uma produção chamativa para que, naquele momento de atenção dele, seja captado para consumir o que você está oferecendo.

> **Para gerar atração, o exercício é sempre pensar o que e como seu público-alvo consome conteúdo na internet.**

Além disso, você precisa estar ciente de que seu público é atraído a partir de estágios. O primeiro estágio é o de consciên-

Capítulo 16

cia, em que o usuário sente que algo pode ser melhorado em seu dia a dia como, por exemplo, sua alimentação regular ou até mesmo os lugares gastronômicos que anda visitando. O segundo estágio é o de consideração, no qual o usuário está aberto a novos produtos, lugares e hábitos. O terceiro e último é de decisão, no qual ele já sabe como deve mudar e apenas escolhe o melhor lugar para realizar essa mudança.

Para cada estágio, existe estratégia de *marketing*. Para o estágio de atração, você pode agir em campanhas específicas no Facebook e Instagram, gerando um apelo de novidade ou outro gatilho de atenção.

Um exemplo de anúncio para estágio de consciência: "Cansado de marmitas congeladas no almoço? Conheça um novo conceito para o seu dia a dia". Para os estágios de consideração e decisão, você pode estar, por exemplo, posicionado no Google Meu Negócio e no Google Ads. Com isso, no momento em que o usuário faz a pesquisa o seu negócio está aparecendo nas primeiras posições, o que gera autoridade e até, possivelmente, uma compra (caso o usuário esteja procurando um local para comer próximo, por exemplo). Para esses estágios, campanhas para rede social também são essenciais. Um exemplo de um anúncio de rede social para o estágio de consideração: "Dos especiais ao executivo, uma variedade de opções para você que busca um bom lugar para o almoço". Um anúncio para o estágio de decisão: "Você pode provar o melhor almoço agora por 29,99, pertinho de você!".

O importante é que você crie esses anúncios com o público correto no seu estágio correto, gerando uma cadeia em que o mesmo usuário se relaciona com o seu negócio independente do estágio em que ele esteja para consumir de você. Empresas de *marketing* especializadas estão preparadas para construir essa cadeia de campanhas e anúncios para que todo o seu público-alvo seja atingido da maneira correta: com o melhor impacto e custo-benefício. Lembrando que campanhas ou até mesmo canais mal trabalhados geram custos desnecessários.

A parte de comunicação não é menos importante, passar a mensagem da maneira correta em anúncios é crucial. Não vai adiantar destacar preço baixo (que é um elemento que chama atenção) se o seu diferencial não é preço. Não adianta se dizer *premium*, se o seu diferencial não está na máxima qualidade. Quando você já tem uma boa comunidade, seja no Instagram ou até mesmo de clientes fiéis, é importante trabalhar o engajamento constante. O "*stories*" do Instagram é uma ferramenta boa para enquetes e conteúdo de rápida absorção. Promoções para múltiplas compras também funcionam bastante no objetivo de recompra.

Food Service One

Você, empreendedor ou proprietário do seu estabelecimento, deve também ficar atento aos novos apps que se tornam facilitadores e até vendedores do seu produto. Apps que fazem indicação de amigos, códigos promocionais, resgate de recompensas são ferramentas que ajudam sua loja no aumento do faturamento, trazendo novos clientes e fortalecendo o relacionamento com os atuais. Eles substituem os famosos *flyers*, *banners*, propaganda em escadas rolantes e cancelas de *shopping* etc.

Por fim, um aspecto muito importante para esse momento em que o *marketing* está diretamente relacionado com as vendas é o de *Growth Marketing*. Esse é o termo utilizado para técnicas de testes para as ações de *marketing* e vendas. Em resumo, o *growth* dita que você precisa sempre realizar pequenas ações e medir os impactos. Aquelas que têm impactos positivos você investe mais (as chamadas alavancas). Aquelas que têm impactos menos relevantes você pode testar de uma forma diferente ou simplesmente deixar de investir. Isso pode servir para divulgação de um produto do cardápio específico, para um canal de *marketing*, para uma promoção, para um evento etc. Testes são importantes para que os investimentos em *marketing* sejam feitos com o melhor custo-benefício.

Rafael Machado | 16 — *Marketing* estruturado

Rafael Machado tem graduação em *marketing* pela FGV e trabalha há 8 anos no mercado de *marketing* digital, sendo 6 anos com projetos e consultoria estratégica na WSI (maior rede de agências no mundo) e há 2 anos como fundador e gestor da @traction.to, que já atendeu mais de 300 empresas de todos os setores, sendo algumas grandes do mercado de *food service*, como a Topema Innovations e FSone.

Já participou também de grandes ativações na área, junto de empresas como Bionexo, Wittel e Odontocompany. Atualmente, atua como gestor de mais de 50 profissionais da área e ministra aulas e conteúdos especiais sobre o universo de *Marketing* Estratégico, *Growth Hacking*, Cultura Empresarial e Gamificação.

17

Neurobranding, ciência, posicionamento de marca e negócio

e queremos falar de marca, precisamos primeiro entender o ser humano. E o melhor local para se estudar o homem é na nossa própria mente, fazendo uma análise completa de nós mesmos. Quando conseguirmos nos conhecer perfeitamente — se é que conseguiremos —, saberemos também muito sobre os outros. E claro, o estudo da história do ser humano. Nossos rastros. Nosso DNA. Nosso ser mais inconsciente e extremamente presente.

Há 200 mil anos, surgiu o *Homo sapiens*. Faz 70 mil anos que aconteceu a primeira grande revolução, a Cognitiva, e, como não poderia deixar de ser, há 30 mil anos, os Neandertais foram extintos pelo *Homo sapiens* para expandir sua área. Junto a essa expansão, veio a extinção da flora americana, 16 mil anos atrás; há 13 mil anos, o *Homo sapiens* finalmente se tornou a única espécie humana sobrevivente.

Capítulo 17

Outra grande revolução aconteceu faz 12 mil anos, a agrícola, surgindo a domesticação de plantas e animais e, muito importante, a criação de assentamentos permanentes que farão surgir as cidades e mudarão em definitivo nossa forma de se alimentar, conviver, se relacionar e toda uma nova vida política. Importante entender que, na revolução agrícola e criação de assentamentos permanentes, novos hábitos se moldaram em todas as esferas. E 500 anos atrás, aconteceu a Revolução Científica e, somente há 200 anos, a Revolução Industrial.

Esse breve histórico do homem diz muito de quem somos, como fazemos e por que pensamos de determinada forma. O que pensamos e não falamos, o que sentimos e não expressamos. Somos fruto dessa história. E essa memória de todos esses fatos está presente em nosso DNA, queiramos ou não. Nossa genética diz como somos. E nossa experiência, quem somos.

Quando o ser humano vivia em cavernas, precisava de um estímulo físico para caçar a própria comida, estímulo e energia para correr e não virar comida das feras. Um dos mais importantes estímulos é a adrenalina. Produzida pelas glândulas suprarrenais, a adrenalina é lançada no sangue, provocando uma série de mudanças destinadas a deixar o corpo em condições de enfrentar o perigo ou fugir dele. A adrenalina tinha uma função vital, mas, hoje em dia, ela pode ser prejudicial. Em situações tensas, o aumento de adrenalina pode ser modesto, mas, quando isso ocorre de forma continuada, é um problema.

Falamos aqui do grande mal do século XXI, o estresse. Em um momento ele nos salvou, em outro pode nos matar. Por qual motivo o ser humano passou a andar em grupo e conviver em sociedade? Foi principalmente para atender as necessidades da base da pirâmide.

Bases emocionais do comportamento de consumo

O componente emocional é requisito fundamental no DNA da experiência de consumo. "São as emoções que comandam o comportamento humano e, especificamente no domínio do consumo, de que as pessoas compram emocionalmente e, depois, justificam suas decisões com a lógica, com argumentos racionais" (CARDOSO, 2009).

Segundo Damásio (2011), os consumidores assumem os sentimentos como fonte de informação para a tomada de decisão, uma vez que, via de regra, tendem a confiar nos seus sentimentos para avaliar um determinado estí-

Food Service One

mulo de marketing. É por via dos sentimentos que as emoções ocorridas no corpo iniciam o impacto na mente.

As emoções e a neurociência

Determinados estímulos, incluindo alguns pensamentos, provocam alterações no corpo, ou seja, as emoções apresentam reações fisiológicas a estímulos concebidos para que o ser humano se afaste do perigo e/ou se aproxime da recompensa. Os cientistas descobriram que 90% do nosso comportamento é impulsionado por processos sensoriais na mente inconsciente e emocional. E se uma marca quer resultado duradouro ou se um produto quer ter mais vendas na gôndola precisa se conectar emocionalmente às pessoas. A marca precisa ser memorável.

> **90% do nosso comportamento é impulsionado por processos sensoriais na mente inconsciente e emocional.**

Quantas vezes não enganamos nosso cérebro falando que determinado produto, que é mais caro ou que não necessariamente precisamos, nos será útil, nos trará mais visibilidade, nos tornará mais atraente ou mais *cool* e nos convencemos a comprá-lo? Inconscientemente, a compra já estava feita, nós somente a justificamos racionalmente para nós mesmos.

As emoções são provocadas por estímulos que vão desencadear um conjunto coordenado de respostas de ordem verbal, neurológica, comportamental e fisiológica.

O papel da Neurociência é investigar o processo de como o cérebro aprende e lembra, como reage às recompensas, às punições, ao que vê, sente as cores, aromas, imagens etc., com a finalidade de estabelecer relações entre o cérebro, aprendizagem, emoção, reações e consumo. Ou seja, são os estímulos que fazem toda a diferença em nosso comportamento, decisões, avaliações e julgamento, entre outros. E a marca, onde entra? Em tudo!!!!

Marca é uma experiência multissensorial, é um prazer que vicia.

Existem vários tipos de hábitos. Quando um pedaço de chocolate dissolve na sua boca, ocorre uma descarga de dopamina, neurotransmissor ligado ao prazer, que age na área cerebral chamada de *centro de recompensa*. Se uma substância como o açúcar e a maioria das drogas estimula a produção de dopamina repetidas vezes, desencadeia uma espécie de dependência. E sabemos o quanto é difícil resistir.

Capítulo 17

No caso daquele pedacinho de chocolate, você já sente o gosto antes de degustá-lo, tornando muito mais difícil resistir. Assim também uma comida em um restaurante que tem a concepção da arquitetura alinhada ao cuidado na apresentação dos pratos, respectivo aroma, serviço, temperatura, conforto e todos os pontos de contato da marca devidamente alinhados.

Mas, afinal, o que são marcas memoráveis?

Marcas fortes e memoráveis são aquelas que as pessoas sentem falta. Sem memória, não há marca. Para os negócios, construir memória de marca é mais do que nunca uma questão de sobrevivência, pois sabemos que os sentimentos influenciam diretamente as nossas decisões.

A constante utilização dessa estratégia no *branding* registra traços na memória. É uma questão de tempo, pois lembranças se sobrescrevem associadas com a marca. Dessa forma, toda vez que a pessoa se confrontar com um estímulo da marca, ela será direcionada automaticamente a uma memória e, consequentemente, a um sentimento e tomada de decisão.

Neurobranding se concentra no "quadro completo", "a marca", "o conceito". Em vez de produtos isolados e anúncios, são as emoções vivenciadas em toda a cadeia de valor que formam a marca. O poder do **neurobranding** começa na força dessas associações com sentimentos e lembranças positivas, para gerar negócios significantes e construir marcas memoráveis.

Desenho de produtos alimentares

Sabemos que o sabor aumenta a estimulação. Existem três principais neurotransmissores cuja concentração no cérebro pode variar de forma harmoniosa com o tipo de comida ingerida. A Dopamina confere mais energia, aumenta a concentração e proporciona sensações de prazer. A Acetilcolina é considerado um estimulante químico, envolvido na velocidade com que o cérebro processa informação, evoca memórias ou até soluciona problemas. A Serotonina é uma das substâncias que provoca sensações de relaxamento e de felicidade. Sem falar na importância da marca ou produto em observar as características organolépticas que são as características dos materiais que podem ser percebidas pelos sentidos humanos, como a cor, o brilho, a luz, o odor, a textura, o som e o sabor. Você imagina algum restaurante de sucesso que não tenha observado essas características?

Food Service One

Todos os pontos de contato da marca são fundamentais. E mais do que serem observados, devem estar alinhados à essência da marca. Mais do que comunicar, é preciso que a marca seja percebida de acordo com a sua essência. Do som ao cheiro, do visual ao verbal, do tato ao coração. "Realizar a ligação entre a concepção experiencial sensorial de um produto/serviço e a experiência do consumidor com a marca, facilita a escolha de imagens, cores, estruturas, nomes, linguagens, ícones, sons, comportamentos, serviços, tradições, rituais e orientações", segundo Jim Gilmore e Joe Pine.

Neurobranding

Somam-se os métodos consolidados de *branding* e negócio aos conhecimentos validados da neurociência, ciência cognitiva e comportamental, desenvolvendo gatilhos multissensoriais que ativam a memória e geram respostas neurobiológicas estrategicamente planejadas, otimizando o resultado do negócio.

Nossa visão é comportamental, trabalhamos com ferramentas proprietárias e somamos a uma base científica validada na neurociência e ciência cognitiva. Com uma abordagem própria, a ACDI posiciona, gerencia e desenvolve marcas sensoriais e produtos conectados emocionalmente às pessoas.

Estudamos quais gatilhos provocam os estímulos que a marca deve gerar nas pessoas. Com um núcleo somente para pesquisa de mercado, com método qualitativo científico e etnográfico (modelo utilizado por Coca-Cola, Unilever, L'Oréal e outras líderes), que geram *insights* e dados reais, focados no reposicionamento de marcas e criação de produtos, que nenhum outro método consegue com igual precisão, tudo coordenado por uma profissional com 12 anos de experiência na Gazeta Mercantil. E uma Joint Venture com a ICN de Portugal na área de laboratório de neurociência, para entender de fato o seu consumidor, tudo o que o cliente quer, sente e não fala. Isso para vocês investirem de forma certeira com o melhor resultado em todos os pontos de contato da marca.

O poder do *neurobranding* começa na associação que impacta nosso cérebro e nos faz sentir uma forte emoção por meio das lembranças e experiências vividas, quando desejamos profundamente retornar a um passado de criança, nossa mãe, segurança, amor e outras sensações.

Ambiente de consumo

O aroma é um importante componente no sabor. Aquilo a que normalmente chamamos de "gosto" é, na verdade, "sabor", uma combinação de gosto,

Capítulo 17

cheiro, textura e outras propriedades físicas. O estímulo olfativo possui uma ligação evolutiva, direta e rápida com a memória de longo prazo.

O nosso cérebro consegue identificar alguns sabores básicos por meio das substâncias químicas, que estimulam diferentes receptores de sabores presentes nas papilas gustativas: salgado, doce, amargo, azedo e umami. De acordo com o psicólogo Steven Shevell (2011), especialista em cores e visão, para que haja cor no cérebro, são necessários processos neurais, sinapses, assim como as palavras são construídas no dia a dia. E de acordo com a neurociência das cores:

Azul = córtex pré-frontal;

Vermelho = amígdala e núcleo *accubens*;

Preto = amígdala;

Verde = córtex pré-frontal;

Branco = córtex cerebral esquerdo (pensamento lógico e competência comunicativa);

Laranja e Amarelo = sistema de recompensa;

Marrom = sistema límbico = controle das emoções, aprendizado e memória;

Rosa = área tegmentar ventral, responsável pela sensação de recompensa ao saciar a fome, sede ou sexo.

Pesquisadores da química do cérebro da Universidade de McGiull descobriam que a dopamina está relacionada ao gosto ou repúdio das pessoas por uma música ou determinado som. O estudo fez um mapeamento do cérebro das pessoas enquanto elas ouviam determinados tipos de música. Dessa forma, os cientistas notaram que a substância citada está diretamente relacionada à sensação de prazer ao ouvir as melodias. O ritmo da música afeta a percepção de tempo. Música com ritmo ligeiramente lento diminui os níveis de estresse e a percepção de tempo de espera. Ritmo elevado aumenta a velocidade de deslocação e, consequentemente, a circulação, enquanto que ritmo reduzido diminui a velocidade de deslocamento, fazendo com que os consumidores passem mais tempo no interior da loja. Música agradável e divertida estimula sentimentos de euforia/bem-estar semelhantes às recompensas tangíveis, liberando dopamina.

Food Service One

A visão ocupa uma enorme importância no desenvolvimento do cérebro humano, pois 1/4 do volume do cérebro humano é dedicado ao processamento e à integração de informação visual. Os estímulos visuais serão mais fáceis de serem recordados se estiverem agregados a outro sistema sensorial, como a audição ou olfato. A iluminação baixa atrapalha a apreciação de um produto e, diminuindo a visão, acaba aguçando os outros sentidos sensoriais, que são de aspecto mais subjetivo durante o processo de decisão de compra. O áudio extremamente alto atinge o sistema límbico, acionando a memória emotiva e ajudando a transposição do cliente para o ambiente festivo das baladas, nos quais ocorrem disputas e conquistas afetivas, trazendo à tona a necessidade de busca pelo melhor produto e aceitação do grupo. Já o olfato é um dos sistemas sensoriais mais ancestrais e é por meio dos aromas que muitos seres vivos percebem o ambiente, permitindo deduzir e discernir informação por meio da captação e processamento dos componentes químicos presentes no meio envolvente, permitindo até a sobrevivência.

Exemplos como difusores de fragrâncias atuam: a baunilha, canela, chocolate ou menta são os mais requisitados para espaços de consumo, sendo preciso uma especial atenção à localização dos espaços onde é colocado o difusor uma vez que a circulação de ar deve ser reduzida e as temperaturas não devem ser nem muito altas nem muito baixas para não alterar a percepção de aromas. Um aroma tem a capacidade de se vincular às emoções de um determinado evento ou acontecimento e, ao detectar novamente esse aroma, memórias e as respectivas emoções agregadas serão evocadas. O cheiro de limão e a menta reforçam a energia e o estado de alerta, enquanto que o aroma de rosas reduz a tensão, razão pela qual esse aroma é muitas vezes aplicado em *spas*. Esse vínculo marcante na memória do consumidor, se bem trabalhado e alinhado à essência da marca, resulta em aumento das vendas.

Uma pesquisa comportamental realizada na Alemanha sinalizou que o uso de fragrâncias personalizadas aumentou em 15,9% o tempo de permanência do cliente no ponto de venda, em 14,8%, a probabilidade de compra e, em 6%, as vendas reais. As mais fortes memórias afetivas começam e terminam com o cheiro, como o bolo da vovó, café da tarde, a criança recém-nascida que, antes de conseguir identificar a mãe visualmente, a reconhece primeiramente pelo som, em seguida pelo cheiro.

Na Brown University, o Dr. Tryyg Engen realizou estudos que contestam a predominância do sentido da visão. Ele concluiu que nossa capacidade de recordar emocionalmente os odores é muito maior que nossa capacidade de recordar o que vimos. Mas e o cheiro das marcas, já parou para pensar

Capítulo 17

no cheiro da sua loja, escritórios e produtos? Como a sua marca pode estimular essa percepção olfativa na memória dos consumidores?

E com relação ao tato, sabemos que a pele é o principal órgão corporal do tato, sendo que é por meio dela que o corpo humano se comunica com o ambiente externo. O toque suave fornece informação detalhada sobre a fonte de estimulação, incluindo a sua localização exata, a sua forma, o seu tamanho, a sua textura e o seu movimento. A pressão fornece informação muito pouco detalhada sobre a localização e informações do estímulo. Por exemplo, o uso de pisos confortáveis aumenta o bem-estar, propiciando e incentivando que se caminhe sobre ele.

Espaço

Muito mais do que um canal de vendas, o espaço é a manifestação física de uma marca. As marcas precisam pensar em como criam sinais psicológicos positivos e memórias por meio de ambientes que conectam os sentidos. De acordo com Damásio (1999), quando os estímulos são emocionalmente relevantes, o cérebro cria um caminho mais curto para que esses dados cheguem rapidamente à amígdala (fortemente implicada em decisões do tipo impulsivo) ou outras regiões específicas e fortemente implicadas no processo de tomada de decisão e, por esse motivo, as marcas que conseguem construir vínculos afetivos com os consumidores e podem aumentar a sua rentabilidade, fixando um preço mais elevado e provocando ainda assim uma sensação de recompensa mais elevada.

O cérebro é uma máquina excepcional programada para reagir de forma instantânea às distintas situações. O que pouco é dito é que essas decisões estão relacionadas à percepção do fenômeno e como ele ativa nossas memórias culturais e evolutivas. Os consumidores pensam que estão conscientes da motivação de suas compras, mas a verdade é que, na maior parte do tempo, estão sendo influenciados pelas respostas que os estímulos de *marketing* e *branding* geram e quais neurotransmissores são ativados. Nosso principal gestor de emoções é a memória, principalmente as lembranças mais profundas, as afetivas e evolutivas responsáveis pelos instintos básicos de sobrevivência.

Quais memórias estão escritas na mente do consumidor quando ele está diante dos estímulos da sua marca? Quais memórias estão relacionadas ao comportamento de consumo dessas pessoas? Quais neurotransmissores ativamos com os estímulos da marca?

Food Service One

Quando estudamos a formação de vínculos sociais e a amizade, percebemos que a base da construção dessas relações é o convívio. Se estamos constantemente perto de alguém, com o tempo essa pessoa se torna mais confiável. O mesmo ocorre entre pessoas e as marcas. Uma marca se tornará amiga das pessoas se toda a comunicação possuir consistência, for sempre lembrada de forma positiva e, o mais importante, presença no cotidiano. Planejamento e ativação de marca.

Sem memória não existe marca. Esse é o motivo de tantas pesquisas mostrarem que as marcas mais lembradas são sempre as que as pessoas estão mais dispostas a comprar e consumir. *Neurobranding* é como a ACDI pensa negócio.

ANDRÉ CRUZ | 17 — *Neurobranding*, ciência, posicionamento de marca e negócio

Formado em publicidade pela Fundação Armando Álvares Penteado com especialização em Cinema. Fundador e gestor da ACDI design. MBA em Gestão empresarial pela Strong — FGV. Pós-graduado em *Neuromarketing* — Neurociência cognitiva aplicada ao consumo. *Coolhunting* pela Inova Business School. Comportamento do consumidor pela Fundação Getulio Vargas. Cofundador e diretor da ACDI *neurobranding*. Palestrante. Diretor de *Neurobranding* e Relações institucionais da Neurobusiness.org.

A ACDI é pioneira em *Neurobranding* no Brasil. Processos consolidados de *branding*, inteligência de consumo e negócio, somados aos conhecimentos da neurociência e ciência comportamental. Marca, Ciência e Negócio.

18

Tendências e o futuro

á conseguimos perceber diversos temas relacionados ao futuro das cozinhas, observando tendências vindas da Europa e EUA ou de usos que foram se transformando com a evolução dos materiais e do mundo.

Serviços e atendimento

Uma tendência é serviço Grab &Go, muito difundido fora do Brasil, e agora aplicado aqui. Elaboramos 2 projetos com esse sistema: Bourbon e FLPP. As cozinhas abertas e expostas ao cliente são tendência. Geralmente, as áreas de finalização e cocção são mais transparentes e instaladas com equipamentos de alta tecnologia, como fornos combinados e fogões de indução, que são equipamentos esteticamente bonitos e exigem menor manipulação dos alimentos.

Capítulo 18

Inovação nos edifícios, restaurantes e entorno

A tendência inovadora no mercado de modo geral está na liberdade das pessoas trabalharem cada vez mais por demanda e resultados. Os novos modelos de negócios associados às *startups* também modificam o mercado de maneira agressiva. Cada vez mais as pessoas estão dentro dos grandes centros financeiros nas cidades para morar, trabalhar, circular e recrear, por isso também os estabelecimentos comerciais e restaurantes estão cada vez mais abertos a inovar sua relação com as cidades e com os habitantes, com o objetivo de atrair os clientes, seja para trabalhar e utilizar os espaços como seus *offices* ou para recrear. Com isso, há a necessidade dos restaurantes cada vez mais comunicarem-se com o entorno e ambientes externos.

Perspectiva Praça Birmann 32, localizada no térreo. Imagem disponibilizada pela Birmann 32.

As pessoas, de modo geral, buscam ainda a comunicação com a natureza, buscam o lúdico, espaços abertos, confortáveis e *rooftops* que fazem a comunicação com o meio externo e convidam para maior permanência no estabelecimento. O novo edifício multifuncional da Birmann 32, O Faria Lima Prime Propriets (FLPP), tem como sua principal característica mudar a relação entre o espaço urbano e a relação das pessoas que vivem na região, privilegiando o entorno e integrando a cidade com o meio urbano e os espaços de convívio.

> **As pessoas, de modo geral, buscam ainda a comunicação com a natureza.**

235

Food Service One

Perspectiva Foyer Birmann 32, localizada no térreo. Imagem disponibilizada pela Birmann 32.

O edifício tem certificado LEED Premium, com práticas sustentáveis como cogeração de energia a gás, Iluminação em LED, vidros com eficiência térmica, autossuficiência energética e sistemas de reuso, tratamento de resíduos sólidos, elevadores inteligentes, dentre outros.

O projeto das áreas de alimentos e bebidas aconteceu em abril de 2016 e conta com: cozinha central, restaurantes, bares, cafés, convenções e eventos. O principal restaurante localiza-se no térreo e terá atendimento ao público externo e aos usuários do edifício. Será um restaurante com pratos no serviço *buffet* e show com massas e carnes preparadas e finalizadas no atendimento do cliente. No mezanino, encontra-se um restaurante à la carte, com um serviço diferenciado com tíquete médio de R$120,00.

Perspectiva da vista externa do restaurante. Imagem disponibilizada pela Birmann 32.

Capítulo 18

Grab&Go

Um pouco mais sobre o futuro das cozinhas, sendo uma das inovações no nosso setor, destaco hoje nesta matéria o tema Grab&Go. A terminologia do queridinho Grab&Go (Pegue e Vá) vem sendo muito utilizada principalmente fora do Brasil e agora, nos últimos 2 anos, também vem sendo explorada, ainda bem timidamente, por alguns empreendedores no país.

O Grab&Go é constituído, em sua maioria, em locais de pequeno ou médio porte, pois não exige grandes áreas para a implantação. Está sendo muito explorado em estabelecimentos comerciais, hoteleiros, supermercados, empórios, conveniências, clínicas, padarias, academias, restaurantes corporativos etc. Deverá necessariamente contar com serviço de alimentos prontos, selecionados, embalados, envasados, etiquetados, bem identificados e sempre com um ponto bem importante em destaque, a embalagem.

Além de ser bonita, bem dimensionada, ela deve preservar o alimento visível e ser termicamente controlada. Dependendo do alimento, exige uma atmosfera modificada ou gás inverte, ausência total ou parcial de gases e muitas vezes da própria luz. O queridinho tem muitas vantagens operacionais para quem implanta e muitas para quem usufrui do estabelecimento como cliente.

Para os empreendedores da área de *food service* que trabalham com esse serviço, é possível fazer um pré-preparo antecipado, controlar bem os ingredientes (custo e valor de venda), ter uma (*shelf life*) vida de prateleira muito maior para os alimentos e fazer um atendimento muito mais rápido, portanto, tem maior rotatividade. Já para os clientes que usufruem, espera-se um local com arquitetura moderna, convidativa e confortável, um serviço muito rápido com sabor que realmente cause a experiência para que possa voltar e relembrar daquele espaço como um produto/serviço realmente diferenciado e padronizado.

Fizemos alguns projetos com esse tipo de serviço, tanto com restaurantes comerciais em São Paulo como o projeto mais atual, como para a nova bandeira *midscale* do Bourbon – Rio Hotel by Bourbon. Participamos do projeto inicial do Resort Bourbon Atibaia e agora estamos com esse projeto ativo novamente, implantando novas áreas e melhorias no sistema de alimentos e bebidas; estamos presentes também em algumas unidades da Rio Hotel By Bourbon.

A bandeira Rio atende hóspedes *business* e lazer e vem trazer serviços reduzidos, mas com prioridade no bem-estar para os hóspedes, colaboradores e cuidado com sustentabilidade e meio ambiente. Ele traz características marcantes na sua arquitetura, com cores e propostas inovadoras e descontraídas.

Food Service One

Desenvolvemos um projeto com o conceito Grab&Go para o Bourbon em Maringá/PR, em junho de 2017. O hotel conta com 120 apartamentos, com serviço de *room service*, salas de reunião e de convenções. O hotel tem comunicação e acesso direto com um shopping. Nesse caso, hóspedes e visitantes têm facilidade em ter várias opções de refeições completas, por isso instituiu-se o serviço de Grab&Go. As áreas de retaguarda ocupam 3 pavimentos, sendo térreo (cozinha, restaurante e Grab&Go), subsolo com refeitório para funcionário, doca, recebimento, almoxarifados e utilidades e, no 1º pavimento, estão localizadas as salas de reuniões, convenções e copas de apoio.

Basicamente, a área de cozinha para atendimento ao Grad&GO para todo esse público conta com 25m² e a área social com 45m². O funcionamento será 24 horas com todos os serviços de refeições rápidas, desde o café da manhã até o jantar, com produtos como frutas, saladas, lanches, quiches, pizzas, *paninis*, bolos, cafés, sucos, água de coco, água, adega de vinhos, massas, caldos etc. frescos, disponíveis para compra e consumo imediato. Os alimentos estarão expostos em vitrines de autosserviço, verticais e horizontais, quentes/frias e neutras. Além disso, projetamos fluxos bem resolvidos para circulação nas bancadas para apoio das bebidas, refrigeradores e adega.

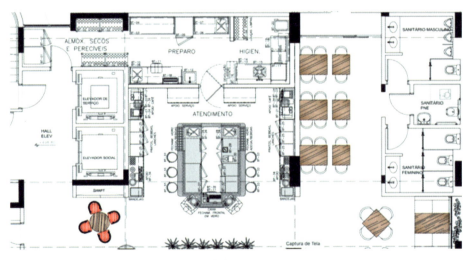

Trecho leiaute executivo funcional, Grab & Go, pavimento térreo.

Alguns produtos devem ser finalizados pelo próprio cliente em fornos de convecção, nos quais o cliente poderá desembalar o produto e aquecer em prato de louça. Assim também funcionará para as bebidas e vinho. Estão disponíveis também grelhadores de contato, com aquecimento rápido e controlado para os lanches, *panini* e outros pratos rápidos. O sistema atenderá

Capítulo 18

hóspedes, passantes, visitantes, vizinhos, reuniões de pessoas que acessam o *lobby* e que estão usando o espaço como *coworking*, espaço colaborativo e compartilhado.

Cozinha Quatro Ponto Zero

Ao pensar nas terminologias: gastronomia 4.0, cozinha 4.0, cozinha e restaurante do futuro, precisamos obrigatoriamente pensar em tecnologia, inovação, disrupção e uso da internet. Assim como a 4ª Revolução Industrial – Industrial 4.0, também a gastronomia e o *food service* estão alinhados, percebendo o futuro e utilizando tecnologias como: automação, IoT Internet das Coisas, inteligência artificial, computação em nuvem, produção sob demanda, proximidade com clientes, nanotecnologia, inteligência artificial, robótica, *big data*, *analytics*.

> **Cozinha 4.0, cozinha e restaurante do futuro, precisamos obrigatoriamente pensar em tecnologia, inovação, disrupção e uso da internet.**

Big Data, *analytics* e inteligência artificial: na atualidade, os serviços de alimentação contam com tecnologias capazes de estudar e analisar um conjunto de dados, preferências, buscas, movimentações, populações. Essas ferramentas chamadas de *analytics* são essenciais para definições de estratégia de marketing, produção sob demanda e operações mais focadas e inteligentes. Em outras palavras, todos os nossos dados colocados na internet, todas as nossas buscas e visitas em sites, são dados importantíssimos para qualquer setor. Já que estamos falando sobre serviços de alimentação, nossos dados de preferências, buscas a restaurantes, alimentação, também serão analisados para ações de marketing e vendas de restaurantes.

A tecnologia aplicada a IOT, internet das coisas, também está presente nos equipamentos de cozinha. Hoje, os equipamentos mais inteligentes geram um código de erro que é automático e remotamente informado à assistência técnica e isso permitirá a troca da peça ou o reparo, infinitamente mais rápido (RATIONAL, UNOX, WINTERHALTER).

Coifas, sistemas de exaustão, refrigeradores e câmaras frigoríficas também contam com a IOT. Nesse caso, as temperaturas desses equipamentos são controladas por sensores ligados a apps e o gestor da unidade conseguirá acessar remotamente, tomar partido e controlar, conforme já descrito no capítulo anterior.

Food Service One

Essa tecnologia aplicada vem resolver dores do nosso mercado que, com o passar dos anos, cresce. Estamos falando de um mercado que cresce 14% ao ano e que representa 2,4% do PIB, são 1 milhão de estabelecimentos de *food service*. Isso sem contar aqueles que não têm CNPJ ou cozinhas dentro de escolas, universidades hospitais, hotéis, presídios, restaurantes corporativos.

Quais as dores do *Food service*?

Só quem atua ou empreende no mercado, *chefs*, nutricionistas, *designers kitchens*, investidores, empresários, saberá as dores. E são muitas! A tecnologia vem nos ajudar nessas dores.

O conceito de abrir uma *startup* validá-la e ter sucesso é justamente resolver as dores de um determinado segmento. A tecnologia está sempre ligada às *startups* que, por sua vez, visam ter o maior número de usuários com uma equipe e estrutura enxuta. Vamos combinar que só dá para fazer isso com o uso de tecnologia!

Eu tenho uma *startup*, a KITCHAIN. Uma plataforma de intermediação de serviços e produtos para o *food service*, tenho dados e validações dessas dores que busco resolver:

1. Manutenção de equipamentos;
2. Assistência técnica de qualidade;
3. *Turnover* (colaboradores que mudam de emprego num prazo curto);
4. Absenteísmo (a falta);
5. Custos operacionais (água, energia elétrica, gás, mão de obra, área m^2); muitos empreendedores não têm acesso a essas informações, mas o número de restaurantes e bares que fecham no estado de são Paulo, são uma aberração; 20% fecham em 2 anos e 90% fecham em 5 anos. Resultado da falta de gestão e custos operacionais elevadíssimos;
6. Volume de lixo (resto e sobra ingesta); desperdícios por toda parte;
7. Serviço de *delivery* (a multidão de *bikes*, motocicletas, causando problemas na mobilidade urbana);
8. Obsolescência programada (equipamentos que têm vida útil programada, meu *iPhone*, por exemplo);
9. Acidentes de trabalho (dado por projetos mal elaborados, falta de fluxo, equipamentos de péssima qualidade, construído fora das normas);

Capítulo 18

10. Sustentabilidade (pensando na longevidade do negócio);
11. Impostos (são 25% do seu faturamento);
12. Usuários que ficam nas filas esperando para fazer o pedido ou comprar uma refeição, principalmente em centros e shoppings.

Novos entrantes: os novos entrantes são plataformas, apps, inovações que vêm desmoronar uma referência antiga, incluindo um novo formato de algum produto ou serviço; por exemplo: WhatsApp, que foi inventado para facilitar a comunicação e desbancou toda e qualquer telefonia mundial. Quais as dores que tínhamos com os serviços de telefonia: todos, né? Desde atendimento, sinal, valores abusivos. Veio um novo entrante e desmoronou o passado. Quem não se adequar, está fora. Vide empresas enormes como Xerox e Kodak. Ou você reinventa, ou morre.

1. *Drones* e Carros autônomos: na gastronomia, temos novos entrantes também. Lembre-se de que uma das dores do futuro será a mobilidade urbana (motocicletas, *bikes* em grande número). Agora, já temos testes de alimentos sendo entregues por *drones* ou carros autônomos.

2. Algumas *startups* apostam em aplicativos de pedido e pagamento antecipado em restaurantes, o que ajuda muito o cliente não pegar fila. Sabe qual outra dor que ele resolve? O gestor começa a produzir por demanda e evita desperdícios, sustentabilidade.

3. Supermercados com autosserviço, sem filas, sem caixas e aberto 24h. Funciona assim: você baixa o app, entra na loja, pega o que quiser e, ao sair, ficará em uma cabine para a leitura do código de barras dos produtos que comprou, que automaticamente cairá no seu cartão. Sabe aquelas filas enormes em supermercados? Quem tem tempo de ficar na fila, gente?

Virtual *restaurants*

Já ouviu falar em restaurantes virtuais?

Restaurantes virtuais ou restaurantes fantasmas são aqueles que fabricam refeições e oferecem a experiência gastronômica apenas para o serviço de *delivery*, geralmente comercializado por meio de aplicativos como Ifood, Uber Eats e outros. Os restaurantes virtuais estão crescendo muito nas grandes cidades dos Estados Unidos e em São Paulo. Nos EUA, os clientes aumentam seus gastos em quase 15% ao ano. Eles se tornam cada vez mais populares com o avanço e o acesso à tecnologia e com as melhorias dos serviços de entrega. São

Food Service One

tendências que modificarão a experiência gastronômica. Muitos consumidores preferem a conveniência de comer em casa. O que indica que os restaurantes fantasmas não serão uma moda passageira, mas uma tendência.

Como funcionam os restaurantes virtuais?

O cliente acessa a plataforma digital ou aplicativo, abre o cardápio, faz o pedido e paga por ele. O restaurante recebe o pedido, prepara e transporta a refeição para o cliente, prática comum nos EUA e Europa.

Importante: um empreendedor pode ter vários restaurantes virtuais com uma única cozinha industrial eficiente e bem planejada a qual poderá fabricar várias culinárias diferentes, personalizações, muitas opções no menu e transportar a preparação até o cliente.

A *startup* Green Summit Groupe é um exemplo. Fundada em 2013, atende 14 restaurantes diferentes em uma só cozinha. Hoje opera com 4 cozinhas centrais e 200 funcionários.

Por que investir em um restaurante virtual?

Nos EUA, 60% dos restaurantes fecha em até 5 anos. Em São Paulo, 50% fecha suas portas em até 2 anos e 90% em até 5 anos. O número de consumidores cresce a cada dia, alimentação fora do lar torna-se uma prática comum, o que confirma que os números acima são uma aberração dada pela falta de gestão operacional e conhecimento no mercado de *food service* dos empreendedores.

Nos EUA, a população gasta mais com alimentos fora do lar do que com mantimentos. A falta de conhecimento no *food service* faz com que empreendedores apostem nessa opção de menor investimento com restaurantes fantasmas e, com isso, as vendas crescem em quase 20% por ano em todo o mundo.

Vantagens em empreender em um "restaurante fantasma"

Não há necessidade de implantação de área social para receber clientes (decoração, mobiliários, utensílios e fachada estão excluídos do projeto).

Não há necessidade de ser implantado em uma rua convidativa e em grandes centros.

Não existem garçons.

Oferece mais flexibilidade nos cardápios, trabalha em mais dias de semana em horários alternativos. Tudo isso pode aumentar o seu rol.

Investimento pode ser menor. Dependendo da cozinha industrial, o investimento inicial é alto, porém o *payback* extremamente rápido.

Capítulo 18

Caso não queira investir na cozinha industrial, você poderá utilizar cozinhas de comissaria, cozinhas alugadas ou *cocooking*, Hub, como preferir chamar. Prática também comum fora do Brasil.

Independentemente do tipo de restaurante, importantíssimo conhecer os custos fixos, variáveis e as despesas com as parcerias (aplicativos) para venda do seu produto. Essas empresas geralmente negociam parte do seu faturamento.

As ações de marketing estruturadas desse tipo de restaurante geralmente são bem mais pesadas e inteligentes. O investimento em redes sociais, sites, marketing digital e mídias deve ser grande.

Os restaurantes fantasmas devem gerenciar dados eficientes de inteligência para atrair a clientela. Fazer leitura de dados da persona, preferências, dados demográficos, classe econômica a fim de enviar notificações, promoções, atrativos, recomendações e tomar decisões estratégicas, inclusive de mudanças de cardápio e formato de atendimento.

O fracasso da empresa acontece se o empreendedor não muda suas ideias e faz mais, em vez de aprender mais (trecho do livro *O segredo de Luiza*). Em uma ocasião, nos EUA, o Uber Eats leu os dados de preferências de uma determinada região e notificou um proprietário para criar, em sua pizzaria, um espaço virtual para produção de frango frito. O restaurante passou a entregar mais frango do que pizza e faturar US$ 1.000 por semana. UAU! REINVENTE!

Metaverso e o *Food service*

Entendendo o Metaverso

Muito tem se falado sobre o Metaverso ultimamente. O termo tornou-se um dos mais pesquisados no Google, no final de 2021, chegando a superar em alguns momentos o termo covid. NFTs seguiu o mesmo caminho, levando junto as pesquisas sobre *blockchain*, criptomoedas, Etherium, OpenSea, Decentraland, Roblox, Upland, carteira virtual entre outros, mas no final dessa pesquisa tudo gira em torno do termo Metaverso, ou do seu sinônimo, web3, que está surgindo, trazendo à nova economia virtual inúmeras oportunidades para pessoas e empresas. O Metaverso, em breve, será tão onipresente quanto TikTok, Instagram e Facebook (agora Meta).

As pessoas já passaram pela web 1.0, 2.0 e agora chegaram na web3, ou seja, parte desse comportamento já foi absorvido pelas pessoas. A pandemia acelerou a transformação digital e as pessoas começaram a experimentar novas possibilidades pela tecnologia. A videoconferência, que foi um grande auxílio em tempos de *home office*, hoje apresenta fadiga. Buscamos novas e melhores alternativas para a comunicação e socialização.

243

Food Service One

Enquanto estamos somente nos primórdios da web3, misturando otimismo, especulação, desinformação, novas promessas, questionamentos e inúmeras possibilidades, o que deixa as pessoas perdidas sobre acreditar no novo e saber qual é a hora de entrar, eu gosto de lembrar os 3 estágios da verdade desenvolvidos por Arthur Schopenhauer: "No primeiro, ela é ridicularizada. No segundo, é rejeitada com violência. No terceiro, é aceita como evidente por si própria". O Metaverso passará também pelos 3 estágios da verdade e sairá triunfante até a chegada de uma web 4.0, que nem temos ideia de quando virá e o que será. Afinal, o mundo caminha a uma velocidade exponencial e, no Metaverso, você poderá ser quem sempre desejou ser. Basta imaginar e clicar.

A Web 3 desponta como o renascimento da internet. Se voltarmos no tempo, o primeiro ciclo era descentralizado, com páginas estáticas criadas e seus *hiperlinks*. Depois, na Web 2.0, as gigantes Google e Facebook centralizaram por meio dos seus apps o que os usuários poderiam ver e fazer. Pelo Metaverso (Web 3), estamos voltando à descentralização, pelo menos tentando, se as *big techs* deixarem, dando poder aos usuários para gerar e transacionar criptomoedas, NFTs, jogar, socializar e comprar tudo o que for oferecido por outras plataformas. Sim! O Metaverso permite tudo isso e o que mais a sua imaginação for capaz de empreender.

Definição

Espaço coletivo, compartilhado, composto de realidade virtual, aumentada, inteligência artificial (I.A.) e internet. Nele, podemos replicar a realidade por meio de dispositivos digitais. Ele proporciona novas formas de aprender, trabalhar, socializar e se divertir. Alguns chamam de *figital*: união do físico com o digital ou de internet espacial, web 3.0.

Verso é universo. Portanto, além do espaço físico.

Mitos e verdades

Você não precisa ter óculos de realidade virtual para entrar no metaverso. Você pode acessá-lo por seu navegador ou de um app instalado em seu computador ou celular. A confusão é gerada, pois tudo indicava que o acesso ao metaverso se daria pela realidade virtual, pois era a experiência mais imersiva disponível. Porém, era uma experiência realizada de forma individual, sem conexão e comunicação com outras pessoas.

> **Você não precisa ter óculos de realidade virtual para entrar no metaverso.**

Capítulo 18

Também não é verdade que o metaverso é só para *gamers*. Essa indústria foi a precursora, sendo a primeira a incorporar em seus jogos o conceito de comunidade, avatares, áudio-espacial, ambiente 3D compra e venda de NFTs, gamificação e reconhecimento.

O que o metaverso não é: um lugar, um objeto, uma coisa, uma tecnologia nem mesmo uma empresa. O metaverso se autoconstrói.

Tamanho do mercado

A maior verdade de todas, além das características anteriormente citadas, o metaverso é a nova economia digital. Após o anúncio de Mark Zuckerberg sobre a mudança do nome do Facebook para Meta, as pessoas começaram a associar de forma mais rápida o conceito e as possibilidades do metaverso com exemplos dentro de casa.

Segundo a Bloomberg, PWC e Statista, o mercado metaverso deve movimentar cerca de U$ 783.3 bilhões em 2024 quando comparado com os U$ 478,7 bilhões movimentados em 2020, ou seja, um crescimento de 63%. Esses valores estão distribuídos em: anúncios, *hardwares* (para *gamers*, óculos VR etc.), *softwares* e serviços e entretenimento ao vivo, sendo este último o que terá um aumento mais significativo. Nos próximos 3 anos, o mercado de games estima atingir U$ 300 bilhões.

Early Adopters

Os *early adopters* são o grupo de usuários que estão abertos à experimentação de novidades. Essas pessoas possuem mais disposição para testarem e adquirirem novas tecnologias e soluções, mesmo que ainda não tenham sido testadas por outros indivíduos.

Modelo híbrido

Já adianto a minha opinião de que, apesar de ser um grande entusiasta do metaverso, atuando em tecnologia há mais de 25 anos, acredito muito no modelo híbrido. Não acredito que tudo será *on-line*, que não teremos mais eventos, aulas ou encontros presenciais. Acredito que a tecnologia está à disposição para ajudar as pessoas e a sociedade, mesmo que algumas empresas distorçam essa visão e a usem para fins indevidos. A área que mais me empolga em relação ao metaverso é a educação. Ela é quem deveria, ao menos a meu ver, tirar o maior proveito se tivermos a competência de usar-

245

Food Service One

mos as ferramentas de forma correta. Acredito que sempre precisaremos de professores e aulas presenciais em vários momentos. É importante o contato visual, o aperto de mão e a socialização. Por mais que a tecnologia evolua, não desejo que passemos o resto de nossas vidas trancados 100% dentro de casa. A educação no Brasil, sempre deixada em segundo plano desde a nossa descoberta, tem a chance pelo metaverso de oferecer um conteúdo de qualidade e igualitário, por meio de experiências imersivas. Para isso, é preciso que os professores e autoridades ligadas ao ensino sejam entusiastas da tecnologia. Quando veio a pandemia, a tecnologia quebrou inúmeros paradigmas e possibilitou o *home office*. Isso foi apenas a ponta do *iceberg*. Que os nossos alunos possam estar em salas de aula em determinados momentos e em outros possa utilizar o metaverso para aprender, viajar no tempo, trocar experiências, tirar as próprias conclusões e tomar decisões.

Somente a educação garante o nosso desenvolvimento social, econômico e cultural. Que o metaverso seja o grande potencializador dessa virada econômica e educacional. Convido você, leitor, a descobrir uma nova era de possibilidades e que seu interesse por esse assunto seja cada vez mais aguçado. Nos encontramos do outro lado!

Metaverso e o *Food Service*

Como posso levar o meu restaurante para o metaverso? Vejamos algumas ações iniciais de grandes marcas como McDonald's, Starbucks e Outback que servem como exemplo em relação às oportunidades que o metaverso pode trazer para qualquer negócio, independente do seu porte. O metaverso é para todos os bolsos. A experiência e o benefício para os clientes são dois pilares importantes, além da criatividade.

Você pode ter um restaurante virtual para entregar comida real. Ao caminhar pelo metaverso e sentir fome, você não precisa abandonar o seu computador ou trocar de app no celular. Você entra no restaurante mais perto ou de sua preferência e pode fazer o pedido pelo metaverso e continuar a sua experiência imersiva. Foi o que o McDonald's fez recentemente estreando no metaverso. Já fazemos isso pelo nosso celular certo?

Além de inovar na forma de fazer o seu pedido, você pode oferecer experiências de entretenimento e até mesmo educação como forma de atrair e fidelizar o público. Você pode criar um *game* e quem completar as

Você pode ter um restaurante virtual para entregar comida real.

Capítulo 18

missões poderá receber um NFT colecionável. Esse mesmo NFT poderá dar acesso a algum benefício no seu restaurante físico como, por exemplo, uma sobremesa grátis ou ter direito a escolher um prato exclusivo, ou seja, para eu pedir um item específico do menu, tenho que ter entrado em um metaverso onde eu tenha implementado o meu restaurante virtual e simplesmente visitá-lo ou participar de alguma experiência imersiva.

Se você é um *chef* de cozinha, poderá oferecer um *workshop* no metaverso para as pessoas aprenderem uma determinada receita ou novas técnicas. Um *sommelier* pode falar sobre harmonização. Essa é a forma que a geração digital vem utilizando para se comunicar, aprender e consumir. O que foi criado no mercado de *games* agora é transferido para o varejo. Não devemos ignorar esse movimento. Metaversos como Upland, Decentraland e The Sandbox proporcionam essas experiências. Entrar no metaverso torna a sua marca inovadora, jovem e conectada com esta comunidade que não para de crescer e faz girar a economia digital.

Cozinha em *container*: [Food]box®

[Food]box ® é uma solução desenvolvida pela FSone®. São cozinhas compactas, inteligentes e itinerantes construídas em *container*. Trata-se de uma unidade para serviços de alimentação com alta tecnologia e capacidade de produção entre 100 a 10.000 refeições diárias. Traduzimos a demanda de nossos clientes em soluções únicas a partir de um diagnóstico técnico, configurando módulos exclusivos às suas necessidades.

São *containers* metálicos que atendem à legislação da ANVISA com paredes, piso e teto impermeáveis de alta resistência e instalações prediais de elétrica, hidráulica e mecânica com padrão industrial. A estrutura modular oferece alta flexibilidade na montagem e desmontagem, proporcionando ao cliente a tranquilidade na escolha do local e dos serviços.

O [Food]box® atende desde cozinhas do *food service*, como hamburguerias, loja de sushi, padarias, cafeterias, bares e restaurantes, até grandes soluções de centrais de produção, cozinhas centrais ou canteiro de obras. A Lafaete é uma empresa parceira, especializada em soluções construtivas modulares com mais de 45 anos de mercado. Suas soluções atendem os segmentos de eventos, construção civil, infraestrutura, serviço óleo & gás, mineração, indústria, comércio, agronegócio e *food service*.

No segmento de alimentação, a Lafaete desenvolveu a Cozinha *Container*, feita em módulo habitacional tipo *container*. Esse módulo tem as mesmas dimensões

247

Food Service One

de um *container* marítimo, entretanto é uma fabricação própria com revestimento termoacústico que proporciona um grande conforto de temperatura e acústica, mesmo em ambientes externos. A Cozinha *Container* desenvolvida pela Lafaete permite customizar toda a cozinha industrial com a flexibilidade do módulo *container* de acordo com o dimensionamento de cada particularidade.

Todo o projeto de *container* cozinha industrial é projetado de acordo com as normas da Anvisa. Por esse motivo, o *container* tem um pé-direito de 3 m, entrada e saída separadas para alimentos e descarte e um espaço planejado para circulação eficiente de pessoas. Além disso, a cozinha *container* tem rapidez na montagem e instalação de equipamentos. É tipo de construção seca, não agride o ambiente e não gera resíduo na montagem e desmontagem.

Em 2016, a Lafaete forneceu cozinhas *containers* totalmente equipadas para os jogos olímpicos no Rio de Janeiro. Foram mais de 382 cozinhas com capacidade de produção de 6.000 refeições a cada turno de 4 horas. Também foram entregues 63 refeitórios em *container*, garantindo o sucesso do cliente e sua capacidade de produção.

Container modulo habitacional | Cozinhas para canteiros de obras | LAFAETE.

MAPRE:

A primeira solução [Food]box® que empregamos foi para o MAPRE. Um desafio! Uma necessidade! Esta foi a conclusão da orientação dada a um militar da aeronáutica no ano de 1998 quando planejava matéria para seus estudos no ILA (logística da aeronáutica). Simples assim. Uma cozinha itinerante que pudesse atender aos mais distantes pontos e nas mais severas condições. Sem água encanada, sem energia estabelecida, sem suprimento de qualquer alimento e sem suporte de pessoas especializadas para preparar e servir alimentos.

Com base em informações nas quais o índice de "satisfação" das pessoas, militares americanos em estado de guerra, naquele momento acontecia a guerra do Golfo, sentiam a dificuldade de clima e dificuldades outras. Surgia aí um ponto importante na análise: alimentação.

Capítulo 18

Trazendo isso para o Brasil, que naquele momento discutia a proteção da Amazônia e fortalecia então as bases nas fronteiras, utilizamos essas necessidades para desenvolver a unidade de alimentação.

Dois foram os requisitos básicos para o desenvolvimento do projeto. Primeiro, levar o máximo de alimento possível e com o menor volume. E segundo, permitir que os próprios militares em serviço pudessem participar na preparação dos alimentos. Com base nesses dados, iniciamos o projeto conceitual no qual o transporte tornou o terceiro requisito, que a unidade poderia ser transportada por aeronave militar de grande porte. Aí fomos à busca dos limites de volume e peso máximos para transporte.

Visto isso e com a quantidade de militares que estariam atuando nesses pontos remotos, dimensionamos e caracterizamos cada centímetro cúbico de cada módulo padronizado pelo fabricante da aeronave. Tudo no projeto foi dimensionado em duplicidade, o que transformou a unidade com alto grau de confiabilidade, fator extremamente relevante para as condições da aplicabilidade.

No carnaval de 1999, elaboramos então o projeto conceitual e conseguimos a proeza no dimensionamento da unidade para atender aos 250 homens com suas 5 refeições diárias durante 30 dias. Com isso, conseguimos estabelecer que a reposição dos alimentos aconteceria uma vez por mês.

Com o primeiro requisito estabelecido, em que o volume e pesos eram pontos determinantes, elaboramos o cardápio, no qual os alimentos que, durante o processo aumentava de volume e ou peso, seriam produzidos no local. E aqueles que tivessem reduziriam peso e volume pois seriam produzidos em uma central e transportados já prontos.

Levar o máximo de alimento possível e com o menor volume.

249

Food Service One

Fazer pão parecia o grande desafio, visto que a presença do "padeiro" não seria permitida e que necessariamente o pão (e demais itens de farinha) deveria estar presente nas refeições. Logicamente, não montamos uma "padaria", porém encontramos a forma em produzir esses itens tão importantes nas refeições. Produzir itens com alto índice de água, de "massa mole".

Este não seria o maior desafio. Surgia, após iniciado o projeto funcional, a dificuldade da mudança dos procedimentos operacionais do Rancho, em que a presença do fogão como centro de atenção não seria mais possível. Tinha que se implantar tecnologia e eliminar equipamentos tradicionalmente utilizados — fogões e as panelas.

Dá-se aí o início da revolução em que apenas 2 equipamentos seriam utilizados para cozinhar os alimentos: A Frigideira e o Forno Combinado. Feito isso, fatores determinantes que permitiriam a exequibilidade da operação, passamos a projetar as demais necessidades: energia, água, almoxarifados, preparos, cocção, distribuição, higienização e o próprio salão de refeições.

No primeiro módulo, implantamos a geração de energia, captação e tratamento de água e, aproveitando a energia, também implantamos a geração de água quente, o preaquecimento seria obtido com o resfriamento do gerador de energia. A água poderia ser captada, por exemplo, em um riacho e receberia o tratamento para transformá-la potável, sem riscos de qualquer contaminação, com a aplicação de filtro de osmose reversa como último elemento filtrante. Todos os componentes duplicados para garantir a operação. A necessidade externa para o funcionamento fica restrita ao combustível para tocar os geradores.

Dá-se aí o início da revolução em que apenas 2 equipamentos seriam utilizados para cozinhar os alimentos: A Frigideira e o Forno Combinado.

A sequência para a definição estratégica foi dimensionar os almoxarifados de secos e perecíveis (tudo congelado). Aí, então, conseguimos altíssimo índice de aproveitamento do espaço interno do módulo, com a criação de 27 "cubos". Cada um destes atenderia às necessidades de um dia. Tudo ficava empolgante, visto que também com a definição física resolvíamos também os pontos críticos da operação. Tudo tecnicamente atendido, com as questões de temperatura, ventilação e isolação térmica. Tudo também

Capítulo 18

recebia tratamento de garantir a segurança da operação. As câmaras frigorí-ficas foram equipadas com 2 unidades de refrigeração cada. No almoxarifado, foram dois sistemas de ventilação.

O ponto alto do projeto foi o desenvolvimento do módulo de cocção, em que tudo também foi duplicado com as frigideiras e os fornos combinados dispostos de forma extremamente compacta e de altíssima capacidade de produção. Um operador executa todas as operações necessárias para pro-duzir os 250 almoços, sem que este tenha que caminhar exaustivamente, também sem a geração de panelas sujas que necessitariam de outro lo-cal para higienizar. Equipamentos compactos e de altíssima capacidade e versatilidade produzindo maior diversidade de preparações.

O terceiro módulo foi desenvolvido para atender a duas fases dos serviços. A primeira foi a de preparo; a segunda foi a de atendimento. Consideran-do a não simultaneidade, foi possível estabelecer essas duas fases e com grandes vantagens pelo uso dos equipamentos para apoio de cada uma das duas fases. Os refrigeradores e as estufas atendem tanto a preparação como a finalização. Considera-se aí que todos os alimentos são embalados adequadamente para evitar qualquer contato e oferecer risco de contami-nação. Cada fase foi determinada para que houvesse a distinção efetiva e foi separada pelo horário. Entende-se que entre elas aplica-se a efetiva hi-gienização de todos os equipamentos e utensílios.

Ao último módulo, de menores dimensões e que tinha também a restrição de peso, pois no transporte ele ocupa a "rampa" da aeronave, desenvol-vemos a higienização mecanizada com capacidade para higienizar louças, copos, talheres e os utensílios da unidade.

A disposição estratégica dos seis módulos sobre um platô previamente preparado permite que o espaço formado entre eles se transforme no salão de refeições, necessitando de leve cobertura de lona.

O último e derradeiro desafio foi consolidar todo o conjunto para transpor-te e montagem no local remoto. Cadeiras, mesas, ar-condicionado, lonas e outros apetrechos foram criteriosamente escolhidos para que fosse permi-tido acomodá-los nos espaços vazios de cada módulo e que consolidasse a carga para o transporte. Nem tudo foi uma maravilha, pois planejar e pro-jetar demandou exaustivos estudos, pesquisas e dimensionamentos. Lo-gicamente, foi a parte mais empolgante, o que efetivamente não aconteceu durante as fases que se seguiram, em que a voracidade humana colocou em risco a execução do primeiro conjunto e posso garantir que trouxe gran-des empecilhos na continuidade do projeto. Triste, sim, com o comportamen-to de determinadas pessoas ligadas ao processo.

Empreendedorismo e a panificação

O pão presente em todos os lares é motivo de muita polêmica. No entanto, de fato, não se sabe quando esse alimento começou a ser feito. É estimado que ele tenha surgido por volta de 12.000 a.C., na Mesopotâmia, com o cultivo do trigo. Porém, o Egito foi o país que revolucionou a panificação, assando o primeiro Pão no forno de Barro a 7000 a.C.; mais tarde, esse povo criaria a fermentação.

Quanto às padarias, estimava-se que teriam surgido na Roma antiga, mas a história do pão contradiz essa teoria, afirmando que surgiram em 3.000 a.C. no próprio Egito onde foram usados para a fabricação do "Pão de Sol", consumido até os dias atuais na região. Anos depois, a França aperfeiçoou este processo de fabricação, criando receitas melhores e variadas, tornando-se referência no mundo. Considera-se, porém, que foi em Roma onde as padarias começaram verdadeiramente a tomar forma, com a criação das primeiras escolas de panificação e dos primeiros comércios de pão, trazendo muito prestígio a esta classe perante a sociedade local na época.

No Brasil, os pães chegaram com a colonização, trazidos pelos portugueses. Curiosamente, o nosso pãozinho francês não surgiu na França, e sim aqui mesmo por volta de 1835 no Rio de Janeiro, capital do Brasil na época. Elaborado por cozinheiros locais que tentaram reproduzir as baguetes europeias tanto comentada pelas famílias que vinham de lá.

Na Inglaterra, muito após a Revolução Industrial, os fornos (principal equipamento de uma padaria) evoluíram muito. Em 1872, os primeiros fornos a gás começavam a aparecer, mas foi apenas em 1901 que o forno elétrico foi inventado, facilitando ainda mais a expansão da receita. Assim, por volta de 1915, as padarias começavam a passar por uma fase de modernização, com fornos e equipamentos especiais para a produção do pãozinho nosso de cada dia. Hoje, as inovações no setor são enormes e já existem até mesmo indústrias da panificação testando robôs para a produção de pães e confeitarias, também *drones* para a entrega de pães fresquinhos aos seus clientes. Nosso momento é uma verdadeira revolução de inovações para os apaixonados pela panificação.

Panificação como negócio

A conhecida Panificação/Confeitaria está entre os maiores volumes de comércios do país. Os pãezinhos diversos, cafés e confeitarias diversas são sabores e produtos indispensáveis na vida dos brasileiros. A padaria tem em média um investimento inicial de baixo/médio porte e com grandes

Capítulo 18

chances de sucesso, desde que seja muito bem planejado e executado. Os resultados dependerão principalmente da análise do público-alvo. A perfeita análise determinará o segmento, modelo de negócio, investimento, local, região etc. A "Padaria Moderna" traz uma junção de serviços enormes, abrangendo a área da confeitaria, restaurante, minimercado, empórios artesanais, pizzarias, conveniências etc. E ainda, que produtos deve oferecer, como tradicionais, artesanais, *fitness* ou *gourmets*.

Como falado anteriormente, esta decisão exige muito estudo do seu cliente em potencial, costumes, classe social, local de implantação do negócio e sua área de atuação. Esse passo orientará o empresário quanto ao investimento, tipo de máquinas e até a arquitetura do local.

A incorporação de novos produtos, serviços e até mesmo o aumento da concorrência no mercado, com novas estruturações do comportamento de consumo dos clientes, fez com que houvesse hoje diferentes perfis de lojas, cada um focado num modelo diferente de atuação. Atualmente, os concorrentes das padarias chegam a ser os supermercados, hipermercados, mercearias, lojas de conveniência em postos de gasolina.

Segundo estudos feitos pelo SEBRAE – Serviço Brasileiro de Apoio às Micro e Pequenas Empresas (www.sebrae.com.br), com a ABIP – Associação Brasileira das Indústrias de Panificação e Confeitaria (www.abip.org.br), temos alguns principais modelos de negócio e dicas para se destacar no mercado:

Boutique: os locais que se adequam ao modelo boutique são aqueles que estão localizados em regiões de maior poder aquisitivo e que priorizam produtos de fabricação própria e/ou importados — em geral, preferem comercializar opções mais exclusivas de alimentos e ingredientes;

Padaria de serviços: as mais comuns de serem encontradas. Também sendo classificadas de acordo com a localização, as padarias de serviços ou de conveniência são consideradas aquelas presentes em regiões centrais ou ruas e avenidas de grande circulação. Em geral, oferecem além dos próprios produtos, itens de confeitaria e serviços de lanchonete com maiores opções de salgados e lanches;

Padaria artesanal: esse estilo destaca os pães e *pâtisseries* de fabricação própria. Normalmente, também são negócios especializados em certas nacionalidades, trazendo itens da culinária de origem, como a italiana, a portuguesa ou a lituana;

Pontos quentes: tendência em países europeus, este sistema vem avançando no Brasil e consiste em padarias como filiais. Uma central envia alguns tipos de itens de produção própria para apenas serem assados no chamado *ponto quente*;

Padaria industrial: na contramão da anterior, a industrial é a que fabrica seus pães e mais produtos para fornecer a outros endereços (pontos quentes e padarias terceirizadas). Frequentemente, por conta de uma extensa linha de produção, este é o segmento que mais necessita de investimento em maquinários de alta performance e a que fornece normalmente os produtos congelados;

Padaria de mercado: como o próprio nome entrega, este modelo de padaria fica localizado dentro dos mercados. Podem existir unidades com fabricação de pães e mais receitas realizadas no local ou estabelecimentos que optam por terceirizar o processo. Outra estratégia para esse tipo de empreendimento é estar posicionada ao fundo dos supermercados para que o cliente possa se interessar por outros produtos ao longo do caminho e, automaticamente, aumentar o valor da compra;

Orgânica (ou *fitness*): este empreendimento vem crescendo nos últimos anos devido ao maior número de adeptos a uma alimentação saudável e livre de agrotóxicos. Em geral, o público-alvo desse modelo costuma ser mais exigente em relação aos meios de fabricação e procedência dos ingredientes utilizados.

Panificação Francesa — Viennoiserie, Boulangerie e Pâtisserie

Viennoiserie são confeitarias artesanais que produzem as massas que têm ação de fermento, podendo ser biológico (fresco ou seco), *levain* e outros, ou seja, faz os pães fermentados doces, como os *croissants, brioches* etc., doces feitos no estilo de Viena, na Áustria. Produtos assados que normalmente aparecem na hora do café da manhã ou da tarde. Eles foram desenvolvidos por padeiros vienenses, alguns em sua terra natal e outros depois de imigrar para Paris. Esses produtos foram rapidamente adotados em Paris e no resto da França, e logo em muitas nações do mundo.

Viennoiserie é como uma ponte entre a confeitaria e a panificação. Os produtos são adoçados e enriquecidos, muitas vezes pelo uso de açúcar, ovos e manteiga. Eles geralmente são feitos de farinha branca e um *levain* ativo (fermento) para fazê-los crescer. Ao assar *viennoiserie*, a massa sobe para formar camadas de massa perfeitamente escamosa. Eles endurecem relativamente rápido, então é melhor comer *viennoiserie* no dia, ou melhor ainda, logo depois que eles chegam do forno. Os alimentos vienenses geralmente

Capítulo 18

não são gelados, embora possam ser recheados com chocolates, frutas e outras pastas. Normalmente, esse tipo de panificação são cafés, ou similares.

Boulangerie (Padaria) é focada na produção dos pães, como baguetes, pães coloniais, de camponês etc. As padarias devem assar seu pão no local para receber o título de '*boulangerie*' na França. Enquanto uma *boulangerie* também pode vender *pâtisseries* e *viennoiseries*, seu principal comércio será em pães franceses tradicionais, embora esses tipos profissões sejam essencialmente diferentes, pois lidam com técnicas distintas.

Para ser um mestre *boulanger* ou pâtissier na França, é necessário seguir uma formação técnica rigorosa para exercer adequadamente essas profissões, que por lá são regulamentadas. Os profissionais levam anos aprendendo a lidar com a fermentação natural e com a arte de se construir doces que agradam tanto o paladar e o olhar.

"O *savoir-faire* da *boulangerie*": o domínio do "*boulanger*" (padeiro) inclui tudo aquilo que fermenta. Segundo os melhores *boulangers* da França, é necessária grande experiência para entender o funcionamento da fermentação natural, que conhecemos como "*levain*". Enquanto "O *savoir-faire* da *pâtisserie*": o mestre *pâtisserie* (confeiteira) precisa entender muito de doces... e de arquitetura. A *pâtisserie* tem fama de ser a "ciência" da cozinha, pois exige grande criatividade e precisão na execução. *Macarons, gâteaux, paris-brest, crème brulée* são alguns dos doces típicos.

Pâtisseries – A palavra *pastry* é usada de forma muito liberal em inglês ou outras línguas, mas na França e na Bélgica é somente para confeiteiros que são altamente treinados e usam técnicas clássicas para fazer produtos autênticos. A *Pâtisserie* artesanal é tradicionalmente leve, delicada e doce. Como grande parte da confeitaria é complexa, ela só pode ser executada por uma mão bem treinada. Espera-se que os produtos acabados não apenas tenham um sabor delicioso, mas também pareçam emocionantes. A confeitaria mudou ao longo dos anos, à medida que os gostos e as modas alimentares se desenvolveram. Os principais componentes dos doces são os ovos, manteiga, leite, creme e açúcar. Produtos como tortas, pastéis, quiches e *gâteaux* são as principais delicias feitas por um *chef pâtissier*. No entanto, a maioria dos itens feitos com farinha, mas sem fermento, se enquadram nessa categoria.

> "O savoir-faire da boulangerie": o domínio do "boulanger" (padeiro) inclui tudo aquilo que fermenta.

Food Service One

Principais produtos no negócio

Na decisão do cardápio base, os tipos de pães mais procurados em geral nas padarias brasileiras: a lista dos tipos de pães mais consumidos no Brasil varia de região para região, porém o número 01 (um) é o tradicional PÃO FRANCÊS. A produção em todo o Brasil é diária e, por sua tradição no país, é o único que por lei só pode ser vendido por peso. Assim, por conta disso, a pesagem da massa entrou no processo de produção.

Pão Francês – com certeza, o pão mais consumido no Brasil é o pão francês, ou o pão de sal, como é conhecido em algumas regiões do país. Ele é o tradicional pão ingerido no café da manhã, lanche da tarde ou outras refeições diárias de milhões de brasileiros.

Pão Sovado – o pão sovado é bastante macio e possui esse nome pela necessidade de sovar a massa por um tempo longo. É um pão de origem francesa, porém muito consumido no Brasil.

Pão de Forma – é o pão utilizado para realizar o misto-quente, lanche típico brasileiro. O pão de forma é obtido a partir do cozimento da massa doce e da farinha de trigo. A massa é moldada em forma retangular antes de ser levada ao forno, característica típica desse pão.

Pão de Queijo – o pão de queijo é uma receita típica do Brasil, especificamente do Estado de Minas Gerais, que surgiu na década de 50. Apesar de apresentar muitas receitas, a tradicional leva ovos, sal, óleo vegetal e queijo (muçarela ou parmesão).

Pão Integral – o pão integral é composto com farinhas integrais, ou seja, com farinhas completas às quais não foram retirados quaisquer constituintes. Durante o processo de moagem, são obtidas farinhas menos agressivas e sem qualquer tipo de peneiração. É conhecida como a "farinha do bem".

Pão Italiano – o pão italiano é de aparência e textura semelhantes ao pão francês. A principal diferença é sua coloração, o francês é um pouco mais escuro e mais seco.

Pão Árabe/Sírio – o pão árabe é utilizado no Brasil principalmente para ser recheado com alimentos, em uma espécie de sanduíche. Ele pode ser feito com farinha de trigo branca, semolina, trigo integral ou mesmo de farelo, centeio ou cevada. Normalmente, é acrescentado levedura e condimentos aromáticos.

Pão de Centeio – este tipo de pão era mais consumido no Brasil antigamente. Caracterizado como um pão mais consistente e duro, ele foi substituído pelo pão branco — mais macio e saudável.

Capítulo 18

Além dos já mencionados, também podemos destacar o *croissant*, o pão sem glúten, o pão branco, o pão de ló (que, na verdade, é uma espécie de massa de bolo) e o pão de leite.

Uma tendência muito importante nos dias atuais é que estamos voltando a consumir pães mais artesanais e rústicos que resgatam a cultura milenar, que trazem sabores e características únicas que valem a pena cada minuto investido no preparo da receita. São pães que levam de 08 a 48 horas de fermentação, como feito pelos nossos ancestrais.

Fermentação Natural ou Prolongada

O conceito europeu retorna com muita força ao mercado brasileiro, trazendo de volta a essência dos pães com características de massa mais ácidas, mais saudáveis (possui melhor digestão) com maior tempo de fermentação. Essa cultura vem tomando força aqui no Brasil devido à globalização e ao maior acesso da população em geral aos pães de longa fermentação. Devido ao processo de fabricação ainda em sua maioria manual e de tempo prolongado, os pães de fermentação natural têm sabor marcante, consistência robusta e durabilidade muito maior, podendo ser consumido até 04 ou 05 dias após a fabricação. Como são produtos com maior valor agregado, podem ser precificados com margens melhores que outros produtos, garantindo o retorno do investimento em sua produção.

> **Essa cultura vem tomando força aqui no Brasil devido à globalização e ao maior acesso da população em geral aos pães de longa fermentação.**

Mecânica dos equipamentos

São também tendências do setor, fatores como modernização das indústrias, adoção de processos mais eficientes e padrões de fabricação, novas tecnologias, automatização da produção e informatização. Diante desses novos desafios, ainda se soma um muito importante, atender as novas tendências do mercado com produtos artesanais, mais manuais e torná-los em condições de serem produzidos industrialmente sem perder as características naturais nem alterar o sabor, aumentando a produtividade.

257

Food Service One

Por isso, a mecanização dos processos, com equipamentos de ponta, é um dos recursos mais utilizados.

Devido ao alto consumo de pão no Brasil, é claro que as padarias, confeitarias e similares são estabelecimentos essenciais na economia do país. Dessa forma, os empresários do segmento precisam estar atentos aos métodos para otimizar seus processos. Afinal, produtividade na padaria é sinônimo de lucro.

Por isso, a mecanização dos processos, com equipamentos de ponta, é um dos recursos mais utilizados. Aliás, com o maquinário correto, é possível diminuir a mão de obra, padronizar a linha de produtos e ter mais lucratividade ao fim do mês. Além de contar com funcionários de confiança, é essencial que a panificadora tenha bons equipamentos para otimizar os processos.

Esse tipo de investimento auxilia nas diferentes etapas de preparo, tornando mais simplificada a rotina do padeiro e, assim, resultando em alta produtividade. Os bons resultados estão relacionados à qualidade dos equipamentos fornecidos para o trabalho. Por isso, os empresários devem buscar soluções que aliam qualidade, robustez e tecnologia, pensando em elevar o potencial produtivo da padaria.

Ao otimizar o processo de produção, a padaria se torna mais produtiva. Isso significa dizer que se torna possível produzir maior quantidade do produto, mais padronizado e com menos recursos. Com produtos de qualidade sendo fabricados em larga escala, consegue-se trabalhar com demandas maiores, mais padronizadas e preços mais competitivos. Trazendo mais lucro e crescimento para a empresa. A otimização dos processos engloba diferentes setores dentro da padaria, inclui desde sistemas de gestão até o maquinário para as etapas produtivas propriamente ditas.

Dessa forma, é importante que o empresário entenda que mecanizar e automatizar os processos não significa deixar a tradição de lado; pelo contrário, afinal, investir em equipamentos de ponta pode representar o futuro do negócio e contribuir para o lucro da empresa, tornando-a mais produtiva e competitiva no mercado.

Nesse caminho, optar por equipamentos e insumos de qualidade é essencial. E contar com fornecedores de confiança é o primeiro passo. Busque por parcerias e empresas especializadas no assunto, pois a aquisição de maquinário é um investimento alto, por isso deve ser feito com parcimônia

Capítulo 18

e muita pesquisa. Além de garantir produtos de qualidade, você otimiza a sua produção e ainda economiza com problemas e manutenções.

O processo de panificação é complexo, delicado, e hoje mais do que nunca, num contexto tão sensível às questões de uma alimentação correta e saudável, deve ser garantido pelo processo industrial perfeito. As considerações a serem feitas na escolha das melhores ferramentas de produção e gestão estão condicionadas ao tipo de produto que é fabricado.

FERNANDO GODOY | 18 – Tendências e o Futuro – Metaverso e o *Food service*

Empreendedor serial atuando há mais de 20 anos no setor de tecnologia sendo 4 anos nos EUA em agências digitais de Los Angeles. É fundador e CEO da Flex Interativa, primeira empresa brasileira a desenvolver uma plataforma metaverso em ambiente 3D, *cofounder* da Cervejaria Leuven, mentor e investidor de várias *startups*.

Professor de MBA sobre inovação, palestrante abordando os temas "Revolução Metaverso e NFTs" e "Educação no Metaverso" e foi apresentador do programa de TV "Vida de Empreendedor" e do *podcast* "Inovação & Liderança Disruptiva". Autor do livro *Metodologia Startup Village*, focado em equilíbrio e alta performance para empreendedores, e do curso "Negócio Exponencial". Diretor da associação inglesa Spirit of Football no Brasil. Já realizou mais de 50 apresentações internacionais em países como EUA, Espanha, Itália, Alemanha, Portugal e Inglaterra. Participou da 2ª temporada do programa Shark Tank Brasil e obteve a inédita oferta de 4 dos 5 investidores do programa. Foi selecionado pela APEX-BRASIL entre os "top empreendedores" para os programas de internacionalização do Startout em Miami, Nova Iorque e Lisboa. Membro do Conselho Administrativo da CBCA — Companhia Brasileira de Cerveja Artesanal, Membro do Conselho Administrativo e palestrante do Instituto CEO do Futuro e vice-presidente da VDI — Brasil (Associação de Engenheiros Brasil-Alemanha) atuando na área de inovação. É formado em engenharia pela UNESP e MBA Executivo pelo Insper.

LEÔNIDAS FAGUNDES | Empreendedorismo e a Panificação

É um entusiasta e profissional apaixonado pelo desenvolvimento dos setores de gastronomia, padaria e pizzaria. Focou sua formação em

Food Service One

automação industrial, mecânica e produção industrial. Estagiou na empresa EMBRAER em São José dos Campos – SP, mas sua paixão o levou a empreender em alguns modelos de padarias e fábricas de pães e salgados. No ano de 1999, iniciou seu trabalho na indústria de equipamentos para o setor alimentício atuando em empresas líderes de mercado, passando por todos os setores de uma fábrica, como a produção, assistência técnica em território nacional e internacional e pesquisa e desenvolvimento de produtos.

Cursou gastronomia e concluiu cursos de especialização na área de panificação e pizzaria com os maiores mestres do setor, buscando conhecimento técnico e aprendendo a real necessidade do cliente em campo, transformando toda essa bagagem em tecnologia através de equipamentos.

Em 2014, foi convidado a ir à Itália e recebeu a proposta de atuar como "sócio–diretor" da empresa POLIN BRASIL, usou de seus conhecimentos e expertise para o desenvolvimento da linha de fornos e transferência de tecnologia entre a Matriz INC POLIN (Verona na Itália) e sua filial no Brasil.

Em 2018, entrou na empresa GRANOMAQ (empresa do GRUPO GPANIZ) como sócio–diretor da empresa, onde pode fazer o reposicionamento e relançamento da marca como GRANO EQUIPAMENTOS causando um grande impacto no mercado com uma das mais sofisticadas linhas de equipamentos de gastronomia, pizzaria, panificação artesanal e industrial do país.

19

Neuroarquitetura aplicada em restaurante

O que é Neuroarquitetura?

euroarquitetura é a junção do estudo da neurociência com a arquitetura, que demonstra evidências do impacto do espaço físico no cérebro humano por meio de explicações biológicas e racionais, explicando como se dá o comportamento humano em determinado local.

Esse tema vem sendo estudado há mais de 15 anos e chegou no Brasil há pouco tempo. Um ponto forte na história da Neuroarquitetura foi a fundação da ANFA (*Academy of Neuroscience for Architecture*) em 2003. Nossa saúde e nossas mudanças comportamentais podem ser alteradas pelo impacto do ambiente e do espaço em que se convive: luz, cor, formas, conforto acústico, conforto térmico, movimentos e texturas.

Capítulo 19

A neuroarquitetura já consegue quantificar cientificamente os efeitos fortes causados entre espaços construídos e o cérebro humano.

Essa alteração comportamental é apenas 5% consciente. Os outros 95% são inconscientes.

A neuroarquitetura já consegue quantificar cientificamente os efeitos fortes causados entre espaços construídos e o cérebro humano, trazendo experiências, sentimentos, mudanças de humor, bons ou maus sentimentos em um determinado ambiente. É algo cognitivo, quase que matematicamente contabilizado. Já a utilização da estética é usada para o belo, para intensificação do belo e do uso da arte e da história.

Utilizando a neurociência como base, o arquiteto pode modificar a vida das pessoas e ajudar em seus desenvolvimentos em diversas áreas da arquitetura. Na neuroarquitetura, podemos projetar e construir ambientes muito mais funcionais, estratégicos, que impactam na forma de como as pessoas se sentem.

Aplicar a neuroarquitetura em:

Urbanismo: as *neurocities* são arquiteturas das cidades que podem influenciar os usuários com ruas, impactando na ansiedade, nível de estresse e na felicidade. Elas são chamadas de *happy city*;

Escritórios: onde os colaboradores possam criar, desenvolver, produzir, evoluir, concentrar e focar mais. O espaço precisa ser funcional, ter conforto, ser agradável e eficiente;

Escolas que estimulem o aprendizado, rendimento, concentração e criatividade de seus alunos;

Clínicas e hospitais que estimulem a recuperação e bem-estar não só dos pacientes, mas de seus acompanhantes também. Estudos demonstram que a qualidade da luz altera muito o nível de cansaço, depressão e desorientação. Além da qualidade da luz, o tipo de luz exerce influência (luz azul, vermelha e branca);

Lojas e varejo: desejo de comprar mais e permanecer mais tempo na loja.

Em escolas, o tema é chamado de *neuroeducação*. Estuda espaços onde as escolas podem ser construídas em contato com o meio ambiente, montanhas,

Food Service One

árvores que possam estimular o processo cognitivo, aprender e a memorizar de acordo com o que o cérebro humano possa ser potencializado. As crianças têm formas diferentes de aprender, então, nesse sentido, o conteúdo e o mobiliário devem facilitar o processo.

Em lojas de varejo, existe o marketing olfativo ou *neuromarketing*. São utilizados aromas específicos que identificam a marca, causando uma experiência sensorial e estimulando o olfato dos consumidores, às vezes de maneira inconsciente. As memórias relacionadas ao aroma são diretamente ligadas ao sistema nervoso central.

Acreditamos que devemos utilizar isso em restaurantes. Esse estudo deve melhorar qualidade, convivência, permanência, sentidos e o conforto dos clientes, trazendo a experiência e o desejo de retornar.

A neuroarquitetura pode ser aplicada nos restaurantes de forma a proporcionar ao cliente as sensações adequadas, como permanecer por maior tempo no local e consumir mais e sentir-se bem no espaço e relaxar, trazendo assim resultados positivos para o estabelecimento e uma conexão maior com o seu público.

> **A neuroarquitetura pode ser aplicada nos restaurantes de forma a proporcionar ao cliente as sensações adequadas.**

A neuroarquitetura aplicada em restaurantes pode-se dar de diversas formas para criação de ambientes com estratégias baseadas em evidências neurocientíficas. A pergunta é: qual é a experiência que você quer proporcionar ao seu cliente?

O restaurante tem que ter seu conceito muito bem definido para que a experiência desejada ao cliente seja atingida. Isso se dá pelos mínimos detalhes como a fachada do local, recepção, salão, iluminação, arquitetura, cardápio, atendimento etc.

A começar pelas cores e o impacto sensorial no ambiente, deve-se pensar muito bem em todos os espaços para que os movimentos projetados ocorram da maneira assertiva, tanto para os clientes como para os funcionários.

Refletir sobre o aroma e os estímulos sensoriais que eles podem trazer, desde a entrada do cliente até a saída do estabelecimento. O tipo de som que o restaurante vai emanar durante a permanência do cliente também é essencial para estimular os sentidos do usuário. O tipo de iluminação e a temperatura do restaurante fazem com que o cliente se sinta de certa maneira.

Capítulo 19

Todos esses itens combinados de forma assertiva influenciam inclusive na opinião do cliente em relação à qualidade da comida, pois sua experiência em relação ao ambiente pode ter sido boa ou ruim, impactando na percepção de cada alimento ingerido.

Outro ponto de vista é o do próprio funcionário que, trabalhando em um local em que a neuroarquitetura foi aplicada, será muito mais produtivo e criará mais vínculos com o local de trabalho.

Aplicar recursos em neuroarquitetura é investir em pessoas e em suas experiências para garantir qualidade de convivência e produtividade nas tarefas a serem executadas naquele espaço.

NATALIA FERIAN DA SILVA | 19 – Neuroarquitetura aplicada em restaurante

Arquiteta e urbanista formada pelo Mackenzie em 2015. Trabalhou na área de arquitetura hospitalar, residencial e comercial. Especializou-se em BIM–REVIT, fundou dois escritórios de arquitetura o NeoParklet em 2017, especializado e *parklet* e mobiliário urbano, e o NeoGourmet em 2018, especializado em bares e restaurantes. Está sendo acelerada pela Archademy, aceleradora de escritórios de arquitetura desde 2018.

Obrigada a você que está lendo ou já leu este livro completo ou alguns capítulos dele.

Parabéns pela caminhada! Desejo-lhe todo o sucesso do mundo.

Fale conosco pelas redes sociais: @ivimpelloso, @kitchain.app e @fsone_bi.

Ivim Pelloso

20

Catálogos

e-FoodMax®
Food Service Management Software

Um único sistema para um mundo de operações

Planejamento de Cardápios
- Planejamento de cardápios com informações nutricionais, alergênicos, pré-custos, custos por regiões, regras de contratos, etc.
- Permite que os clientes selecionem seus pratos em seus Smartphones com base no planejamento, otimizando a produção e trazendo redução de sobra limpa e resto ingesta.

Compras
- Calcula a necessidade de matéria prima, considerando os estoques locais, centros de distribuição, estoque pré-preparo e estoque de segurança.
- Emite ordens de compras automaticamente para cada fornecedor/local/data de entrega.
- KPI's definidos pela gestão, em tempo real.

Produção
- Permite a rastreabilidade de matérias primas e receitas em toda operação por meio de leitura de código de barras / QRCode.
- Controle das normas de qualidade e APPCC (Analise de perigos e pontos críticos de controle).
- Controle das transações de entrada e saída de Estoque.
- Registro de refeições servidas.
- Relatórios em PDF e Excel.

Benefícios
- Gestão de toda operação em uma única plataforma.
- Rastreabilidade de todo o processo.
- Redução significativa de custos operações, seja com Matéria Prima, Recursos Humanos e outros.
- Utilização Apps para seleção de pratos, controle estoque, emissão de etiquetas de produção.
- Controle diário de resultados.
- Integração Sistemas Contábeis e Fiscais, WMS.
- 100% Web.

Tel.:+55 11 3887-6861
contato@fsmax.com
www.fsmax.com

e-NutriScience®
Dietotherapy & Nutrition
A ciência da nutrição hospitalar

Planejamento e Produção
- Permite Planejar os Cardápios com suas Contribuições Nutricionais, para cada Regime ou Dieta entregue pelo Hospital.
- Impressão das ordens de produção e etiquetas para as bandejas.

Nutrição Clínica
- Bloqueia Alimentos aos quais o paciente declara Alergias e/ou Aversões.
- Permite realizar Avaliações Antropométricas e Subjetivas.
- Permite Balanços (BH-BCP) e Controle de Ingestão.
- Permite selecionar pratos alternativos.

Tecnologia e Dados
- Rastreamento de carrinho e bandeja por NFC, código de barras ou QRCode.
- Controle de admissão por aplicativo móvel.
- Aplicativo para o Paciente com seu Smartphone selecionar os Pratos dentro da Dieta.
- Redução de papel na operação.
- Informações de Estatísticas e Indicadores.

Benefícios
- Integração com os Sistemas de Gestão Hospitalar (HL7, WebApi, etc.)
- Rastreabilidade de todo o processo.
- Registro de histórico de internações anteriores.
- Uso do tablet para visitas, avaliações, seleção de pratos, alergias e registro de observações.
- Gestão das dietas Orais, Enterais, Parenterais, Pediátricas e Lactário.
- Minimize erros e maximize a segurança do paciente.
- Reduza o desperdício de alimentos.
- Reduza a papelada e formulários.

FSMax®
SYSTEMS
www.fsmax.com

A linha mais completa de
LAVADORAS PROFISSIONAIS

Mais de 30 modelos de lavadoras para higienização segura de louças e utensílios, com retorno garantido do investimento.

Suporte técnico permanente em todo o território nacional.

2 anos de garantia!

31 Anos

Netter

LAVADORA DE COPOS
CG 14

Especialmente desenvolvida para higienização de copos. Perfeita para bares, pubs, choperias e cervejarias.

LAVADORA DE PORTA FRONTAL
NT 210

Robusta, compacta e sinônimo de versatilidade! Perfeita para estabelecimentos com utilização de talheres, pratos, copos, bandejas e utensílios de preparação.

LAVADORA DE MÉDIO VOLUME
NT 300

Robustas e eficientes, com ganho de 30% na capacidade produtiva em relação às lavadoras de porta frontal.

LAVADORA DE MÉDIO VOLUME P1

Três opções de tempo de ciclo de acordo com a sujidade (leve, média ou pesada). Para operações com bandejas, caixas e GNs, como panificadoras e indústrias de alimentos.

LAVADORA DE AVANÇO CONTÍNUO NT 810

Lavadora de esteira com opções de módulos de pré-lavagem, lavagem, pré-enxague, enxágue e secagem.

LAVADORA DE CAIXAS NT BOX

Para higienização de caixas plásticas em geral, GNs, baldes, hot box, etc.

FLIGHT TYPE LAVA LOUÇAS DE AVANÇO CONTÍNUO

A maior capacidade produtiva entre as lavadoras profissionais! Sem necessidade de racks e suportes, os utensílios vão direto na esteira. Opções de módulos de pré-lavagem, lavagem, pré-enxague, enxágue e secagem.

 Opção de aquecimento à gás: até 75% de economia no consumo energético!

271

PIZZA DE 8 PEDAÇOS EM ATÉ 2:30 MINUTOS

BATATA RECHEADA RESFRIADA EM 60 SEGUNDOS

ULTRACONGELADOR

UKi

Mais do que um ultracongelador, um equipamento que **realiza ciclos quentes e frios**, pronto para congelar e resfriar, fermentar, cozinhar em baixas temperaturas, e muito mais, **nas 24 horas do dia.**

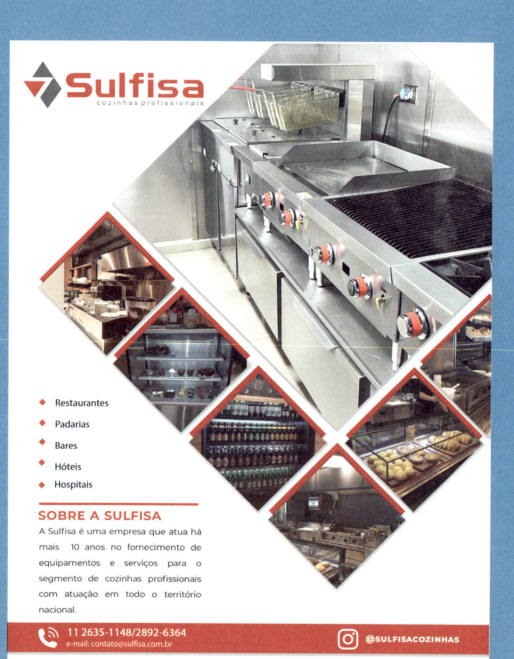

- Restaurantes
- Padarias
- Bares
- Hóteis
- Hospitais

SOBRE A SULFISA

A Sulfisa é uma empresa que atua há mais 10 anos no fornecimento de equipamentos e serviços para o segmento de cozinhas profissionais com atuação em todo o território nacional.

📞 11 2635-1148/2892-6364
e-mail: contato@sulfisa.com.br

📷 @SULFISACOZINHAS

Rua Echaporã, 350 Cidade industrial Satélite - Guarulhos CEP: 07224-090

WWW.SULFISA.COM.BR

COCÇÃO

VITRINES

DISTRIBUIÇÃO

BAR

REFRIGERAÇÃO

MOBILIÁRIOS

11 2635-1148/2892-6364
E-mail: contato@sulfisa.com.br

WWW.SULFISA.COM.BR
Rua Echaporã, 350 - Guarulhos

@SULFISACOZINHAS

275

Refrigerador Horizontal
Economia de até 41%
no consumo de energia

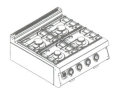

Fogão a gás premium
design, eficiência
e economia

Do Fast Food à Alta Gastronomia

A Topema reúne tradição e inovação em todas as soluções para cozinhas industriais. Há 58 anos produzindo o novo e atendendo os mais diversos e completos projetos pelo Brasil.

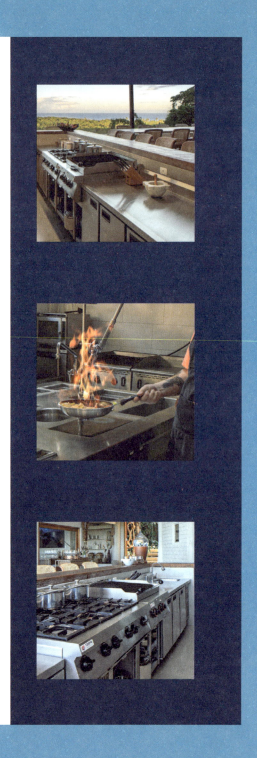

REDUZA ATÉ 80% DOS CUSTOS OPERACIONAIS

Nossa equipe especializada atende as necessidades específicas de cada cozinha pelo Brasil.

Desenvolvemos soluções inteligentes que proporcionam eficiência energética e **baixo consumo de gás, água e resíduos orgânicos** além de serem equipamentos 100% adequados às regras sanitárias, planejados para uma **limpeza fácil e eficiente.**

Venha conhecer nossas soluções. Entre em contato e **visite nossa cozinha experimental.**

📞 (11) 2134-7400

🟢 (11) 9 7699-8526

🌐 topema.com

📷 @topemainnovations

Aquecimento de água à Biomassa

Equipamentos para uma cozinha completa

Recicladora de resíduos orgânicos

Linha de Caldeirões

POTÊNCIA E AGILIDADE PARA GRANDES DEMANDAS!

Indispensável para atender grandes volumes de produção, o Caldeirão é um equipamento indispensável em cozinhas de grande porte por trazer muita agilidade no processo de produção de grandes quantidades de arroz, feijão, carnes, molhos e massas por exemplo.

- www.cozil.com.br
- (11) 2832-8095
- vendas@cozil.com.br

cozil

Há 50 anos, berço das
melhores cozinhas profissionais

Indústria líder no mercado de equipamentos e soluções para food service

A MACOM

De pequenos negócios (como hamburguerias, restaurantes, pousadas) à grandes redes de fast food, restaurantes de alta gastronomia e redes de hotéis e resorts, de espaços gourmets à bares, a Macom tem sido referência em equipamentos para cozinhas industriais, tendo seus produtos como objeto de desejo, desde cozinheiros iniciantes à chefs renomados.

LINHAS DE EQUIPAMENTOS INDUSTRIAIS

A Macom é especialista em equipamentos para cocção, refrigeração, máquinas de gelo, mobiliário, vitrines, pistas de distribuição, sistemas de exaustão, entre outros, com a mais alta tecnologia e eficiência. Feitos para durar e otimizar a cozinha profissional, fornecendo soluções para quaisquer operações. Além disso, sua cozinha experimental localizada em Guarulhos-SP, permite testes dos equipamentos e consultoria de operação e até mesmo cardápio com os chefs executivos.

@acosmacom
/AcosMacom
acosmacom
(11) 2085.7000
www.acosmacom.com.br

Confiança e Qualidade Garantida:

O revestimento dos chefs mais famosos e premiados do Brasil!

Duraline Color Quartz
Sistema 100% à base de MMA, autonivelante com liberação da área para uso em apenas 2 horas. **O revestimento mais utilizado do mundo para cozinhas profissionais.**

PU-CIM AN GRIP
Tecnologia exclusiva da Miaki. Autonivelante a base de uretano com Tecnologia Grip, **aumentando em até 300% o coeficiente de atrito do piso quando molhado.**

Conheça a **Tecnologia Miaki Revestimentos**

A Miaki Revestimentos é uma indústria brasileira com 30 anos de qualidade e inovação no desenvolvimento de revestimentos monolíticos. Contamos com a linha mais completa de revestimentos monolíticos do Brasil, atendendo todas as necessidades de um restaurante, da calçada a áreas mais complexas.

+ Economia e + Produtividade

Detergente Neutro e 100% biodegradável. Conheça e adquiria nossa Linha ProCleaner para limpeza de cozinhas profissionais.

Tel. (11) 2164-4318
vendas@miaki.com.br
Miaki Revestimentos

www.miaki.com.br

O QUE FAZEMOS?

CONSULTORIA

Oferecemos consultoria para montagem de cozinhas e restaurantes, com uma equipe responsável por cada detalhe do seu negócio.

PROJETOS

Desenvolvemos layouts e projetos executivos para toda a estrutura do seu estabelecimento, focado nas áreas operacionais de cozinha, bar, estoques e depósitos, garantindo fluxo, operacionalidade e normativa.

PRODUTOS

Linha completa de equipamentos, linha aço inox, câmaras frias, sistemas de exaustão e climatização, mobiliário, marcenaria, utensílios, linha de seminovos e muito mais!

INSTALAÇÃO

Trabalhamos em conjunto com a equipe civil do cliente, realizando a gestão dos instaladores em todos os segmentos de produtos que atuamos.

PÓS-VENDA

Realizamos o pós-venda completo e toda a parte de assistência técnica em todos os segmentos de produtos que atuamos, mantendo sua cozinha funcionando a pleno vapor.

ENTRE EM CONTATO COM NOSSO TIME:

📞 11 96050-8800

📷 @neofoodsolutions
✉ asouto@neofood.com.br
🌐 www.neofood.com.br

SOLUÇÕES COMPLETAS

Câmaras Frias
Para resfriados e congelados, elas estão em todos os lugares, desde os pequenos estabelecimentos até as grandes indústrias.

Mini Câmaras
Desenvolvidas para oferecer agilidade e economia de espaço, além disso, são desmontáveis e fáceis de transportar.

Ultracongeladores
Proporcionam o resfriamento e congelamento rápido dos produtos, aumentando a segurança alimentar e o tempo de conservação do alimento.

Portas Expositoras
Garantem produtos atraentes, gelados e sempre à disposição dos seus clientes: Walk In, Reach In e Step In.

Salas de Preparo Climatizadas
Ambiente utilizado para o preparo dos alimentos, manuseio de produtos e recepção de mantimentos.

The Beer Cave
O espaço disponível no equipamento permite que o consumidor caminhe em seu interior para escolher a cerveja preferida.

CONSERVAÇÃO IDEAL, CUIDADO SOB MEDIDA

Contatos
(11) 4652-7900 | (11) 2294-6633
www.saorafael.com.br
vendas6@saorafael.com.br

Diferenciais São Rafael
Projetos personalizados, Manutenção preventiva, Engenharia Especializada, e muito mais!

TUBOAR

Sistema de lavagem e filtragem de fumaça, para eliminar acúmulo de gorduras na rede de dutos

sistema inteligente, proteção de exaustor, regulagem de velocidade, proteção corta fogo e acendimento de lâmpadas.

Fábrica: Rua Arireu, 32 - Cidade Ademar - São Paulo - SP (Sede Própria).
Loja: Av. Gabriel Monteiro da Silva, 2108 - Jardins - São Paulo - SP
Site: www.tuboar.com.br

INVENTIVE SIMPLIFICATION

 (11) 2386.6927
 www.unox.com
 adm.br@unox.com

ESCOLHA O FUTURO

LINHAS DE FORNOS DE ALTA TECNOLOGIA E PERFORMANCE.

CHEFTOP MIND.Maps™ - linha gastronomia e grandes produções
BAKERTOP MIND.Maps™ - linha confeitaria e panificação
BAKERLUX™ E LINEMICRO™ - linha conveniência e lojas de varejo
SPEED.Pro™ – linha de forno de aceleração para finalização
EVEREO® - linha de conservação de alimentos em temperatura de servir
SPEED-X™ - linha de forno combinado com microondas e lavagem automática

Em 2022, o Speed-X foi vencedor do prêmio de inovação do concurso Red Dot Award, como Best of the Bests, simplesmente o melhor produto de inovação do mercado no ano. Também está entre as 200 inovações mais extraordinárias do mundo pela revista TIME - The Best Inventions of 2022.

 ACESSE E SAIBA MAIS EM @UNOXBRASIL

winterhalter

PREOCUPE-SE COM O SABOR
NÓS CUIDAMOS DA LAVAGEM

Com um design inovador, painel intuitivo e muita tecnologia, as máquinas da Winterhalter são perfeitas para o seu negócio.

Qualquer que seja o tipo do seu estabelecimento, com pequenos ou grandes números de refeições diárias, a **Winterhalter tem a solução de lavagem perfeita** para você!

A automatização na lavagem industrial é uma tendência e o seu negócio não pode ficar de fora!

Para maiores informações, acesse nosso site www.winterhalter.com.br, ou entre em cotato através do telefone 11 96606-3995 e conheça todos os diferenciais que somente a marca líder no mercado europeu pode oferecer.

SAIBA MAIS

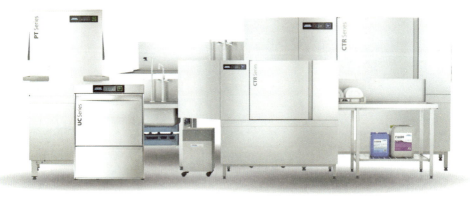